हिन्दी साहित्य में किन्नर जीवन

हिन्दी साहित्य में किन्नर जीवन

सम्पादक

डॉ. दिलीप मेहरा

आचार्य
स्नातकोत्तर हिन्दी विभाग
सरदार पटेल विश्वविद्यालय
वल्लभ विद्यानगर
आणन्द (गुजरात)

वाणी प्रकाशन

प्रकाशन के उत्कृष्टतम 63 वर्ष

vaniprakashan.com

पेपरबैक प्रथम संस्करण : 2026

वाणी प्रकाशन

4695, 21-ए, दरियागंज, नयी दिल्ली-110 002
फ़ोन : + 91 11 23273167, 23275710

शाखाएँ

अशोक राजपथ, पटना-800 004, बिहार
कॉफ़ी हाउस कैम्पस, महात्मा गांधी मार्ग, प्रयागराज-211 001, उत्तर प्रदेश
महात्मा गांधी अन्तरराष्ट्रीय हिन्दी विश्वविद्यालय, वर्धा-442 001, महाराष्ट्र

sales@vaniprakashan.in
vaniprakashan@gmail.com

Hindi Sahitya Mein Kinnar Jeevan

Edited By Dilip Mehra
Isbn : 978-93-7348-000-8
Criticism

मूल्य : ₹ 295

जी.एस. ऑफ़सेट, दिल्ली-110 095 में मुद्रित
वाणी प्रकाशन का लोगो मक़बूल फ़िदा हुसैन की कूची से

सम्पादकीय

'किन्नर' शब्द ऐसे समाज के लिए प्रयुक्त होता है, जो लैंगिक रूप से न नर होते हैं न मादा। इस शब्द को सुनते ही हमारे मानस–पटल पर समाज के ऐसे लोगों की छवि उभर कर आती है जिसे हम किन्नर, हिजड़ा, मौसी, पवैया, छक्का, मेहला, नपुंसकलिंग, थर्ड जेण्डर के नामों से जानते हैं। वैसे तो तृतीय लिंग की अवधारणा बहुत ही पुरानी है। 'महाभारत' के शिखण्डी तथा अर्जुन के बृहन्नला रूप को हम अच्छी तरह जानते हैं और उसी को हम लोग वर्तमान में 'हिजड़ा' नाम से पहचानते हैं। साहित्य के क्षेत्र में इस विकृत प्रकृति वाले मनुष्य को 'हिजड़ा' के बजाय 'किन्नर' जैसे सम्मानित शब्द से नवाज़ा जाता है।

सामान्यतया देखा जाय तो मनुष्य का जन्म ईश्वर की देन है। यह देन हर माता–पिता के लिए एक वरदान है, जिसे हर दम्पति पाना चाहता है, परन्तु उसी दम्पति को तृतीय लिंगी सन्तान की जब प्राप्ति होती है तो क्या माता–पिता और समाज इस बच्चे को इसी रूप में स्वीकारते हैं?

लोकतान्त्रिक प्रक्रियाओं के तहत विमर्शों पर बात करना काफ़ी समीचीन है। दलित, आदिवासी, नारी–विमर्श के बाद अब किन्नर–विमर्श चर्चा के केन्द्र में है। हालाँकि संस्कृत में पुल्लिग, स्त्रीलिंग एवं नपुंसकलिंग में से मात्र पुल्लिग की ही चर्चा होती थी, लेकिन स्वाधीनता आन्दोलन के दौरान

डॉ. भीमराव अम्बेडकर के संविधान के अनुसार सबको समानता प्रदान की गयी। हालाँकि 'महाभारत' का शिखण्डी एवं अन्य पात्रों का ज़िक्र गौण रूप से होता रहा है, परन्तु मानवाधिकार के तहत किन्नरों को तमाम अधिकार दिये गये। किन्नर योनि में जन्म लेना अपने हाथ में नहीं है। प्राचीन काल में किन्नर योनि का उल्लेख मिलता है, लेकिन आज भी किन्नरों को अच्छी नज़रों से नहीं देखा जा रहा है। इधर किन्नर लेखकों में महेन्द्र भीष्म (मैं पायल, किन्नर कथा), प्रदीप सौरभ (और सिर्फ़ तितली, तीसरी ताली), लक्ष्मीनारायण त्रिपाठी (मैं हिजड़ा, मैं लक्ष्मी), निर्मला भुराड़िया (गुलाम मण्डी), नीरजा माधव (यमदीप), चित्रा मुद्गल (पोस्ट बॉक्स नं. 203 नाला सोपारा) पढ़ने से वस्तुस्थिति का गहराई से पता चलता है। तृतीय लिंगी तो कुदरत की देन हैं। हम लोग उनके साथ हैवानियत जैसा व्यवहार करते हैं।

वैश्विक फलक पर किन्नरों की चर्चा सतत हो रही है। यों देखा जाय तो इक्कीसवीं सदी भले ही सहकारी पूँजी के सहारे घिसट रही है, परन्तु जिनके साथ अमानवीय व्यवहार हो रहा है, उस पर लेखक ख़ूब लिख रहे हैं। क्या किन्नरों पर लिखने मात्र से मानसिकता में परिवर्तन आयेगा? दरअसल, हम लोगों को मानसिकता बदलनी होगी। हम लोगों को किन्नर एवं किन्नरों की समस्याओं को व्यापक तौर पर समझना होगा क्योंकि इनकी हालत अलपसंख्यकों से भी ज़्यादा दयनीय है। इनके असाधारण व्यक्तित्व से लोगों के मन में तरह–तरह की शंकाएँ आज भी दिखायी दे रही हैं। कुछ लोग जान–बूझकर किन्नर बन कर किन्नरों के मठों को हथियाते जा रहे हैं। इससे आपराधिक गतिविधियों को भी बढ़ावा मिल रहा है और किन्नर लोग बदनाम होते जा रहे हैं। बनावटी किन्नरों के वेश में रुपये ऐंठने की आदत बढ़ती जा रही है। गीतिका वेदिका जैसे लोग यदि और गहराई से किन्नरों के मर्म को खोलेंगे तो लोगों को और जानकारी

मिलेगी। लोकजीवन के अलग–अलग तबकों में बौद्धिक, राजनीतिक, सामाजिक, धार्मिक एवं शारीरिक किन्नरों को पहचान पाना आज नितान्त कठिन हो गया है। जो लोग वाकई किन्नर या किन्नरी हैं, उनकी पहचान बचपन में ही कर लेनी चाहिए तथा उनके संरक्षण एवं रख–रखाव की विशेष सुविधा सरकार या सामाजिक संस्थान को करनी चाहिए। देश की स्वतन्त्रता के 71 वर्षों में किन्नरों पर ज़्यादतियाँ सतत् बढ़ती रहीं इसीलिए रचनाकारों ने इसको साहित्य की विविध विधाओं में लिखा है। यह बात अलग है कि अभी मात्र उपन्यास विधा में किन्नरों की व्यथा कथा सामने आयी है, लेकिन जब ये लोग साहित्य को विविध विधाओं में लिखेंगे तो व्यापक फलक नया दलित, आदिवासी एवं नारी विमर्श की तरह ग्रहण करेगा। किन्नरों की व्यथा गौण रूप से कुछ कहानियों में देखी जा सकती है। इस पुस्तक में पाठक 23 लेखों के माध्यम से किन्नरों की समस्याओं को व्यापक तौर पर समझेंगे।

मुझे आनन्द हो रहा है कि इस पुस्तक को 'वाणी प्रकाशन' ने प्रकाशित किया है। मेरी यह सम्पादित पुस्तक मात्र पुस्तक न रह कर पढ़ने वाले सहृदयी पाठक अगर किन्नरों को इनसान समझने लगें तो भी मैं अपने श्रम को सार्थक समझूँगा। धन्यवाद।

–डॉ. दिलीप मेहरा

अनुक्रम

हिजड़ा नहीं, इनसान 11
महेन्द्र भीष्म

तीसरी दुनिया का दस्तावेज़ और हिन्दी उपन्यास 18
पुरोबी ए. भण्डारी

तृतीय लिंगी के समक्ष चुनौतियाँ 24
डॉ. मुक्ति शर्मा

किन्नर : समाजशास्त्रीय अध्ययन 28
डॉ. हिरल शादीजा

परिवर्तन का आकांक्षी हाशियाकृत जीवन 37
डॉ. विजेन्द्र प्रताप सिंह

किन्नर–विमर्श : 'अदीठा दर्द' 42
डॉ. अनु मेहता

किन्नर और 'यमदीप' 47
डॉ. शिवप्रसाद शुक्ल

'यमदीप' उपन्यास और किन्नर–विमर्श 61
डॉ. प्रमिला त्रिपाठी

किन्नरों की इनसानियत की महागाथा : 'यमदीप' 67
शालिनी चौहान

तिरस्कृत वर्ग की व्यथा–गाथा : 'यमदीप' 76
भावना चोटिया

'मैं भी औरत हूँ' उपन्यास में किन्नर–विमर्श 87
नीता डी. गोहिल

किन्नर समाज और 'तीसरी ताली' 94
डॉ. नीता त्रिवेदी

किन्नर–विमर्श और 'तीसरी ताली' 102
डॉ. अनु पाण्डेय

किन्नर समाज का अस्तित्व और 'गुलाम मण्डी' 112
तरुण पालीवाल

किन्नर जीवन की त्रासदी : 'पोस्ट बॉक्स नं. 203 नाला सोपारा' 119
डॉ. दिलीप मेहरा

हाशिए की दुनिया : न दैन्यं, न पलायनं 127
प्रताप दीक्षित

एक किन्नर गुरु की आत्मकथा : 'मैं पायल...' 133
डॉ. संगीता चौहान

किन्नर होने का एहसास और परिवार से विस्थापन की गाथा : 'मैं पायल...' 142
डॉ. कल्पना गवली

'मैं पायल...' उपन्यास में किन्नर जीवन की समस्याएँ 152
डॉ. मनीषा ठक्कर

'किन्नर पायल' एक नयी दिशा प्रदान करती अभिव्यक्ति 158
डॉ. सूर्यदीन यादव

किन्नर समाज की आजीविका की समस्याएँ 173
डॉ. पार्वती गोसाईं

हिन्दी की चुनिन्दा किन्नर केन्द्रित कहानियों में संवेदना के विविध आयाम 180
डॉ. अनिला मिश्रा

आत्मविश्वास, दृढ़ता की प्रतिमूर्ति लक्ष्मीनारायण त्रिपाठी उर्फ़ लक्ष्मी 191
डॉ. रवीन्द्र अमीन

रचनाकारों के पत्ते 198

हिजड़ा नहीं, इनसान

•

महेन्द्र भीष्म

'किन्नर' कहलाना किसी मर्द को अच्छा नहीं लगता, कानों में पिघला सीसा–सा उतरता है और किन्नर को 'हिजड़ा' कहो तो उसकी गाली–सी नहीं लगती, पर कहीं अन्तस तक उसके मन में कचोट ज़रूर होती है। आख़िर ईश्वर ने उसके साथ अन्याय क्यों किया? क्यों हम उन्हें अपने से दूर सामाजिक दायरे से बाहर हाशिए पर रखते चले आ रहे हैं? उनके प्रति हमारी सोच में अश्लीलता का चश्मा क्यों चढ़ा रहता है? किसी हत्यारोपी के साथ बेहिचक घूमने, टहलने या उसे अपने ड्राइंगरूम में बैठा कर उसके साथ जलपान करने से हम नहीं हिचकते हैं, फिर किन्नर तो ऐसा कोई काम नहीं करता जो कि एक हत्यारोपी करता है, तो हम किन्नरों से क्यों हिचकते हैं, आख़िर क्यों? इस पर विचार करना होगा। उन्हें अपने साथ समाज की मुख्यधारा से जोड़ना होगा, उनका पूरा मान–सम्मान करना होगा। उनके अनुसार, ''उनके अनुरूप उन्हें रोज़गार प्रदान कराने होंगे। वे भी हमारी तरह अपनी माँ की कोख़ से जन्मे अपने पिता की सन्तान हैं। वे ज़्यादा नहीं माँग रहे हैं, हमें किन्नर नहीं, इनसान समझा जाये।'' बस, इतनी–सी माँग है उनकी। वे समाज की मुख्यधारा से जुड़ना चाहते हैं। वे समाज में स्वयं की हिस्सेदारी चाहते हैं। देश के विकास में अपना योगदान सुनिश्चित करना चाहते हैं। ज़रूरत है तो उनकी बुनियादी आवश्यकताओं को समझने की। विश्व में तीस प्रतिशत किन्नर ऐसे हैं, जो मामूली ऑपरेशन द्वारा पुरुष या स्त्री बनाये जा सकते हैं। आवश्यकता है जागरूकता की, शिक्षा की और उनको नैतिक समर्थन

देने की। उन्हें त्यागने की नहीं, अपनाने की ज़रूरत है। हम उनका दर्द बाँटें, उन्हें किन्नर नहीं इनसान समझें।

प्रत्येक किन्नर का अपना एक अतीत होता है, उसका स्वयं का झेला संघर्ष होता है। सर्वप्रथम परिवार से विस्थापन का दंश उन्हें ही भुगतना होता है।

किन्नर के आसपास दैवी शक्ति का आभा–मण्डल व्याप्त रहता है। किन्नर कभी किसी को श्राप नहीं देते। वे केवल और केवल आशीष देना जानते हैं। दूसरों के सुख से खुश होकर नाचते–गाते–बजाते हैं और एकान्त में ईश्वर से अपना कुसूर पूछते हुए कहते हैं, "हे ईश्वर! हमें किन्नर क्यों बनाया?" कोई भी किन्नर कभी नहीं चाहता कि अगले जन्म में वह फिर किन्नर ही पैदा हो। बावजूद इसके कुछ मर्दों को किन्नर वेश धरकर ताली पीटने से गुरेज़ नहीं है और ऐसे ताली पीटने वाले न केवल किन्नरों की रोज़ी–रोटी में सेंध लगा रहे हैं बल्कि आमजन के मन–मस्तिष्क में किन्नरों से तटस्थ रहने की भावना को बल दे रहे हैं।

15 अप्रैल, 2014 को माननीय उच्चतम न्यायालय ने किन्नरों को स्त्री और पुरुष से अलग तीसरे लैंगिक समूह की तरह मान्यता देने का ऐतिहासिक फ़ैसला दिया है, जो स्वागत योग्य है, न केवल किन्नर समाज के लिए बल्कि समस्त मानव जाति के लिए। माननीय उच्चतम न्यायालय ने अपने निर्णय में सरकार को दिशा–निर्देश देते हुए कहा है कि वह इस तीसरे लैंगिक समूह को एक उपेक्षित और पिछड़ा वर्ग मानकर उसकी भलाई के लिए विशेष सुविधाएँ उपलब्ध कराये।

मानवाधिकार संगठनों की माँग पर विश्व के कई देशों में किन्नरों की भलाई के लिए कानून बनाये जा रहे हैं और सामाजिक रूढ़ियों को तोड़ने का भरपूर प्रयास किया जा रहा है।

हमारे देश के संविधान में भी सभी नागरिकों के लिए समान अधिकारों का प्रावधान है। प्रत्येक नागरिक को बिना किसी भेदभाव के सारे अधिकार प्राप्त हैं, जो संविधान में बताये गये हैं। किन्नरों को भी इन अधिकारों से लिंग की वजह से वंचित नहीं किया जा सकता। समाज को इन्हें अच्छी नज़र से न देखने का नज़रिया बदलना होगा। उनके साथ मानवीय नज़रिये की ज़रूरत है और यह तभी सम्भव हो सकेगा जब

एक तो उनके प्रति समाज का नज़रिया बदले और दूसरे, उन्हें समाज में सम्मानजनक स्थान मिले। किन्नरों को पिछड़े वर्ग में शामिल करने के साथ आरक्षण का जो लाभ माननीय उच्चतम न्यायालय के निर्णय से मिलने जा रहा है, उसमें सबसे अच्छी बात तो यह होगी कि समाज को नकली किन्नरों से निज़ात मिल जायेगी और असली किन्नर जिन्हें प्रकृति का दर्द मिला है, जो अपने परिवार से अलग होकर विस्थापन की पीड़ा को अपने हृदय में रखते हैं, समाज में दर–दर भटकते हैं, अपना हक़ माँगते हैं और अश्लील हरकतें करते फिरते हैं।

दरअसल तेरह–चौदह साल से लेकर चौबीस–पच्चीस साल तक की उम्र के लड़कों का उनके रंग, रूप, क़द–काठी और मिज़ाज के अनुसार नाचने–गाने के धन्धे में उपयोग किया जाता है, समलैंगिक सम्बन्धों से लेकर नाचने–गाने तक यह सारी व्यवस्था किन्नरों के समानान्तर चलाई जा रही है। लिंगोच्छेदन कर बनाये गये किन्नरों को 'छिबरा' और नकली किन्नर बने मर्दों को 'अबुआ' कहते हैं।

किन्नरों की चार शाखाएँ होती हैं–बुचरा, नीलिमा, मनसा और हंसा। बुचरा जन्मजात हिजड़ा होते हैं। नीलिमा स्वयं बने, मनसा स्वेच्छा से शामिल तथा हंसा शारीरिक कमी के कारण बने किन्नर हैं।

असली किन्नरों की तुलना में नकली किन्नरों की तादाद बढ़ती जा रही है। वे सब मर्द या स्त्री हैं। कई एक तो बाल–बच्चेदार हैं, पर पैसा कमाने के लिए उन्हें किन्नर बनने से भी कतई गुरेज़ नहीं है।

असली किन्नर, जिनकी तादाद बहुत कम है, कभी दो–चार रुपयों के लिए मेले–ठेले में भीख सी माँगते नहीं घूमते हैं। पैसा न मिलने पर किसी को कोसते नहीं हैं और न ही लड़ाई–झगड़ा करते हैं। जिसने प्रेम से दे दिया, ले लिया। ये नहीं कि गुस्से में घाघरा उठा कर दिखा दिया। ये सब काम नकली किन्नर करते हैं। असली किन्नर मन व आत्मा से स्त्री होता है। शरीर उसका पुरुष की तरह हो सकता है, पर मन से वह एक पुरुष का साथ चाहता है। स्त्री की तरह उसकी चाहत पुरुष से जुड़ने की होती है, जबकि नकली किन्नर पुरुष होते हैं और सेक्स के लिए स्त्री की चाहत रखते हैं।

शिक्षा की कमी, अन्य व्यवसाय में जुड़ने के सीमित अवसर, आर्थिक

तंगी व परिवार का भावनात्मक लगाव न होना ही अधिकांश किन्नरों को यौनकर्म की ओर ले जाता है। लोगों की सोच में यह रचा–बसा है कि सारे किन्नर यौनकर्मी हैं, जो ग़लत है। इसी कारण उन्हें सामाजिक सम्मान नहीं मिल पा रहा है, इसी कारण इन्हें समाज में अवांछित माना जाता है। लोगों को इन्हें देखने, समझने व परखने के लिए अपने पूर्वाग्रहों से मुक्त होना पड़ेगा। जो अश्लीलता का चश्मा लगाकर इनके बारे में देखते एवं सुनते हैं, वह उतारना होगा।

इस्लाम धर्म की अपेक्षा हिन्दू धर्म व उसके सहयोगी धर्म यथा–बौद्ध, सिक्ख, जैन आदि धर्मों में इन्हें काफ़ी सम्मान प्राप्त है। वे लोग इनका आशीर्वाद व मंगलकामना पाने की आकांक्षा रखते हैं।

किन्नरों का अस्तित्व आदि काल से है। 'रामायण', 'महाभारत' में इनका ज़िक्र है। माँ बहुचर देवी की भाँति ये लोग भगवान शिव व कृष्ण की पूजा करते हैं। भले ही ये किसी भी धर्म से आये हों, इनका नाम मुस्लिम हो या हिन्दू, ये सब किन्नर समाज के होते हैं। इनके सात घर होते हैं। प्रत्येक घर का एक मुखिया होता है, जिसे 'नायक' कहते हैं, जो गुरु नियुक्त करता है। गुरु अपने चेलों को बधाई, गाना–नाचना सिखाता है। गुरु के स्थान को गुरुधाम कहा जाता है, जहाँ धाम से जुड़े किन्नर कमाई का एक हिस्सा जमा करते हैं। भारतवर्ष में कुल 450 धाम और इतने ही गुरुधाम हैं।

तमिलनाडु में किन्नर स्वयं को 'थिरू नान्गाई' (ईश्वर पुत्री) मानते हैं और अरूवानी कहलाना पसन्द करते हैं और हिन्दू देवता अर्जुन पुत्र 'अर्वान' की पूजा करते हैं।

तमिलनाडु के विल्लुपुरम ज़िले के कुरांगम गाँव के कूथाण्डावार मन्दिर परिसर में प्रत्येक वर्ष के अप्रैल–मई माह में 18 दिन कूथाण्डावार महोत्सव मनाया जाता है, जिसमें सम्मिलित होने के लिए देश–विदेश से हज़ारों की संख्या में किन्नर पहुँचते हैं। सारे किन्नर अर्वान देवता से ब्याह रचाते हैं और रातभर नाच–गाना होता है। अगले दिन सुबह–सुबह अर्वान के बलि चढ़ने के बाद उनकी मृत्यु का शोक मनाते हैं। अपनी चूड़ियाँ फोड़ते हैं।

इस महोत्सव में किन्नरों के मध्य सौन्दर्य प्रतियोगिताएँ, गायन, नृत्य

प्रतियोगिताएँ आदि आयोजित की जाती हैं। इसी तरह केरल में आमप्पा और चामप्पा बिहकू उत्सव, कर्नाटक में येल्लामा देवी उत्सव एवं गुजरात में बहुचर देवी के मन्दिर में नवरात्र भर डाण्डिया, गरबा, नृत्य, गायन व अन्य रंगारंग कार्यक्रम होते हैं। इसी स्थान पर अर्जुन ने किन्नर रूप धरा था और 'बृहन्नला' कहलाये।

मान्यता है कि किन्नरों में ईश्वर प्रदत्त दैवी शक्तियाँ निहित होती हैं। उन्हें साधु–सन्त महात्मा की श्रेणी में रखते हुए उन्हीं की तरह देह त्याग के बाद दाह–संस्कार न करके उन्हें समाधिस्थ किया जाता है। बावजूद इसके, कोई भी किन्नर यह आकांक्षा नहीं रखता कि उसका पुनर्जन्म किन्नर के रूप में हो, न ही वह किसी के लिए ऐसी कामना करता है। वे कहते हैं–''हमें 'हिजड़ा' कहकर न पुकारा जाय, आख़िर हम भी तो इनसान हैं। हमारे भी नाम हैं। हमें इनसान समझा जाय। हमें हमारे नामों से पुकारा जाय।''

माननीय उच्चतम न्यायालय के आदेश से जहाँ असली किन्नरों में ख़ुशी की लहर है, वहीं नकली किन्नर परेशान हैं कि उनकी शामत आने वाली है। असली किन्नरों की संख्या बहुत कम है। चिकित्सीय परीक्षण के बाद यह स्पष्ट हो जायेगा। देहली में दो हज़ार किन्नरों का मेडिकल चेक–अप कराया गया था। उसमें 1,997 नकली बने हुए किन्नर थे। केवल तीन किन्नर ऐसे निकले जिन्हें प्रकृति से यह दर्द मिला था। ऐसे असली किन्नरों को समाज की मुख्यधारा में लाने का प्रयास तेज़ी से होना चाहिए, उनकी शिक्षा–दीक्षा होनी चाहिए। स्वयंसेवी संस्थाओं की भूमिका इस हेतु महत्त्वपूर्ण होगी। नकली किन्नरों की पहचान होनी चाहिए और उन्हें दण्डित किये जाने का प्रावधान भी होना चाहिए।

'अछूत' से 'हरिजन', 'हरिजन' से 'दलित' शब्द, विकलांग को अब 'दिव्यांग' शब्द सम्मान के लिए मिला। वे अपने को दूसरों से कमतर या हीन न समझें, इसलिए न! फिर क्यों किन्नौरवासियों को, कुछ बुद्धिजीवी लेखकों को हाशिए से समाज की मुख्यधारा में सम्मान दिलाने की गरज से 'हिजड़ा' को 'किन्नर' शब्द दिये जाने पर आपत्ति होती है।

मैं किसी 'किन्नर' को 'हिजड़ा' सम्बोधन नहीं देता न अनावश्यक लिखता हूँ। उन्हें 'किन्नर' कहता हूँ और 'किन्नर' ही लिखता हूँ, ठीक

उसी तरह जैसे 'विकलांग' को 'दिव्यांग' और 'हरिजन' को 'दलित' कहता लिखता हूँ।

'आ नो भद्रा कृत्वों यन्तु विश्वतः' (**Let Noble thought come to us from all sources**) किन्नर समाज भी अपने ही दल के भीतर क्रूरता और नैतिक समर्थन ढूढ़ँते हैं। ये अपनी ही संकल्पनाओं और क्रान्तियों का निर्माण करते रहते हैं। ये स्वयं भी अपने इतिहास और संस्कृति के बारे में बहुत कम जानते हैं।

उच्चतम न्यायालय के ऐतिहासिक फ़ैसले के सम्पूर्ण क्रियान्वयन के बाद 'किन्नरों' की सामाजिक स्थिति में निश्चित ही गुणात्मक परिवर्तन होगा, वहीं नकली किन्नरों की लूट–खसोट, आतंक से छुटकारा भी मिलेगा।

प्रत्येक किन्नर का अपना अतीत, उसका स्वयं का झेला संघर्ष होता है। उपन्यास 'मैं पायल...' का आधार किन्नर गुरु पायल सिंह के जीवन–संघर्ष की गाथा है, जिसमें प्रत्येक किन्नर के अतीत के संघर्ष की झलक परिलक्षित होती है। विस्थापन का दंश कष्टकारी होता है, फिर वह चाहे परिवार, समाज या अपनी मिट्टी से मिला हो। प्रत्येक किन्नर को सर्वप्रथम यह दंश अपने घर–परिवार से भुगतना होता है।

सुप्रसिद्ध गीतकार सुश्री गीतिका वेदिका का प्रस्तुत गीत हमें संवेदना की गहराई में ले जाकर इनकी व्यथा दर्शाता है–

अधूरी देह क्यों मुझकों बनाया
बता ईश्वर तुझे ये क्या सुहाया
किसी का प्यार हूँ न वास्ता हूँ
न तो मंज़िल हूँ मैं न रास्ता हूँ
कि अनुभव पूर्णता का हो न पाया
अजब यह खेल रह–रह धूप छाया
अधूरी देह...
नहीं नारी हूँ मैं और नर नहीं हूँ
विवश हूँ मूक हूँ पत्थर नहीं हूँ
जिसे मौक़ा मिला, उसने सताया
सभी ने रक्त के आँसू रुलाया

अधूरी देह...
बहिष्कृत और तिरस्कृत त्रासदी हूँ
भरी जो पीर से जीवन नदी हूँ
मिलन सागर को ही कब रास आया
वही एकाकीपन मुझमें समाया
अधूरी देह...

तीसरी दुनिया का दस्तावेज़ और हिन्दी उपन्यास

•

पुरोबी ए. भण्डारी

वर्तमान समय अस्मिता की लड़ाई का समय है। आज विश्व भर में मानव समाज अस्मिताओं के प्रति पहले की अपेक्षा अधिक सक्रिय है और यह बौद्धिक सचेतनता का ही सुफल है कि विश्व समुदाय होते हुए आज भारत में भी तमाम वंचितों के अधिकारों की बात उठने लगी है। ऐसा ही उपेक्षित और वंचित समुदाय है–तृतीय लिंगी समुदाय (हिजड़ा समुदाय)। बीसवीं सदी के उत्तरार्द्ध और इक्कीसवीं सदी के आरम्भ में स्त्री एवं दलित–विमर्श उभर कर आये जिसमें उनके अधिकार की बात कही गयी। इसके कारण सदियों से दोयम दर्जे का जीवन जी रहे दलितों एवं स्त्रियों को उपन्यास का हिस्सा बनाया गया, जिसमें उनके अधिकारों की वकालत की गयी। भारतीय समाज ने हिन्दी साहित्य के द्वारा सदियों से पीड़ित दलित वर्ग के दुःख की कथा दलित–विमर्श द्वारा एवं दोयम दर्जे पर रखी जाने वाली स्त्रियों की मनोदशा का मार्मिक चित्रण स्त्री–विमर्श द्वारा किया। तृतीय लिंगी कहने से अर्थ हैं–किन्नर, हिजड़ा, उभयलिंगी, ख़्वाज़ासरा, छक्का, शिरूरनान गाई, अनरावनी, जनखा, पावैया, मेहला, कोती, यूनक, थर्ड जेण्डर वग़ैरह। 'लिंग' शब्द हमेशा से ही वाद–विवाद से जुड़ता है। 'लिंग' अर्थात् पहचान, वो भी दो स्तम्भों पर–स्त्री या पुरुष। यहा सच है कि मानव सभ्यता का विकास इन्हीं दो स्तम्भों के कारण हो रहा है, लेकिन हमारे समाज में आदिम युग से ही इन दो स्तम्भों के अलावा एक और

स्तम्भ विद्यमान है जिसे हमारा समाज एक वर्जित दुनिया के तहत रखता है। यही वर्जित दुनिया तीसरा स्तम्भ है और वो कोई और नहीं बल्कि हमारे बीच समाज में रहने वाले तृतीय लिंगी हैं, जिसे समाज ने उपहास का पात्र बना कर रख दिया है। इनकी सबसे बड़ी समस्या है–समाज का इन्हें मुख्यधारा में स्वीकार न करना। परिवार–परित्यक्त, समाज–बहिष्कृत ये लोग इस संवेदनशीलता के कारण हाशिए पर धकेल दिये जाते हैं, जिसके फलस्वरूप एक बड़ी समस्या इनके सम्मुख खड़ी हो जाती है, वो है आजीविका। फलतः तृतीय लिंगी समाज शादी–विवाह, पुत्र जन्म अथवा किसी शुभ अवसर पर नाच–गाकर जीविका अर्जित करने को विवश हैं, और इसी विवशता ने उन्हें दिया है तो सिर्फ़ अपमान। अपमानित करने वाले भी हम ही हैं। प्रकृति ने उनके जीवन को अभिशप्त बना कर रख दिया है। वे अक्षम हैं लेकिन शारीरिक रूप से, या सीधे कहें तो केवल सन्तानोत्पत्ति नहीं कर सकते। इसके अलावा बाक़ी सभी दृष्टि से वे ईश्वर द्वारा बनाये साधारण मनुष्य के समतुल्य हैं। यह हमारा समाज है जो ईश्वर द्वारा बनाये इस वर्ग की क्षमता को अनादि काल से नकारता चला आ रहा है और इन्हें उपहास का पात्र बना कर रख दिया है।

समाज–परित्यक्त इस समाज को उम्मीद की किरणें तब दिखीं जब भारत के सर्वोच्च न्यायालय के न्यायमूर्ति के.एस. राधाकृष्णन और न्यायमूर्ति ए.के. सीकरी ने 15 अप्रैल, 2014 को धारा (377) के तहत तृतीय लिंगी समुदाय के साथ सामाजिक एवं शैक्षणिक रूप से पिछड़े वर्ग के नागरिकों के समान व्यवहार करने और उन्हें शैक्षणिक संस्थाओं में प्रवेश और सरकारी सेवाओं में ओबीसी की तरह आरक्षण उपलब्ध कराने का आदेश दिया। यह फ़ैसला आने के इतने सालों बाद भी यह समुदाय अपनी पहचान, अपने अधिकारों के लिए लड़ रहा है। एक लम्बे संघर्ष के बाद यह समाज आज शिक्षित भी है और विभिन्न प्रतिष्ठित पदों पर ख़ुद को स्थापित कर चुका है, जैसे पद्मिनी प्रकाश देश पहली किन्नर है जो न्यूज़ एंकर है। मानवी बन्द्योपाध्याय जी भी एक किन्नर हैं जो प्रिंसिपल हैं। रुद्राणी क्षेत्री जी भी एक मॉडल हैं। उनमें भी आम इनसान की तरह सारी क्षमताएँ हैं। किन्नर वर्ग का प्रतिनिधित्व करने वाले ये वो नाम हैं जिन्होंने लीक से हट कर समाज में स्थान बनाया और समूचे किन्नर वर्ग

के लिए एक प्रेरणास्रोत बन गये हैं, लेकिन बाक़ी किन्नर वर्ग के लिए सरकारी योजनाएँ तो बनायी गयीं लेकिन क्रियान्वित हुईं तो सिर्फ़ नाम के वास्ते, समाज में जगह भी मिली लेकिन हेय दृष्टि के आधार पर, आम आदमियों ने इन्हें तीसरी दुनिया का मान लिया जो सिर्फ़ तिरस्कार पाने के लायक समझा गया।

किन्नर समुदाय के पास भी समाज में ससम्मान जीने लायक गुण विद्यमान हैं, परन्तु समाज के उनके प्रति रवैये ने उन्हें अन्दर से इतना कातर कर दिया है कि वे आगे आने से डरते हैं। उन्होंने अपनी एक अलग दुनिया बना रखी है, शायद उसे हम समाज में व्याप्त तीसरी दुनिया कह सकते हैं। ये अपने परम्परागत आचरण के कारण समाज में सबसे अलग नज़र आते हैं। इसका पहनावा, बातचीत का लहज़ा, ताली बजाना ही इनकी पहचान बन कर रह गयी है।

साहित्य में इनकी व्यथा–कथा को यदा–कदा स्थान दिया गया। अंग्रेज़ी लेखिका कमला दास ने अपने कथा संग्रह 'हिजड़ा' में चाँदनी के माध्यम से समाज को किन्नरों की दुनिया से अवगत कराया। प्रसिद्ध नाटककार महेश दातानी द्वारा लिखित 'सेवेन स्टेप्स राउण्ड द फ़ायर' में किन्नरों की संवेदना को बहुत ही मार्मिक ढंग से प्रस्तुत किया गया है। अंग्रेज़ी साहित्य में हिन्दी साहित्य से अधिक काम हुआ है, जिनमें किन्नरों की संवेदना को प्रस्तुत करने वाले प्रमुख वृत्तचित्र हैं–

जरीना : पोटेट ऑफ़ हिजड़ा (1990),
लेडी बॉयज़ (1992)
बॉम्बे युनुक (2001)
द हिजड़ा : इण्डिया थर्ड जेण्डर (2011)
इण्यिाज़ लेडी बॉयज़ (2003)
बिटविन द लाइन्स : इण्डियाज़ थर्ड जेण्डर (2005)
मिडिल सेक्स (एच.बी.ओ. डॉक्युमेण्ट्री–2005)
द हिजड़ाज़ ऑफ़ इण्डिया
बी.बी.सी. किस द मून (2009)
कॉल मी सलमा (2009)
मोहम्मद टू माया (2012) आदि।

हिन्दी साहित्य में भी किन्नरों को विश्लेषित करते हुए बहुत कुछ लिखा गया, जिनमें उनकी जैविक संरचना से लेकर सामाजिक, आर्थिक, राजनीतिक भिन्न–भिन्न पहलुओं को सामने लाने का प्रयास किया गया है। हिन्दी साहित्य में अब तक किन्नरों पर आधारित लिखे गये उपन्यास हैं–

नीरजा माधव कृत उपन्यास 'यमदीप' (2002)

डॉ. अनसूया त्यागी कृत 'मैं भी औरत हूँ' (2005)

महेन्द्र भीष्म कृत 'किन्नर कथा' (2010)

प्रदीप सौरभ कृत 'तीसरी ताली' (2010)

निर्मला भुराड़िया कृत 'गुलाम मण्डी' (2013)

चित्रा मुद्गल कृत 'पोस्ट बॉक्स नं. 203, नाला सोपारा' (2006)

महेन्द्र भीष्म कृत 'मैं पायल' (2016)

भगवन्त अनमोल कृत 'ज़िन्दगी 50–50' (2017)

हिन्दी साहित्य में सर्वप्रथम तृतीय लिंगी विमर्श उभरकर आया नीरजा माधव कृत उपन्यास 'यमदीप' (2002) द्वारा, जो पूरी तरह से हिजड़ों पर आधारित है। इस उपन्यास में हिजड़ों के चरित्र, समाज के प्रति उनका दायित्व, कर्तव्य आदि का विस्तार से वर्णन है। डॉ. अनसूया त्यागी कृत 'मैं भी औरत हूँ' उपन्यास में समाज को हिजड़ों की शारीरिक संरचना को समझाने एवं उनके जीवन के कष्टों को समझाने के उद्देश्य से लिखा गया है। यह अन्य उपन्यासों की तुलना में लीक से हटकर है। कारण, लेखिका स्वयं एक स्त्री रोग विशेषज्ञ हैं तो यह उपन्यास चिकित्सीय दृष्टिकोण से महत्त्वपूर्ण है। विविध पुरस्कारों से सम्मानित उत्कृष्ट कथाकार महेन्द्र भीष्म कृत 'किन्नर कथा' में हिजड़ों की विविध समस्याओं को तारा उर्फ़ ताराचन्द्र अग्रवाल पात्र के द्वारा उजागर किया है। प्रदीप सौरभ कृत 'तीसरी ताली' लेस्बियन्स एवं किन्नरों पर आधारित है। इस उपन्यास में उनके पत्रकार होने का असर हर जगह दिखता है। उपन्यासकार ने स्वयं कहा है कि 'मुन्नी मोबाइल' की तरह 'तीसरी ताली' के नायक एवं खलनायक काल्पनिक नहीं हैं। निर्मला भुराड़िया कृत 'गुलाम मण्डी' बहुमुखी उपन्यास है जो हिजड़ों के साथ–साथ अन्तर्राष्ट्रीय देह व्यापार पर आधारित है। चित्रा मुद्गल कृत 'पोस्ट बॉक्स

नं. 203, नाला सोपारा' माता और पुत्र के बीच पत्राचार शैली में लिखा गया एक अनोखा उपन्यास है। महेन्द्र भीष्म कृत 'मैं पायल' तृतीय लिंगी विषय पर लिखा गया दूसरा उपन्यास है, जिसमें लखनऊ की किन्नर गुरु पायल सिंह का जीवन संघर्ष है। भगवन्त अनमोल कृत 'ज़िन्दगी 50–50' उपन्यास एक काल्पनिक कथा के साथ आगे बढ़ता है, जहाँ नायक अपने किन्नर भाई को समाज में अपमानित होते देखता है और अपनी एकमात्र सन्तान को अधूरी ज़िन्दगी से बचाना चाहता है। कारण उसकी सन्तान भी किन्नर पैदा होती है।

अन्य भाषाओं के साहित्य में एक 'हिजड़ा लाइफ़ स्टोरी' मूलतः तमिल में एक हिजड़े द्वारा लिखी गयी जीवनी है जिसे चेन्नई स्थित वी. गीता द्वारा तमिल से अनूदित किया गया है। इस पुस्तक को एक भारतीय हिजड़े द्वारा लिखी गयी पहली आत्मकथा होने का गौरव प्राप्त है। हिजड़ा कार्यकर्ता ए. रेवती ने तमिल में 'उनारवुम उरूवामन' अर्थात् 'समूचे देह का अनुभव' नाम से उपन्यास लिखा। 'न तो आदमी और न ही महिला' भारत के हिजड़ा सेरेना नन्दा द्वारा लिखित एक अद्भुत उदाहरण है। ऐसा नहीं है कि इक्कीसवीं सदी के साहित्य में ही सिर्फ़ हिजड़ों के बारे में लिखा गया है। इससे पहले महाकाव्य काल में 'महाभारत' महाकाव्य में शिखण्डी एकमात्र ऐसा पात्र था जो तृतीय लिंगी था। अर्जुन ने अपने अज्ञातवास का एक साल का समय भी किन्नर का रूप धारण कर 'बृहन्नला' के नाम से बिताया था। कौटिल्य के 'अर्थशास्त्र' में भी किन्नरों का उल्लेख मिलता है। दिल्ली की सल्तनत के दौरान किन्नर महत्त्वपूर्ण पदों पर थे। अलाउद्दीन खिलजी के शासनकाल में किन्नर मलिक ग़फूर वरिष्ठ सैनिक अधिकारी था। गुजरात में सुल्तान मुज़फ़्फ़र के शासनकाल में एक किन्नर मुमित–उल–मुल्क कोतवाल था। जहाँगीर के शासनकाल में कई किन्नर महत्त्वपूर्ण पदों पर थे। एक किन्नर ख़्वाज़ासरा हिलाल प्रमुख प्रशासनिक पद पर था। इफ़्तिख़ार ख़ान भी एक किन्नर था, जिसे जहाँगीर ने एक जागीर का फ़ौजदार बनाया था। यह तो प्रमाणित है कि तीसरी दुनिया तो पुरातन काल से ही समाज में व्याप्त है।

अब समय है साहित्य एवं समाज में चारों ओर किन्नर–विमर्श के

उद्घोष करने की, जिससे लोग जाग्रत होकर उनके पास जाकर बैठें, उन्हें अपनायें, अपना मानें...न कि अपमानित करें। यह भेदभाव केवल दो तरीकों से ही मिट सकता है। एक तो समाज में उन्हें एक स्वस्थ वातावरण मिले। दूसरा, समाज उनके अस्तित्व को स्वीकार करे।

सन्दर्भ-ग्रन्थ

विभिन्न पत्र-पत्रिकाएँ।

तृतीय लिंगी के समक्ष चुनौतियाँ

•

डॉ. मुक्ति शर्मा

ज़िन्दगी में एक ऐसा पल भी आता है जब एहसास और ख़्वाहिशें दम तोड़ रही होती हैं। इनसान छटपटाता है कि हे भगवान, कुछ चमत्कार कर दो। मेरी ज़िन्दगी में खुशियाँ भर दो। प्रत्येक प्राणी के पास प्यारा–सा दिल होता है जिसमें हज़ारों तरह की ख़्वाहिशें जन्म लेती हैं कि काश, मेरे पास पैसा होता, बँगला होता, लम्बी–सी गाड़ी होती, पर इन सबसे भी ऊपर कोई ऐसी चीज़ जो इनसान के पास न हो तो सारी ख़्वाहिशें मिट जाती हैं। वो है एक–पूर्ण होने का सुख। इनसान तो होता ही है, पर एक आम इनसान जिस प्रकार समाज में जीवनयापन करता है वो सुख उन्हें प्राप्त नहीं होता। एक बात जो उन्हें दिन–रात कचोटती है–पूर्णता, जी हाँ दोस्तो, मैं आज उन्हीं लोगों के दुःख को आपके सामने व्यक्त करना चाहती हूँ जो चेहरे से तो बहुत सुखी दिखते हैं, परन्तु नरक जैसी ज़िन्दगी जीने पर विवश हैं। 'किन्नर' नाम सुनकर रोंगटे खड़े हो जाते हैं। वही 'किन्नर', जिनसे हम घृणा करते हैं, हमारी खुशियों में चार चाँद लगा देते हैं और ढेर सारी दुआएँ दे जाते हैं। पर हम क्या करते हैं इन लोगों के लिए? चन्द कागज़ के टुकड़े थमाकर रवाना कर देते हैं। कभी सोचा है इनके बारे में, सोचा नहीं तो सोचो, क्योंकि ये भी समाज का एक ऐसा हिस्सा हैं जो हमारी नज़रों के सामने तो आते ही हैं, पर बाद में हम इनको अनदेखा कर देते हैं।

सन् 2014 में सुप्रीम कोर्ट ने इन्हें सरकारी दस्तावेज़ों में बाकायदा थर्ड जेण्डर के तौर पर एक पहचान दी है। ये सरकारी नौकरियों में जगह

पा सकते हैं। स्कूल–कॉलेज में जाकर पढ़ाई कर सकते हैं। उन्हें वही अधिकार दिये हैं जो किसी भारतीय नागरिक के हैं, जो किसी भी मर्द या औरत के होते हैं। समाज में लोग उसे उसके नाम से पुकारते हैं। 'किन्नर' वास्तव में न ही पूर्ण पुरुष होते हैं और न ही पूर्ण स्त्री। बसों में, रेलवे स्टेशनों पर लोगों से बोलते नज़र आते अरे राजा, अपनी पॉकेट ढीली कर और लड़के उनका मज़ाक़ उड़ाते हैं। "अरे रानी, ज़रा मेरे पास तो बैठ दो मिनट के लिए।" 'किन्नर' हँसी का पात्र बन जाते हैं, कहते हैं इन लोगों की बात भगवान तक अवश्य पहुँचती है। इसलिए लोग इनसे आशीर्वाद लेते हैं।

लखनऊ के छोटे–से घर में पैदा हुई माला। माँ–बाप ने ख़ुशियाँ भी मनायीं। बाप मामूली सा किसान था। दिन–रात खेतों में हल चलाता। जैसे–तैसे घर का गुज़ारा चल रहा था। 'माला' के आने से ख़ुशी तो हुई पर बाद में वही ख़ुशी मातम में बदल गयी। माँ–बाप अपने भाग्य को कोसते हुए, इस दुविधा में डूबे हुए थे कि अगर किसी को सच्चाई का पता चल गया तो क्या होगा। 'माला' के भाई–बहन पास के सरकारी स्कूल में पढ़ने जाते। घरवालों ने माला को स्कूल नहीं जाने दिया। माला की ख़्वाहिश थी कि वह भी स्कूल जाये, अपने संगी–साथियों के साथ खेले परन्तु माता–पिता उसको घर की चारदीवारी में बन्द रखना चाहते थे। धीरे–धीरे माला बड़ी होने लगी। उसे यह बात अन्दर से कचोटती कि उसे किसी के साथ खेलने नहीं देते, उसे क्यों घर में क़ैद करके रखा है। उसने एक दिन माँ से कहा, ''मुझे क्यों नहीं आप बाहर जाने देते? क्या बाहर की दुनिया सुन्दर नहीं है?" माँ ने जवाब दिया, "बाहर की दुनिया बदरंग है। भेड़िये लोगों को नोचने के लिए तैयार बैठे हैं। मैं नहीं चाहती मेरी सुन्दर सी बेटी पर किसी की बुरी नज़र पड़े। तू मेरी लाडली बेटी है। तू घर के काम में ही मन लगा, पर चौखट से बाहर पैर मत रखना,'' क्योंकि माँ जानती थी कि अगर इसने चौखट लाँघी तो इसको जहाँ से दूर ले जायेंगे। आख़िर माँ ने नौ महीने पेट में रखा था। उसके सामने बहुत–सी चुनौतियाँ थीं। माला दुबक कर बैठ गयी परन्तु कहते हैं, मन चंचल होता है। इच्छाएँ इनसान के अन्दर उत्पन्न होती हैं। इन इच्छाओं को मनुष्य कितना भी दबा कर रखे, मूक प्राणी बन जाये पर

जब ये अंकुरित होती हैं तो समाज—परिवार किसी की चिन्ता नहीं रहती। यही हाल माला का था। वह सोचती कि शायद उसमें कोई कमी है। वह रात—दिन अपने बारे में सोचती कि वह इस क़ैद से कैसे आज़ाद हो जाये लेकिन जो उसे क़ैद दिखाई दे रहा था, वही उसका कवच था। आख़िर वही हुआ जिसका डर था। एक दिन वह घर से चोरी—चोरी अपने साथ की लड़कियों के साथ खेलने चली गयी। घर वाले खोजने लगे कि माला किधर चली गयी। खेलते—खेलते शाम हो चुकी थी। माला को ज़ोरों से पेशाब आया जैसे ही वह सहेलियों के साथ खुले में पेशाब करने बैठी तो आरती नाम की एक लड़की को शक हो गया। वह पहले तो चुप रही। माला के माता—पिता उसे खोजकर घर ले आये। उसे हिदायत दी कि आज के बाद घर से बाहर क़दम मत रखना। माला रोने लगी और रोते—रोते उसे नींद आ गयी, परन्तु आरती के मन में बात चुभ रही थी कि माला सामान्य लड़कियों की तरह क्यों नहीं है। आख़िर उसने यही बात अपनी माँ को बता दी। गाँव में बात आग की तरह फैल गयी। गुरु जी माला के घर पहुँच गये अपने लोगों के साथ। माला उस वक़्त तो बहुत रो रही थी। परिवार से बिछड़ने करा दुःख उसे अन्दर से खा रहा था। आज वह गुरु जी के साथ अपनी बाक़ी दोस्तों के साथ जीवनयापन कर रही है। 15 साल की उम्र से उसे उसके परिवार से अलग कर दिया गया। तब उसे एहसास हुआ कि वह पूर्ण नहीं है। परन्तु अधूरेपन का एहसास होने के बावजूद ख़्वाहिशें आज भी उसके मन में उमड़ती हैं। कुछ पाने की इच्छा उसके मन में अभी भी है और ख़ालीपन का एहसास उसे अन्दर से खा रहा था। बाक़ी लोगों को देखकर उसे भी एहसास होता कि काश, वह भी पूर्ण होती। वह सोचती कि काश, उसका भी पति होता, परिवार होता, बाल—बच्चे होते! लेकिन सारी हसरतें दबी रह गयीं। वह इस नर्क से नहीं निकल पायी। उसने गुरु के घर पहुँचकर ज़िन्दगी को बड़े करीब से देखा था। 'माला' और उसके साथ के किन्नर जितना पैसा कमाकर लाते, सब गुरु को सौंप देते और गुरु ज़रूरत के हिसाब से उनको पैसा ख़र्च करने को देते। माला का कश्मीर घूमने का बहुत मन था पर इसके लिए उसे गुरु से आज्ञा लेनी होगी, तभी वह जा सकती है। गुरु उन्हें रोकते नहीं हैं, उन्हें सब सुविधाएँ उपलब्ध हैं। माला बताती

है कि किन्नरों के आराध्य देव 'अरावन' को माना जाता है। हर किन्नर को अपने आराध्य देव से साल में एक बार विवाह करना पड़ता है। यह विवाह मात्र एक दिन के लिए होता है।

महाभारत काल में शिखण्डी ने जो कि एक किन्नर थे, ने अर्जुन को भीष्म के ख़िलाफ़ युद्ध में विजय दिलाई थी। अर्जुन को युद्ध से पहले अज्ञातवास के दौरान एक वर्ष का समय किन्नर बनकर बिताना पड़ा था और उनके इस रूप को बृहन्नला के नाम से जाना जाता है। इनके बारे में माना जाता है कि किन्नरों की उत्पत्ति ब्रह्म जी की छाया से हुई है। वहीं कुछ ग्रन्थों के अनुसार अरिष्टा और कश्यप ऋषि से किन्नरों की उत्पत्ति हुई। किन्नरों के समक्ष बहुत–सी चुनौतियाँ हैं। उन्हें अपने मान–सम्मान का ख़याल भी रखना है और सरकार से अपने हक़ के लिए ठोस क़दम भी उठाने हैं। तभी वे समाज में सिर उठा कर जीवनयापन कर सकते हैं। समाज के प्रत्येक व्यक्ति को उनकी रक्षा के लिए सामने आना चाहिए ताकि वे सिर उठाकर समाज में रह सकें न कि सिर झुकाकर। तृतीय लिंगी के समक्ष बहुत–सी चुनौतियाँ हैं। उनको हर मुसीबत का मुक़ाबला डटकर करना है ताकि लोग इन पर हँसें नहीं बल्कि इनके दर्द, पीड़ा और भावनाओं की क़द्र करें।

किन्नर : समाजशास्त्रीय अध्ययन

•

डॉ. हिरल शादीजा

इस सृष्टि के सृजनहार ईश्वर हैं, जिसमें उन्होंने नर एवं मादा लिंग का निर्माण किया। जो हर जीव में (चाहे पशु हो या पक्षी) पाये जाते हैं। लेकिन इस जहाँ में एक और लिंग भी है, जो प्रकृति सृजित या मानव सृजित लिंग है, जो उभयलिंग है। जो नर है न मादा या फिर दोनों है। मानव समुदाय उसकी उपेक्षा करता है। उन्हें न सम्मान, न आदर और न ही सामाजिक मान्यता देता है। बल्कि समाज का बेकाम हिस्सा समझकर उसकी अवहेलना और उपेक्षा कर दी जाती है। उनके माता–पिता तक उन्हें अपने पास रखना नहीं चाहते। उनको अपनी सन्तान तक कहलवाने में शर्म महसूस करते हैं। इसलिए कई अभिभावक तो उनको मार तक देना चाहते हैं ताकि समाज में उनकी इज़्ज़त बनी रहे। ये हैं हमारे समाज के किन्नर जिनको कई नामों से जाना जाता है, जैसे–थर्ड जेण्डर, हिजड़ा, तृतीय लिंगी, उभय लिंगी, युनक, खोजवा, मोंगा, छक्का, पावैया, जनखा अनरावनी, शिखण्डी, ख़्वाज़ासरा आदि।

'न ही नारी हूँ मैं और नर नहीं हूँ
विवश हूँ, मूक हूँ, पत्थर नहीं हूँ
सभी ने रक्त के आँसू रुलाया अधूरी देह।'[1]

किन्नर या थर्ड जेण्डर से अभिप्राय उन लोगों से है, जिनके जननांग पूरी तरह विकसित न हो पाये हों। ये पुरुष होकर भी स्त्रैण स्वभाव के लोग होते हैं जिसको पुरुषों की जगह स्त्रियों के साथ रहने में सहजता महसूस होती है और ये स्त्रियों की तरह ही पुरुष वर्ग से आकर्षित होते हैं। उनसे प्रेम करके रिश्ता बनाना चाहते हैं।

1. क़िन्नरों की उत्पत्ति

किन्नरों की उत्पत्ति के लिए दो मान्यताएँ प्रसिद्ध हैं। एक वे ब्रह्मा की छाया अथवा उनके पैर के अँगूठे से उत्पन्न हुए और दूसरा यह कि अरिष्टा और कश्यप उनके आदि जनक हैं। हिमालय का कैलाश पर्वत उनका मुख्य निवास स्थान है और वे शंकर जी की सेवा किया करते थे। उन्हें देवताओं का गायक और भक्त समझा जाता है और यह विश्वास है कि यक्षों और गन्धर्वों की तरह वे नृत्य और गान में पारंगत थे।

2. किन्नरों का क्षेत्र

हिमालय के क्षेत्र में बसनेवाली एक मनुष्य जाति का नाम किन्नर है, जिसके प्रधान हिमवत् और हेमकूट थे। पुराणों और महाभारत की कथाओं एवं आख्यानों में उनकी चर्चाएँ प्राप्त होती ही हैं, कादम्बरी जैसे कुछ साहित्यिक ग्रन्थों में भी उनके स्वरूप, निवास क्षेत्र और क्रिया–कलापों के वर्णन मिलते हैं। किन्नर का अर्थ है– किं+नर अर्थात् उनकी योनि और आकृति पूर्ण रूप से मनुष्य की नहीं होती। शायद किन्नरों का सम्बन्ध उक्त प्रदेश में रहने वाले मंगोल रक्त प्रधान उन पीतवर्ण लोगों से हो, जिसमें स्त्री–पुरुष का भेद भौगोलिक और रक्तगत विशेषताओं के कारण किया जा सके।

3. किन्नरों के प्रकार

क़िन्नरों को चार वर्गों में विभक्त किया जा सकता है–

(1) बुचरा, (2) नीलिमा, (3) मनसा, (4) हंसा

(1) बुचरा : बुचरा वर्ग के किन्नर जन्मजात अर्थात् जन्म से ही अविकसित जननांगों के साथ पैदा होते हैं। जो वास्तविक किन्नर हैं, वे प्रकृति सृजित अथवा माता के गर्भावस्था के समय कुछ कमियों की वजह से इस प्रकार के होते हैं। ये जन्मजात न पुरुष होते हैं, न स्त्री। जब किसी परिवार में बुचरा किन्नर पैदा होता है तो परिवार के सदस्य जल्द–से–जल्द उसे अपने परिवार से दूर करने का प्रयास करते हैं। क्योंकि परिवार का पिता यह सोचता है कि बच्चे के कारण उसके पुरुषत्व पर लोग उँगली उठायेंगे और बच्चा बड़ा होकर परिवार की प्रतिष्ठा धूल में मिला देगा। अतः बच्चे

को बिना किसी डॉक्टर की सलाह लिये बच्चे को, जो शायद पुरुष या स्त्री की सामान्य ज़िन्दगी जी सकता था, उसे अलग कर दिया जाता है।

(2) नीलिमा : यह किन्नर किसी कारणवश स्वयं को किन्नर बनाने के लिए सौंप देते हैं।

(3) मनसा : कुछ किन्नर शारीरिक रूप से न होकर मानसिक तौर पर किन्नर होते हैं, जो स्वयं को विपरीत लिंग अथवा अक्सर स्त्रीलिंग के अधिक निकट महसूस करते हैं। इन किन्नरों को सामान्य मनोवैज्ञानिक काउंसिलिंग के द्वारा वापस इनके वास्तविक लिंग में बदला जा सकता है।

(4) हंसा : ये शारीरिक कमी या नपुंसकता आदि यौनिक न्यूनताओं के कारण अपने को किन्नर मानने लगते हैं। इस कोटि के किन्नरों का भी इलाज या ऑपरेशन करने के बाद इनमें से अधिकतर को सामान्य पुरुष अथवा स्त्री बनाया जा सकता है और वे भी सामान्य जीवन जी सकते हैं।

(5) अबुआ : जो वास्तव में पुरुष होते हैं लेकिन धन के लोभ या धनोपार्जन के साधन न जुटा पाने की वजह से यह व्यवसाय अपना कर किन्नर का स्वाँग रचते हैं। धन के लोभ में बने ये लोग किन्नरों के अधिकारों पर कुठाराघात करते हैं। ये रात में सड़कों पर घूमकर, ट्रक ड्राइवरों के साथ अप्राकृतिक यौन सम्बन्ध कर उनकी यौन क्षुधा शान्त करते हैं, जिसकी वजह से किन्नरों की गरिमा को ठेस पहुँचती है। असली व नकली किन्नर में फ़र्क़ यह है कि असली किन्नर स्वभाव से स्त्रैण होते हैं और नैसर्गिक रूप से उनका आकर्षण पुरुषों के प्रति होता है, जबकि नकली किन्नरों का आकर्षण स्त्रियों के प्रति होता है।

(6) छिबरा : जबरन बनाये किन्नरों को छिबरा कहा जाता है। परिवार से आपसी दुश्मनी या रंजिश की वजह से लड़के या लड़कियों का लिंगोच्छेदन कर उन्हें किन्नर बना दिया जाता है। ये किन्नर सबसे दुर्भाग्यपूर्ण और भयावह यन्त्रणा से गुज़रते हैं। यह जघन्य कृत्य करनेवाले पिशाच एक व्यक्ति के जीवन को नाटक बना देते हैं और पीड़ित शिशु को बिना किसी अपराध के आजन्म इस यन्त्रणा से गुज़रना पड़ता है। इनमें से भी कुछ को चिकित्सा द्वारा वापस उनके लिंग में लाया जा सकता है, लेकिन यह बड़ी ही जटिल और खर्चीली प्रक्रिया है।

4. किन्नर सम्बन्धी साहित्यिक कथाएँ

किन्नरों के उद्भव और अतीत के सम्बन्ध में अनेक कथाएँ प्रचलित हैं। इनमें सबसे प्रसिद्ध कथा भगवान राम के वनवास सम्बन्धित है। कहा जाता है कि कैकेयी के कहने पर राजा दशरथ ने युवराज राम को चौदह साल के लिए वनगमन का आदेश सुनाया तो भगवान राम की पत्नी सीता और अनुज लक्ष्मण उनके साथ अयोध्या छोड़ कर वनवास गये थे। भरत को जब यह ज्ञात हुआ तो वह अयोध्यावासियों के साथ राम को मनाने चित्रकूट गये थे। वहाँ उनके साथ किन्नर भी गये थे। वहाँ राम की आज्ञा से अयोध्यावासी तो अयोध्या वापस आ गये लेकिन किन्नरों को कोई सूचना न मिलने पर उन्होंने वहीं रुककर 14 साल राम की प्रतीक्षा की। जब वनवास पूर्ण करके राम वापस अयोध्या आ रहे थे तब किन्नरों को प्रतीक्षारत पाया तो राम ने पूछा तो निर्मल ह्रदयवाले किन्नरों ने बताया कि–

'जथा जोगु करि विनय प्रनामा, बिदा किए सब सानुज रामा
नारी पुरुष लघु मध्य बड़ेरे, सब सनमानि कृपा निधि फेरे।[2]

भगवान राम ने उनकी निःस्वार्थ भक्ति भावना से प्रभावित होकर आशीर्वाद दिया कि वे जिन्हें भी अपना आशीर्वाद देंगे, उसका अनिष्ट नहीं होगा।

(2) दूसरी कथा 'महाभारत' में शिखण्डी की कथा है। द्रौपदी और धृष्टद्युम्न का भाई शिखण्डी भी एक किन्नर था जिसके कारण अर्जुन भीष्म पितामह का वध कर पाये।

(3) 'महाभारत' में एक वर्ष के अज्ञातवास में अर्जुन बृहन्नला नामक किन्नर बन कर विराट्नगर के विराट् राजा की कन्या उत्तरा को नृत्य और गान सिखा कर उसके गुरु बने थे।

(4) भीम ने 'शान्ति पर्व' में वर्णन किया है कि किन्नर बहुत सदाचारी होते हैं। उन्हें अन्तःपुर में भृत्य के रूप में नियुक्त किया जा सकता है।

(5) 'महाभारत' के 'दिग्विजय पर्व' में अर्जुन ने किन्नरों के देश किम्पुरुष जाकर युद्ध करके उस प्रदेश को जीता था।

(6) 'महाभारत' की एक अन्य कथा के अनुसार, एक बार अर्जुन को द्रौपदी से विवाह की एक शर्त के उल्लंघन के कारण इन्द्रप्रस्थ से निष्कासित करके एक वर्ष के लिए तीर्थ यात्रा पर भेजा जाता है। यात्रा के दौरान

वह एक नाग कन्या उलूपी से मिलता है जहाँ दोनों का प्रेम विवाह होता है। विवाह के कुछ समय बाद अर्जुन उलूपी को वहीं छोड़ कर आगे चले जाते हैं। उलूपी को अर्जुन से अरावन नाम का पुत्र होता है जो बड़े होने पर पिता अर्जुन की कुरुक्षेत्र के युद्ध में मदद करने जाता है। युद्ध के पहले नरबलि देने की अनिवार्यता जान कर अरावन आगे आता है, लेकिन वह एक शर्त रखता है कि वह अपनी बलि देने के पहले विवाह करना चाहता है। किन्तु कोई अपनी पुत्री को एक रात की सुहागिन बना कर विधवा बनाना नहीं चाहता। तब समस्या के निवारण हेतु भगवान कृष्ण स्वयं मोहिनी रूप धर कर अरावन से विवाह करते हैं और दूसरे दिन अरावन की बलि के बाद विधवा बनी मोहिनी आँसू बहाती है। लेकिन वह मूल रूप से कृष्ण थे इसलिए वह भी एक किन्नर माने जाते हैं। यह कथा 'महाभारत' के अन्तर्गत नहीं आती, लेकिन प्रसिद्ध अवश्य है।

(7) इसके अलावा पौराणिक ग्रन्थों और साहित्य में भी किन्नरों का उल्लेख मिलता हैं, जैसे 'शतपथ ब्राह्मण' में अश्वमुखी मानव शरीर वाले किन्नर का उल्लेख है। बौद्ध साहित्य में किन्नर की कल्पना मानव मुखी पक्षी के रूप में की गयी है। 'मानसार' में किन्नरों को गरुड़मुखी मानव शरीरी और पशु पदी माना गया है। सुत्तपिटक की कृति 'वामवत्थु' (ई. पूर्व 200 से 300) से यह सिद्ध होता है कि पर्वतीय भाग के चनाब के तट पर उस समय भी किन्नर रहा करते थे। महाकवि भारवि ने अपने प्रसिद्ध ग्रन्थ 'किरातार्जुनीयम्' में हिमालय वर्णन खण्ड में किन्नर, गन्धर्व, यज्ञ तथा अप्सराओं आदि देवयोनियों के किन्नर देश में निवास होने का वर्णन किया है। 'वायु पुराण' में महानील पर्वत पर किन्नरों का निवास बताया गया है। 'मत्स्य पुराण' के अनुसार, किन्नर हिमवान पर्वत के निवासी हैं। 'हरिवंश पुराण' में किन्नरियों को फूलों तथा पत्तों से श्रृंगार करते हुए बताया गया है, जो गायन और नृत्य कला में दक्ष होती थीं।

(8) ऐतिहासिक काल में भी किन्नर कथाएँ मिलती हैं, जैसे ऐतिहासिक तथ्यों के अनुसार, हिन्दू व मुस्लिम राजाओं के अन्तःपुर में रानियों की पहरेदारी के लिए किन्नरों का इस्तेमाल किया जाता था। अलाउद्दीन

खिलजी के समय में किन्नर वरिष्ठ सैनिक अधिकारी के रूप में कार्यरत रहते थे। जहाँगीर ने ख़्वाज़ासरा को प्रशासनिक अधिकारी व इफ़्तिख़ार ख़ान को जागीर का फ़ौजदार बना दिया था। सुल्तान मुज़फ़्फ़र के शासन काल में मुमित–उल–मुल्क कोतवाल की पदवी पर आसन्न था।

(9) अजन्ता के भित्तिचित्रों में गुह्यकों, किरातों तथा किन्नरों के चित्र भी हैं। इन चित्रों का ऐतिहासिक महत्त्व इसलिए है कि ये चित्र लगभग ईसा की तीसरी से आठवीं शताब्दी के मध्य की धार्मिक एवं सामाजिक झाँकी को प्रस्तुत करते हैं।

(10) किन्नरों के वर्णन बौद्ध साहित्य में भी मिलते हैं। चन्द किन्नर जातकों में बोधिसत्व के हिमालय प्रदेश में किन्नर योनि में जन्म लेने की बात कही गयी है। इन ग्रन्थों में किन्नर स्त्री–पुरुषों की कई कथाएँ वर्णित हैं।

इसके अतिरिक्त अनेक विद्वानों और साहित्यकारों ने अपने शोध ग्रन्थों, यात्रा पुस्तकों, आलेखों और कविताओं में किन्नरों का उल्लेख किया है, जैसे राहुल सांकृत्यायन की यात्रा रचना 'किन्नर देश', डॉ. बंशीराम शर्मा की 'किन्नर लोक साहित्य', टेसी नेगी की पुस्तक 'किन्नरी सभ्यता और साहित्य',श्री शरभ नेगी की पुस्तक 'हिमालय पुत्र', 'किन्नरों की लोक गाथाएँ' आदि।

5. आधुनिक काल में किन्नरों की सामाजिक स्थिति

आज हम इक्कीसवीं शताब्दी के कम्प्यूटर युग में जी रहे हैं जहाँ हर काम बटन दबाने से ही हो जाता है। अपने को आधुनिक कहलाने के बावजूद आज भी हमारे विचार पुराने, दकियानूसी और संकीर्णता की बेड़ियों में जकड़े हुए हैं। इसलिए किन्नरों को शुभ मान कर मांगलिक कार्यों में उनके आशीर्वाद दिला कर उनकी सहभागिता करके दक्षिणा देकर अलविदा कर दिया जाता है और किसी भी जगह पर कोई स्थान नहीं दिया जाता। भारत सरकार द्वारा दिये गये आँकड़ों के अनुसार, देश में किन्नरों की संख्या चार लाख नब्बे हज़ार के क़रीब है। इनमें से आधे से अधिक नकली किन्नर हैं। शेष दो लाख असली किन्नरों में भी सिर्फ़ चार

सौ जन्मजात किन्नर हैं। शेष स्त्रैण स्वभाव के कारण किन्नर माने जाते हैं। इनमें से सत्तर हज़ार किन्नर ऐसे हैं जिन्हें एक छोटे–से ऑपरेशन के बाद लिंग परिवर्तन करने के पश्चात् पुरुष या स्त्री बनाया जा सकता है, लेकिन दुःख की बात यह है कि इस ओर किसी का ध्यान ही नहीं है।

आधुनिक समय में किन्नर समाज आर्थिक, सामाजिक स्थिति के कारण भीख माँगने व वेश्यावृत्ति करने के लिए विवश है। जिस्मफ़रोशी के दलदल में फँसे ऐसे किन्नरों में एड्स पीड़ितों की संख्या बढ़ रही है। कोई भी किन्नरों के दर्द को सुनना, समझना व महसूस करना नहीं चाहता।

'कंगन है मेरे हाथ में पर कलाई में ताकत है पुरुषों से अधिक
आवाज़ है मेरी पुरुषों सी, पर मन मेरा कोमल है पुरुषों से अधिक
पर पूछता अस्तित्व मेरा, तू कौन है।[3]

भारत में अलग–अलग जगह पर उनकी संख्या पायी गयी है और उनकी अलग–अलग मान्यताएँ भी मिलती हैं–जैसे तमिलनाडु के किन्नर अरावन की पूजा करते हैं और स्वयं को 'तिरुनन्गाई' कहलाना पसन्द करते हैं, जिसका अर्थ है–ईश्वर की पुत्रियाँ। यहाँ के विल्लुपुरम ज़िले के कूवगम गाँव में कूतान्दवर मन्दिर में भगवान अरावन के शिश्न की पूजा की जाती है। इस गाँव में हर साल तमिल नववर्ष की पहली पूर्णिमा को 18 दिनों तक उत्सव मनाया जाता है। इस उत्सव में पूरे भारत और अन्य देशों के किन्नर एकत्र होते हैं। पहले 16 दिन मधुर गीतों पर ख़ूब नाच–गाना होता है। किन्नर गोल घेरे बना कर नाचते–गाते हैं, बीच–बीच में ताली बजाते हैं और हँसी–खुशी अरावन के विवाह की तैयारी करते हैं। 17वें दिन पुरोहित द्वारा विशेष पूजा होती है और अरावन देवता को नारियल चढ़ाया जाता है। पुरोहित द्वारा किन्नरों के गले में मंगलसूत्र पहनाया जाता है जिसे थाली कहा जाता है। 18वें दिन पूरे गाँव में अरावन की प्रतिमा को घुमाया जाता है और फिर उनकी मूर्ति को तोड़ दिया जाता है। उसके बाद दुल्हन बने किन्नर अपना मंगलसूत्र तोड़ देते हैं और सारे साज–शृंगार उतार कर विधवा बनकर छाती पीटते हैं और ख़ूब रोते हैं और उत्सव ख़त्म होता है।

बंगाल की सखीबेकी समुदाय के किन्नर भगवान श्रीकृष्ण की आराधना करते हैं।

गुजरात और कर्नाटक के जोगप्पा समुदाय के किन्नर बहुचर देवी के उपासक होते हैं।

सम्पूर्ण किन्नर समाज को सात समाज या घरानों में बाँटा गया है। हर घराने के मुखिया को 'नायक' कहा जाता है। ये नायक ही अपने डेरे या आश्रम के लिए गुरु का चयन करते हैं। किन्नर जिनसे शादी करते हैं या फिर उनको अपना पति मानते हैं और उनके नाम का करवाचौथ का व्रत भी रखते हैं।

किन्नर का दाह–संस्कार भी विभिन्न किस्म का होता है। जब किसी किन्नर की मृत्यु हो जाती है तो बाक़ी किन्नर आँसू नहीं बहाते, क्योंकि उनके अनुसार मरनेवाले को मुक्ति मिल जाती है। मरने वाला हिन्दू है या मुस्लिम, उसे दफ़नाने के लिए क़ब्रिस्तान ले जाया जाता है। शवयात्रा अर्धरात्रि के बाद ही शुरू होती है। किन्नर उसके शव को रात में डण्डों से मारते, उस पर चप्पल–जूते बरसाते और सड़क पर खींचते हुए क़ब्रिस्तान ले जाते हैं। इस तरह शव को ले जाने के पीछे उनकी मान्यता है कि मरनेवाला दुबारा तीसरी योनि में जन्म नहीं लेगा। किन्नर शवयात्रा में शामिल नहीं होते, क्योंकि वे अपने को स्त्री समझते हैं और औरतें श्मशान में नहीं जातीं।

6. संविधान द्वारा दिये गये सामाजिक अधिकार

सन् 1857 तक किन्नरों को समाज में मान्यता प्राप्त थी। महाभारत काल से मुग़लकाल तक इनका राजमहलों में विशिष्ट स्थान हुआ करता था और वे यौनिक रूप से अक्षम होने के कारण मध्य काल में हरमों की सुरक्षा हेतु सर्वश्रेष्ठ समझे जाते थे। लेकिन सन् 1871 में तत्कालीन अंग्रेज़ सरकार ने जरायम पेशा अपराध अधिनियम के तहत उन पर कई प्रतिबन्ध लगा दिये। सन् 1897 में उनको अपराधियों की श्रेणी में मान कर उन पर हर समय नज़र रखने के लिए एक रजिस्टर रखा जाने लगा। धारा 377 के अन्तर्गत इनके कृत्यों को ग़ैर–ज़मानती अपराध घोषित किया गया। आज़ादी मिलने पर उन्हें क्रिमिनल ट्राइब्स एक्ट के तहत जयराम पेशा जाति की कोटि से हटा दिया गया, लेकिन धारा 377 को हटाया नहीं गया। नवम्बर 2009 में भारत सरकार ने पुरुषों एवं महिलाओं से इनकी अलग पहचान को स्वीकृति प्रदान की तथा निर्वाचन सूची एवं मतदाता पहचान–पत्रों पर इनका 'अन्य' के तौर पर उल्लेख किया। 15 अप्रैल, 2014 को उच्चतम न्यायालय ने तृतीय लिंग के रूप में इनके अधिकारों को

मान्यता दी है और सभी आवेदनों में तीसरे लिंग का उल्लेख अनिवार्य कर दिया। इतना ही नहीं, उच्चतम न्यायालय ने इन्हें बच्चा गोद लेने का और इन्हें चिकित्सा के माध्यम से पुरुष या स्त्री बनाने का भी अधिकार दिया।

न्यायालय द्वारा दिये गये अधिकारों के बावजूद क्या समाज का नज़रिया इनके प्रति बदला है? किन्नर रूप में जन्म लेने में एक बच्चे का कोई कुसूर नहीं है। वह भी ईश्वर की सृष्टि है। ईश्वर की सत्ता को, ईश्वर के रूप को जब हम नहीं नकारते तो उनकी बनाई सृष्टि को हम नज़रअन्दाज़ क्यों कर देते हैं? समाज का अनचाहा हिस्सा मान कर उनसे नज़रें क्यों फेर लेते हैं? उनको विस्थापित क्यों कर देते हैं? वे भी समाज का एक हिस्सा हैं और जो अधिकार हमें प्राप्त हैं, उनको भी क्यों नहीं? समाज और परिवार में उनको वो स्थान क्यों नहीं दिया जाता? सन्तान की शारीरिक कमी को अपना कर अभिभावक उनकी ज़्यादा सेवा शुश्रूषा करते हैं। तो किन्नर भी एक ऐसी कमी का ही शिकार हैं, यह समझकर उन पर हम अपना प्रेम क्यों नहीं बरसाते? उनको क्यों अलग–थलग करके मृत्यु सा जीवन जीने पर मजबूर कर देते हैं जिसकी वजह से कभी–कभी वे आत्महत्या तक कर लेते है।

'लज्जा का विषय क्यों हूँ अम्मा मेरी
अन्धा, बहरा या मनोरोगी तो नहीं था मैं
सारे स्वीकार हैं परिवार समाज में सहज
मैं ही बस ममतामयी गोद से बिछड़ा हूँ।'[4]

सन्दर्भ

1. 'भारतीय साहित्य एवं समाज में तृतीय लिंगी विमर्श', गीतिका वैदिक, 2005
2. 'रामचरितमानस', अयोध्याकाण्ड, तुलसीदास 398/4
3. 'मैं क्यों नहीं', पारू मदन नाईक, 165
4. http//shabdmitra-blogspot-in/2011/06/ blog&post&4197hml

परिवर्तन का आकांक्षी हाशियाकृत जीवन

•

डॉ. विजेन्द्र प्रताप सिंह

भारत का संविधान सभी मनुष्यों को समानता से जीने का अधिकार देता है। परन्तु वास्तविकता क्या है, इससे हम सभी परिचित हैं। अभी कुछ समय पूर्व देश के सर्वोच्च न्यायालय ने हिजड़ों को तृतीय लिंग के रूप में स्वतन्त्र पहचान प्रदान की है तथा उन्हें अन्य पिछड़ी जातियों के समान आरक्षण प्रदान करने के निर्देश दिये हैं। न्यायालय की इस घोषणा से हिजड़ा समुदाय में निश्चित रूप से ख़ुशी व्याप्त हुई है और वे भी सोचने लगे हैं कि उनके दिन भी फिरेंगे। परन्तु यहाँ सबसे बड़ा प्रश्न उठता है कि अभी तक जिन समुदायों को सरकार द्वारा विविधः सुविधाएँ प्रदान की हुई हैं, क्या उनके दिन फिर गये हैं? क्या उनके अच्छे दिन आ गये हैं? उनकी ज़िन्दगी में कोई शाइनिंग आयी है? जवाब हम और आप सभी जानते हैं, पर मानते नहीं हैं।

सर्वप्रथम स्वतन्त्रता के बाद दलितों को संवैधानिक व्यवस्था के साथ आरक्षण प्रदान किया गया। आरक्षण दिये जाने के पीछे सीधा–सादा मन्तव्य यही था कि दलितों को बराबरी का दर्जा प्राप्त हो और ये भी मुख्यधारा में शामिल हो जायें। तो क्या दलित मुख्यधारा में आ गये हैं? क्या भारत से जातिवाद और छुआछूत मिट गये हैं? चलिए, मिटने की बात छोड़ भी दें तो क्या कम हो गये हैं? बहुत से लोगों का जवाब होगा–हाँ। परन्तु मेरा मानना है कि हमारे देश में न तो जातिवाद कमज़ोर हुआ है और न ही छुआछूत की भावना, अपितु यह पहले से और ज़्यादा बढ़ गयी है। सदियों से प्रमुखतः ज़मींदार और ब्राह्मण वर्ग इनका शोषण करता आ

रहा था और छुआछूत पूर्ण व्यवहार करता था, लेकिन अब तो जो वर्ग ऐसा नहीं करते थे, वे भी दलितों से अन्दर–ही–अन्दर बहुत नफ़रत करते हैं और हिकारत भरी नज़रों से देखते हैं। आरक्षण के विरोध के नाम पर आप देख सकते हैं कि किस प्रकार सोशल मीडिया पर ज़हर उगला जाता है? फ़र्क़ यदि आया है तो सिर्फ़ इतना कि पहले आमने–सामने अभद्र व्यवहार किया जाता था अब आँख दबाकर, लेकिन दलितों का अपमान किसी–न–किसी रूप में जारी है और न जाने कितने समय तक चलता रहेगा? आम धारणा है कि हर वर्ग की उन्नति का प्रारम्भिक काल होता है, उसके बाद उन्नति काल, और जब वह वर्ग उन्नति कर मुख्यधारा में शामिल हो रहा होता है तो संक्रान्ति काल। संक्रान्ति काल के बाद वह समाज मुख्यधारा का हिस्सा बन जाता है, परन्तु दलितों के जीवन का संक्रान्ति काल न जाने कितना लम्बा है और न जाने कब ख़त्म होगा और दलित भी समाज का प्रमुख हिस्सा बन कर जी सकेंगे। भले ही बहुत से दलित पढ़–लिख गये हैं और नौकरी आदि कर अपना जीवन–यापन कर रहे हैं, परन्तु उनके अन्दर जो ब्राह्मणवाद की जड़ें बैठी हुई हैं, दलित उनसे मुक्त नहीं हो पा रहे हैं। सवर्ण आज भी सुशिक्षित एवं विद्वान दलितों को अपने बराबर मानने को तैयार नहीं हैं।

यही स्थिति है स्त्रियों की। स्त्री चाहे सवर्ण के घर की हो या दलित के घर की, उसका शोषण होता आ रहा है और न जाने कब तक होता रहेगा? स्त्रियों की सुरक्षा एवं संरक्षा के लिए भी सरकार द्वारा बहुत–सी नीतियाँ एवं कानून बनाये हुए हैं, परन्तु फिर भी किसी भी समाचार–पत्र में प्रतिदिन 2–4 स्त्रियों के बलात्कार, अपहरण, अपमान की ख़बरें निश्चित रूप से होती ही हैं। ऐसे में जब भारतीय समाज के दो प्रमुख हिस्से, जिन्हें कानूनी संरक्षण प्रदान किया जा चुका है और स्वतन्त्रता प्राप्त हुए लम्बा अरसा गुज़र चुका है तब भी इनकी हालत में अपेक्षित सुधार नहीं आ पाया तो बेचारे हिजड़ों के लिए तो अभी सिर्फ़ घोषणा ही हुई है। कोई कार्यप्रणाली अभी तक निर्धारित नहीं हुई है। इनकी दशा में सुधार आने तथा इनके मुख्यधारा में आने की समयावधि के बारे में कुछ कहा ही नहीं जा सकता। हिजड़ों के लिए स्वतन्त्रता और बराबरी, सामाजिक–सांस्कृतिक भेदभाव से मुक्ति, रोटी, कपड़ा, मकान, शिक्षा और स्वाथ्य का बुनियादी

हक़, यौन हिंसा व प्रताड़ना से मुक्ति, कहीं भी आने–जाने की आज़ादी, कानून में बराबरी का हक़, सारे मानवाधिकार कानूनी सुरक्षा के दायरे में, अनुचित तरीके से हिरासत में लेना गलत, सार्वजनिक सेवाएँ, राशन कार्ड, पासपोर्ट, ड्राइविंग लाइसेंस का हक़,अभिव्यक्ति की आज़ादी आदि की माँग आदि वे ही माँगें हैं जिन्हें दलित एवं स्त्री समाज सदियों से माँगता आ रहा है। परन्तु अभी तक न तो दलितों को ये सब प्राप्त हो पाये हैं और न ही स्त्रियों को। दलित, स्त्री, आदिवासी तथा हिजड़े इसी मानव समाज का ही अंग हैं। दलित शुभ कार्यों की तैयारी करने में पसीना बहाता है। स्त्री सुबह से शाम तक कार्यक्रम की तैयारी करती है और हिजड़े शुभ कार्य में दुआ देते हैं, परन्तु इन तीनों का उस कार्यक्रम की सफलता में हिस्सेदारी को उचित स्थान मिलता कहाँ है। दलित अछूत हैं, स्त्री को सिर्फ़ दैहिक सुख के समय नज़दीकी दी जाती है और हिजड़ों को सिर्फ़ नाच–गाकर आशीर्वाद देने के समय घर के अन्दर प्रवेश करने दिया जाता है। काम निकलने के बाद तीनों को अलग कर दिया जाता है। सत्य तो यह है कि स्त्री को छोड़कर कोई भी दलितों एवं हिजड़ों को आसपास भी देखना पसन्द नहीं करता।

शिक्षा केन्द्रों पर भी दलितों का उपहास उड़ाया जाता है। स्त्रियों को अपनी वासना का शिकार बनाने का प्रपंच रचते हुए षड्यन्त्र रचा जाता है और हिजड़ों को तो प्रवेश करने ही नहीं दिया जाता है। दलितों एवं हिजड़ों को ग़रीबी और तिरस्कार पढ़ने नहीं देता तथा स्त्रियों को उनकी देह। दलित कुछ प्रतिशत पढ़–लिख भी रहे हैं, स्त्रियों को भी किसी तरह शिक्षा मिल रही है, परन्तु लगभग 98 प्रतिशत हिजड़े निरक्षर हैं। अपनी पहचान छुपाकर कुछ हिजड़े कभी–कभार पढ़ाई कर भी लेते हैं पर उन्हें नौकरी नहीं कौन देगा? दलितों एवं स्त्रियों को आरक्षण के बल पर नौकरी मिल भी जाती है तो उन्हें किसी–न–किसी रूप में सवर्ण और पुरुष शोषित करने का उपाय ढूँढ़ ही लेते हैं। दलितों को जहाँ सरकारी दामाद, कोटे वाला कहकर ताना मारा जाता है तो स्त्रियों के शरीर को हरपल ललचाई नज़रों से घूर–घूर कर उसकी आत्मा को छलनी किया जाता है।

राजनीति में भी दलितों एवं स्त्रियों को संविधान द्वारा आरक्षण दिया गया है। दलित नेता जहाँ सवर्णों की कठपुतली मात्र होते हैं और जो

नहीं होते हैं उनका अंजाम बिहार के दलित मुख्यमन्त्री जैसा होता है। पुरुषों ने राजनीति में स्त्रियों के आरक्षण का तो बहुत बढ़िया माखौल बनाया हुआ है। यहाँ स्त्रियों के आरक्षण की ही देन है कि आज समाज में अध्यक्ष पति, प्रधान पति या पुत्र, सांसद पति या पुत्र जैसे पद सृजित हो चुके हैं। चयनित स्त्री होती है, देश की जनता स्त्री को जिताती है परन्तु चयनित स्त्री का पति, पुत्र या उसका संरक्षक पुरुष ही निर्णय लेता है।

जहाँ तक प्रश्न है हिजड़ों का राजनीति में प्रवेश का, तो इन्हें अभी तक कोई अधिकार नहीं दिया है, परन्तु सारी हिजड़ा बिरादरी को मुख्य चुनाव आयुक्त टी.एन. शेषन का अपने अस्तित्व के आख़िरी पल तक ऋणी रहना चाहिए। उन्हीं के ऐतिहासिक निर्णय के कारण सन् 1994 में लैंगिक विकलांगों के मतदान के अधिकार को मंजूरी दी थी। इससे किन्नरों के लिए राजनीति के रास्ते खुल गये। मतदाता में किन्नरों को महिला के रूप में दर्ज किया गया है। राजनीति के क्षेत्र में सफलता पाने वाली पहली किन्नर हिसार, हरियाणा की शोभा नेहरू जो कि वर्ष 1995 में हुए नगर निगम के चुनावों में पार्षद चुनी गयी थी। श्री गंगानगर, राजस्थान में भी किन्नर बसन्ती पार्षद बनी। मध्य प्रदेश में किन्नरों को राजनीति क्षेत्र में अच्छी–खासी सफलता प्राप्त हुई। मध्य प्रदेश में सन् 2002 में किन्नर विधायक, पार्षद व महापौर थे। देश की पहली किन्नर विधायक शबनम मौसी शहडोल ज़िले की सुहागपुर विधानसभा सीट से चुनी गयी थी। सन् 2002 में स्थानीय निकाय चुनाव में चार हिजड़े चुने गये थे। छत्तीसगढ़ के रायगढ़ में वर्ष 2015 में निर्दलीय उम्मीदवार किन्नर मधु ने मेयर का चुनाव जीता। रायगढ़ के हम्माल में जन्मे मधु किन्नर का असली नाम नरेश चौहान है।

हमारे देश में अनेक सामाजिक समस्याएँ हाशिए पर मुँह बाये खड़ी हैं। हाशिए पर पड़ी समस्याओं में 'तीसरी दुनिया' के लोगों की समस्याएँ अन्य समाज की समस्याओं से अलग हैं। इस वर्ग के पास सबसे बड़ी समस्या जीविकोपार्जन की है। यही कारण था अलीगढ़ के राजा को ब्रासबैण्ड सिराज भाई के यहाँ बतौर डांसर के रूप में काम करना पड़ा। सिराज भाई को बुकिंग इसलिए कम मिलती थी, क्योंकि उनकी ब्रासबैण्ड पार्टी में कोई डांसर नहीं था। राजा ने सिराज भाई की ब्रासबैण्ड पार्टी में बतौर डांसर के रूप में काम किया, पर वह उनके यहाँ स्थायी न रह

सका क्योंकि 'ब्रासबैण्ड पार्टी' की आवश्यकता वैवाहिक सीज़न में अधिक होती है, फिर बेरोज़गारी। बेरोज़गार राजा ने दिल्ली जाने का निश्चय कर लिया। 2011 की जनगणना के अनुसार पूरे भारत में लगभग 4.9 लाख किन्नर हैं, जिनमें से एक लाख 37 हज़ार उत्तर प्रदेश में हैं। इसी जनगणना के मुताबिक़ सामान्य जनसंख्या में शिक्षित लोगों की संख्या 74 फ़ीसदी है जबकि यही संख्या किन्नरों में महज़ 46 फीसदी ही है।

समाज दलितों, हिजड़ों को गन्दे नज़रिए से ही देखता है, उनके साथ बैठता नहीं है, खाना नहीं खाता है। दलितों को चमार, भंगी, शूद्र, चूहड़ा आदि कहकर धिक्कारते हैं तो हिजड़ों को 'हिजड़ा' कहकर। सर्वोच्च न्यायालय के निर्णय की सराहना तो की गयी, पर राज्य सरकारों और प्रशासनों ने इस पर अमल नहीं किया है। सुप्रीम कोर्ट के फ़ैसलों से हिजड़ा समुदाय काफ़ी ख़ुश था, लेकिन इनकी पढ़ाई एवं अन्य गतिविधियों में सक्रियता में सबसे बड़ी रुकावट आती है—समाज की मानसिक सोच। दलितों, आदिवासियों, स्त्रियों तथा हिजड़ों की दुर्दशा का मूल कारण यह सोच है।

जैसे धीरे–धीरे बहुत ही अल्प मात्रा में दलितों एवं स्त्रियों के हक़ की स्वीकार्यता बढ़ी, वैसे ही सुप्रीम कोर्ट के आदेश के बाद हिजड़ा समुदाय की हर जगह थोड़ी स्वीकार्यता बढ़ी है। हालाँकि उनकी शिक्षा में अभी भी किसी तरह का बदलाव नहीं आया है। हिजड़ों को समाज की मुख्यधारा में लाने और उन्हें सम्मानपूर्ण जीवन जीने का अधिकार दिलाने की दिशा में एक ग़ैर–सरकारी संस्था ने महत्त्वपूर्ण पहल की थी, जिसे प्रोत्साहन की कमी के चलते बन्द करना पड़ा। समाज के सम्पन्न लोगों को आगे आना होगा कि ऐसी संस्थाएँ बन्द न हों और उन्हें स्कूल, कॉलेज स्तर पर भले ही न हो, परन्तु संस्थाओं के स्तर पर तो कम–से–कम पढ़ाई के साथ–साथ ज़री–ज़रदोज़ी, सिलाई, कढ़ाई, नर्सिंग, कम्प्यूटर, ब्यूटीशियन, रिसेप्शनिस्ट तथा कुकिंग समेत विभिन्न रोज़गारपरक कार्यों का प्रशिक्षण दिया जा सके। सरकार चाहे जितने भी नियम बना ले, जब तक समाज में हम सभी उनका अनुपालन सुनिश्चित करने की मनोदशा नहीं बनाएँगे तब तक चाहे दलित हों, स्त्रियाँ हों, आदिवासी हों या फिर हिजड़े, इनकी दशा नहीं सुधरेगी। यदि हम मानसिक रूप से सुधर जायेंगे तो जग अपने आप ही सुधर जायेगा।

किन्नर–विमर्श : 'अदीठा दर्द'

•

डॉ. अनु मेहता

इक्कीसवीं सदी विमर्शों की सदी है। चाहे वह दलित–विमर्श हो, नारी–विमर्श हो या आदिवासी–विमर्श हो, ये सभी विमर्श तकरीबन बीसवीं सदी के उत्तरार्द्ध की देन हैं। इक्कीसवीं सदी का उत्तरार्द्ध भी अपने आँचल में कई नये विमर्शों की सौगात लेकर आया। ऐसा ही एक विमर्श है–किन्नर–विमर्श, निस्सन्देह एक महत्त्वपूर्ण उपलब्धि और प्रशंसनीय क़दम। अपने पूर्व के विमर्शों से यह विमर्श मेरे नज़रिए से इस अर्थ में भिन्न इसलिए भी है कि इन पूर्व विमर्शों से जुड़े लोगों को अनकहे और अनसुने दर्द की त्रासदी झेलनी पड़ी थी, किन्तु किन्नर–विमर्श से जुड़े लोगों को तो अनकहे–अनसुने दर्द के साथ–साथ 'अदीठे' (जिन्हें न देखा गया हो) का दर्द भी झेलना पड़ा। कहना ग़लत नहीं होगा कि जब उन्हें देखा ही नहीं गया हो तो उनके दर्द, पीड़ा, तकलीफ़ को जानने–समझने का प्रश्न ही नहीं उठता। मानो ये इनसान हो ही नहीं बल्कि किसी अन्य ग्रह के प्राणी हों जिनसे नज़रें परहेज़ करती हैं।

साहित्य में सहित का, कल्याण का भाव निहित है। साहित्यकार का दायित्व है कि वह समाज और समय से जुड़कर, जनहित को ध्यान में रखकर समस्याओं को देखे–प्रस्तुत करे और उनके समाधान भी तलाशे। इसी दिशा में इक्कीसवीं सदी का लेखक समाज के कई नित–नये अनछुए पहलुओं पर शोध–संशोधन कर, वास्तविकता की कई परतें खोलकर देख–दिखा कर अपनी प्रतिबद्धताओं और सामाजिक सरोकारों को वाणी

दे रहा है। इसलिए तो नित–नये विमर्श सामने आ रहे हैं तथा इन विमर्शों में हाशिए को केन्द्र में लाने के क्रान्तिकारी प्रयास हो रहे हैं।

'किन्नर' भी समाज का एक ऐसा ही सच है जिसे सदियों से उपेक्षित, अनदेखा तथा तिरस्कृत समझा जाता रहा है। समाज में दो लिंग हैं–स्त्री और पुरुष, किन्तु तीसरा भी एक लिंग है जो न तो स्त्री है न पुरुष और इस लिंग को किन्नर, हिजड़ा, उभयलिंगी, ट्रांसजेण्डर, थर्ड जेण्डर, थर्ड सेक्स आदि कई नामों से पुकारा जाता है। इस लिंग से जुड़े नाम तो कई हैं, किन्तु पहचान अभी भी बाक़ी है। ऐतिहासिक ग्रन्थों में किन्नरों का ज़िक्र कई स्थानों पर मिलता हैं। 'महाभारत' में शिखण्डी का, अर्जुन का किन्नर रूप अज्ञातवास में, इतिहास में सुरक्षाकर्मी के रूप में, रनिवास में रक्षक के रूप में तथा मुग़ल काल में प्रशासनिक पदों पर भी इनका वर्णन मिलता है। किन्तु वर्तमान पर नज़र डालें तो स्थिति बेहद दुःखद है। किन्नर वर्ग कई समस्याओं का सामना कर रहा है जिनके बारे में वह न तो किसी से कहता है और न ही कोई इसे सुनने को तैयार है। किन्तु साहित्य ने इस ओर अपनी दृष्टि डाली है तथा नीरजा माधव का उपन्यास 'यमदीप', महेन्द्र भीष्म का उपन्यास 'किन्नर कथा' एवं 'मैं पायल', प्रदीप सौरभ का उपन्यास 'तीसरी ताली', 'और सिर्फ़ तितली', निर्मला भुराड़िया का उपन्यास 'गुलाम मण्डी', अनसूया त्यागी का उपन्यास 'मैं भी औरत हूँ', भगवन्त अनमोल का उपन्यास 'ज़िन्दगी 50–50', चित्रा मुद्गल का उपन्यास 'पोस्ट बॉक्स–203 नाला सोपारा' आदि इसके उदाहरण हैं।

इसके अतिरिक्त लक्ष्मी नारायण त्रिपाठी की आत्मकथा 'मैं लक्ष्मी मैं हिजड़ा' भी इस दिशा में एक मील का पत्थर रचना है जो इस विषय से जुड़े अनेक भ्रमों, धारणाओं तथा पूर्व संकल्पनाओं को तोड़ती है तथा साथ ही अपनी पीड़ा, वेदना और अदीठे यथार्थ का संसार हमारे सामने रखती है। इसके अतिरिक्त किन्नर–विमर्श से जुड़ी कई मौलिक कहानियाँ, अनूदित कहानियाँ और कविताएँ भी इस तृतीय लिंगी यथार्थ की भीतरी तहों तथा इन तहों में दबी–सिमटी पीड़ा को व्यक्त करती हैं। इस साहित्य के माध्यम से हम किन्नर समुदाय के जीवन में व्याप्त समस्याओं तथा भयावह परिणामों से परिचित होते हैं। इनसे जुड़ी कुछ समस्याएँ इस प्रकार हैं–

व्यक्तिगत समस्याएँ

किन्नर वर्ग की व्यक्तिगत समस्याएँ बहुत गहन तथा जटिल हैं। किन्नर सर्वप्रथम तो लिंग से जुड़े अपने अधूरेपन से लड़ता है, दूसरों से अलग होने की पीड़ा से भी लड़ता है। दूसरों से तो दूर, वह स्वयं से भी सामंजस्य नहीं बिठा पाता। खुद को दूसरों को समझा नहीं पाता। उसके बदलते शारीरिक–मानसिक व्यवहार के कारण उसे फटकार–मार मिलती है तथा बचपन के लाड़–प्यार की जगह उसकी झोली में आती हैं, गालियाँ। दोस्तों के साथ और स्नेह के स्थान पर उसे मिलता है–उपहास एवं अकेलापन। बालपन सुखद स्मृतियों की विरासत न देकर उन्हें अनकहे दर्द का वारिस बनाकर असमय ही विदा ले लेता है। उसकी युवावस्था उसे सुन्दर सपनों को देखने या कुछ कर गुज़रने की मोहलत न देकर सिर्फ़ ताली पीटकर नज़राना पाने की मजबूरी का रूप ले लेती है और वृद्धावस्था तो सिर्फ़ परवशता तथा लाचारी का पर्याय मात्र रह जाती है। पढ़ाई–लिखाई या स्कूल जाना तो उसके लिए बहुत दूर का सपना बन जाता है।

पारिवारिक समस्याएँ

कहते हैं कि व्यक्ति के लिए उसका परिवार सुरक्षा के लौह घेरे के समान होता है, जो उसे तमाम संकटों से बचाने के लिए एक रक्षा कवच बनकर खड़ा होता है, किन्तु किन्नर वर्ग के लिए यह सच बिल्कुल उल्टा सिद्ध होता है। जहाँ एक ओर वह परिवार के लिए समस्या बन जाता है, वहीं परिवार के लिए वह एक अनसुलझे प्रश्न के रूप में प्रस्तुत होता है। सामाजिक भर्त्सना, तिरस्कार और लांछनों के भय से परिवार उसे चाहे–अनचाहे त्यागने और भाग्य के भरोसे पर छोड़ने को विवश हो जाता है। परिवार से कटने पर व्यक्ति की स्थिति क्या हो जाती है, यह सब हम बेहतर समझ सकते हैं। इसी कारण उसकी दशा और दिशा, दोनों जड़ मूल से परिवर्तित हो जाते हैं। कुछ परिवार इन्हें कलंक मानकर नफ़रत कर इनसे हमेशा–हमेशा के लिए रिश्ता तोड़ लेते हैं तो कुछ परिवार पर्दे के पीछे की भूमिका निभाते हुए समाज के भय और शर्म से छिप–छिप कर सम्बन्धों का निर्वाह करते हैं। अपने परिवार द्वारा नकारा जाना इन्हें भीतर से तोड़ देता है।

सामाजिक समस्याएँ

हमारे समाज में स्त्री और पुरुष के दो लिंग मुख्यधारा में हैं, किन्तु यह तीसरा लिंग–थर्ड जेण्डर निर्वासित और निष्कासित होने की पीड़ा को झेलता हुआ मुख्यधारा से कटा रहता है। इनका लिंग इनके लिए गाली की तरह प्रयुक्त होता है। समाज के लिए ये कोई व्यक्ति न होकर उपेक्षा और उपहास की वस्तुमात्र रह जाते हैं। दूसरों की ख़ुशियों में नाच–गाकर शामिल हो आशीर्वाद देने वाले ये लोग अभिशप्त ज़िन्दगी जीने के लिए विवश होकर अपनी आजीविका कमाते हैं। इन्हें कोई सम्मान नहीं मिलता, फिर सामाजिक समानता तो दूर की बात है। इनके लिए न तो कहीं विशेष रूप से शिक्षा की व्यवस्था है और न ही रोज़गार के अवसर उपलब्ध करवाये गये हैं।

वस्तुतः ये समाज से बहिष्कृत एवं तिरस्कृत एक ऐसे ढाँचे में क़ैद हैं, जहाँ इन्हें नाचते–गाते, रोते–हँसते, टीसते–कराहते अपनी सारी उम्र व्यतीत करनी है जैसे कि एक उम्रक़ैद भोगने वाला व्यक्ति अपने आप को कारागार की चारदीवारी और सलाखों के बीच बनाये रखने को विवश होता है और फिर उसकी सुनवाई कहीं और नहीं होती। मनीषा महन्त नामक किन्नर ने अपनी ही दुखद सामाजिक स्थिति का वर्णन करते हुए एक इण्टरव्यू के दौरान स्पष्ट कहा है कि किन्नर तो इस देश और समाज में उस अनाथ बच्चे की तरह है जिसकी कोई माँ नहीं है। वह कितना भी रोए या कुरलाए, उसको कोई दूध पिलाने नहीं आयेगा। उसको तो ख़ुद ही अपने लिए माँगना होगा या रो–रोकर मर जाना होगा।

यथार्थ यह है कि किन्नर को कोई भी काम पर या नौकरी पर सामान्यतः नहीं रखना चाहता। इसी कारण आजीविका का अन्य कोई साधन न होने पर इन्हें देह–व्यापार से जुड़ने और शारीरिक शोषण को सहने पर मजबूर होना पड़ता है। कैसी त्रासदी है कि दिन के उजाले में जो समाज उनकी छाया मात्र से दूर भागता है, वह दैहिक स्तर पर उससे जुड़ने में कोई संकोच नहीं करता। इसी सन्दर्भ में किन्नर लक्ष्मी नारायण त्रिपाठी स्वयं कहती हैं कि जो लोग मुझे चिढ़ाते थे, वे लोग ही मेरे शरीर को भोगने की इच्छा रखते थे। पुरुष को किसी चीज़ में यदि स्त्रीत्व का आभास मात्र हो जाये तो वह उसे अपने क़दमों तले लाने के

लिए पूरी ताक़त लगा देता है। (वाणी प्रकाशन समाचार, दिसम्बर 2015, पृ. 4) निःसन्देह यह हमारे समाज का एक नग्न सत्य है।

अस्तित्व की समस्या

अस्तित्व यानी होना, होने का भाव। किन्नर अर्थात् तृतीय लिंगी समुदाय अपने अस्तित्व के प्रश्न से भयंकर रूप से जूझ रहा है। अपने होने को अपनी नियति मान बहुत लम्बे समय तक इस समुदाय ने अपने अस्तित्व सम्बन्धी प्रश्न किये ही नहीं, और यदि किये भी तो बहुत ध्यान नहीं दिया गया। किन्तु एन.जी.ओ., सरकार, न्यायालय तथा व्यक्तिगत रूप से अनेक लोगों ने इस हेतु कई प्रयास किये, सामाजिक न्याय तथा समानता के लिए आवाज़ उठाई। इन्हें थर्ड जेण्डर के रूप में मान्यता मिले, ऐसे प्रयत्न क़िये और उनके हित के लिए कई कानून पारित किये, पर विडम्बना यह है कि इन कानूनों का व्यावहारिक रूप से अमल अभी भी नहीं हो पा रहा है। प्रश्न उठता है कि क्या इन्हें सहज जीवन जीने का अधिकार नहीं है? क्या हमेशा इनकी पहचान, इनकी योग्यता और इनके अस्तित्व पर प्रश्नचिह्न लगा रहेगा? क्या इन्हें कभी सम्मानपूर्वक जीवन जीने का मौक़ा नहीं मिलेगा?

निःसन्देह धीरे–धीरे साहित्य तथा इस विषय से सम्बन्धित संगोष्ठियों एवं विविध स्तरीय प्रयासों द्वारा इस वर्ग पर अपना ध्यान दिया जा रहा है और कोशिश की जा रही है कि यह वर्ग उपहास का पात्र नहीं बल्कि संवेदना का विषय बने तथा उन्हें संवैधानिक तथा सभी मूलभूत अधिकार सही मायनों में प्राप्त हों। ज़रूरी है कि समाज एवं उनके बीच सहज–स्वस्थ संवाद सेतु का निर्माण हो ताकि इन दो किन्नरों के बीच का रिक्त स्थान भरा जा सके और मानवता को गौरवान्वित किया जा सके। पहल दोनों ओर से करनी होगी। समाज को यदि उन्हें सम्मान और समान अवसर देने होंगे तो किन्नर को भी अपने आत्म–उत्थान के लिए प्रयत्नरत हो अपने आत्म गौरव को महत्त्व देकर पूर्व संकल्पनाओं को तोड़ना होगा। केवल तभी और तभी इस अदीठे दर्द से किन्नर समाज मुक्त हो पाएगा।

किन्नर और 'यमदीप'

•

डॉ. शिवप्रसाद शुक्ल

भारतीय एवं वैश्विक साहित्य के उतार–चढ़ावों का विहंगावलोकन करना काफ़ी जटिल है। लिपि, भाषा एवं साहित्य के अन्तःसम्बन्धों के परिप्रेक्ष्य को खँगालना भी मुश्किल है। बौद्धिक विलास (काव्यशास्त्र विनोदेन कालो गच्छति धीमताम्) के लिए विमर्शों की चर्चा करना भी एक छलावा है। बदलते परिवेश के आधार पर साहित्यकारों ने भी अपने कैंड़े बदले हैं। इसे तथाकथित बौद्धिक कॉलगर्ल की तरह अलग–अलग नाम देना भी छलावा है। जहाँ इन्सानियत शर्मसार हो रही हो वहीं साहित्य हाशिए पर धकेले जाने के बावजूद अभीष्ट बनता जा रहा है यानी आधुनिक, स्वातन्त्र्योत्तर, समकालीन, दलित, नारी एवं आदिवासी विमर्श के साथ किन्नर या तृतीय लिंगी विमर्श पर बात करना भी फ़ैशन बनता जा रहा है। जो भी हो, महेन्द्र भीष्म, लक्ष्मी नारायण त्रिपाठी, चित्रा मुद्‌गल, प्रदीप सौरभ की अगली कड़ी नीरजा माधव के साहित्य को विलोकना इन्सानियत पर तरह–तरह के सवाल को उठाना है। नीरजा माधव के 'चिटके आकाश का सूरज', 'अभी ठहरो अन्धी सदी', 'आदिमगन्ध तथा अन्य कहानियाँ', 'पथदंश' कहानी संग्रहों की ध्वनियों को पकड़ा जाये तो मानवता वहाँ भी बिलखती दिखायी दे रही है। फ़िलहाल उनके उपन्यासों 'यमदीप', 'तेभ्यःस्वधा' और 'गेशे जम्पा' का पढ़ने से भारतीय समाज की तमाम विसंगतियाँ सामने आती हैं। उत्तर–आधुनिक या वैश्वीकरण या इक्कीसवीं सदी जद्दोजहद, विसंगतियों एवं विद्रूपताओं की सदी है। यहाँ हम नीरजा माधव के उपन्यास 'यमदीप' के पात्र नाज़बीबी, पत्रकार मानवी, लावारिस सोना, डी.एम. आनन्द कुमार,

नारी उद्धार गृह की वार्डेन रीतादेवी की काली करतूतें, लोकतन्त्र के रक्षक मन्नाबाबू की माफ़ियागिरी, लम्पट हरीन्द्र सन्तोष सिंह, साहिब सिंह एवं रामसरन गिरियाओं के मार्फ़त किन्नरों की व्यथा एवं विवशता को समझेंगे। 'यमदीप' उपन्यास में समाज के हर तबके का प्रतिबिम्ब यथार्थ रूप में 26 खण्डों में विन्यस्त है, जिसमें नन्दरानी से नाज़बीबी तक की व्यथा–कथा हृदयद्रावक है। पगली की लड़की सोना का पालन–पोषण नाज़बीबी तमाम विरोधों के बावजूद करती है। लेखिका का मन्तव्य है कि "इस अँधेरे से बचने और बचाने के लिए 'यमदीप' आपके हाथों में है, घर से घूर तक की असंगतियों को दिखाने और वापसी के लिए मार्ग को मद्धिम आलोक से भरते हुए। सूर्यपुत्र के सत्य को भी दीप दिखाने वाली संस्कृति की ओर लौटता जीवन है। जीवन अबाध है, मृत्यु एक पड़ाव। आइए, जीवन की ओर चलें। जीवन्त संस्कृति से जुड़ें।"

लेखिका का मानवीय दृष्टिकोण काफ़ी मुखर होकर बिम्बात्मक भाषा में लोकतन्त्र को ज़लील कर रहा है। मेजर की नन्दरानी किन्नरी बेटी भाई के उपेक्षित स्वभाव के चलते ज़िन्दगी के ऊबड़–खाबड़ अनुभवों को महसूस करती हुई महताब गुरु की निगरानी में आ जाती है। नाज़बीबी के जननांगों का पूर्णतया विकास न हुआ हो, परन्तु उसमें मानवता कूट–कूट कर भरी है। तभी तो पगली द्वारा पैदा की गयी लड़की सोना के भरण–पोषण एवं रख–रखाव की जवाबदारी लेती है। नन्दरानी उर्फ़ नाज़बीबी के घर, परिवार, राधारमण स्कूल फ़िरोज़ाबाद से कानपुर और कानपुर से बनारस तक की यात्रा भी काफ़ी रोचक, जीवन्त एवं किन्नरी व्यथा–कथा ही है। होमगार्ड रामसरन की पत्नी की मृत्यु के बाद नाज़बीबी को अपनी कोती (रखैल हिजड़ा) बन जाने का आग्रह किया था। सोबराती को यौन रोग होने के कारण महताब गुरु नाज़बीबी से भी कहते हैं, "गिरिया बना ले किसी को, नाज़। मंजू ठीक कहती है। कभी–कभार धन्धे पर भी चली जाना।" (पृ. 29) किन्नर गुरु महताब सभी किन्नरों एवं किन्नरियों का बराबर ध्यान रखते हैं, उचित मार्ग–निर्देशन करते हैं। इसलिए नाज़बीबी जब सोना को लेकर आती है तब महताब गुरु समाज की क्रूरता की ओर इशारा करते हुए कहते हैं, "सोच–विचार लेना था। तुम तो दया करके लायी हो, लेकिन इन इनसानों की जात तो तुम अच्छी

तरह जानती हो, नाज़। हमारे ऊपर हमेशा शक ही करते हैं। कहीं इस बच्ची को लेकर कोई...।" (पृ. 21) यानी किन्नर–किन्नरी बच्चे तो नहीं पैदा कर सकते हैं परन्तु यदि किन्ही कारणवश दूसरे के बच्चों का भी लालन–पालन करना पड़े तो भी लालन–पालन को अभिशप्त हैं। सोना का लालन–पालन सभी हिजड़ों की निगरानी में हो रहा है। विद्यालय में नाम लिखवाने के लिए नाज़बीबी को अपमानित एवं ज़लील होना पड़ा। इसीलिए नाज़बीबी सोना को समझाती है कि तुम्हारे पिता मर गये हैं तथा माता इधर–उधर का काम करती है। छैलू उर्फ़ छैल बिहारी प्रतिदिन सोना को लेकर स्कूल जाता और आता है, लेकिन सब की निगाह सोना एवं छैलू पर टिकी हैं। तरह–तरह के सवाल पूछना भारतीय समाज की विशिष्टता एवं खूबी है। लोकतन्त्र के माफिया मन्ना बाबू एवं नारी उद्धार गृह की वार्डेन रीतादेवी की मिलीभगत लावारिस लड़कियों को तरह–तरह के धन्धे करवाने पर मजबूर कर रही है। एस.डी.एम. मिश्र जी एवं ज़िला विद्यालय निरीक्षक जे. डी. ख़ान भी सब कुछ जानते हुए मन्ना बाबू की 'हाँ' में 'हाँ' मिलाते हैं। सरकार ने आबादी नियन्त्रण के लिए नसबन्दी कानून के तहत दो सन्तानों से ज़्यादा पर पाबन्दी लगा दी, जिससे हिजड़ों का धन्धा कमज़ोर पड़ गया परन्तु मुसलमान आज्ञा की अवहेलना करके अपनी आबादी दिन दुगनी–रात चौगुनी कर रहे हैं।

इधर मानवी पत्रकारबोध को भली प्रकार समझते हुए डी.एम. आनन्द कुमार से अनुमति लेकर नारी उद्धार गृह की लड़कियों का साक्षात्कार लेकर फ़ीचर छापा तो सबकी निगाहें रीता देवी की करतूतों एवं लड़कियों की विवशता पर गयीं। मानवी हिजड़ों की बस्ती में जाकर साक्षात्कार लेती है तब पता चलता है कि नाज़बीबी ने अपने इलाक़े को छोड़कर दूसरे हिजड़ों के इलाक़े में जाने के कारण मार खायी थी, परन्तु महताब गुरु को मनगढ़न्त बातें बताती है। यानी जिस तरह से कुत्ते अपने इलाक़े में दूसरे इलाक़े के कुत्तों को प्रवेश नहीं करने देते हैं इसी तरह का व्यवहार हिजड़ों का भी है। नाज़बीबी सब कुछ सहन करते हुए सोना का लालन–पालन भली प्रकार कर रही है। जो भी हो हिजड़ों को आज भी भारतीय समाज ने उपेक्षित ही रखा है। सोना नाज़बीबी को ही अपनी माता मानती है, परन्तु नाज़बीबी अपना परिचय किसी से न देने के लिए

निर्दिष्ट करती है। सोना को लेकर नाज़बीबी की चिन्ता जायज़ है, परन्तु मानवी अपने माता–पिता एवं भाई मधुकर को लेकर काफ़ी चिन्तित क्यों है? 'यमदीप' के आठवें खण्ड में नाज़बीबी अपने बचपन की विसंगतियों से सहृदयों को रू–ब–रू कराती है। मानवी का संघर्ष बचपन से लेकर अब तक हिलोरें मार रहा है। डी.एम. आनन्द कुमार की सदाशयता से मानवी के फ़ीचर के कारण नारी उद्धार गृह, जेल एवं साम्प्रदायिक दंगों आदि पर शिकंजे कसते दिखायी दे रहे हैं। पूनम मात्र अपने घर का पता बताती है। इसीलिए मानवी पूनम के पिता को पत्र लिखकर बुलवाती है। नाज़बीबी समय–समय पर दूरभाष पर अपने माता–पिता से बात करती है, लेकिन उसके भाई एवं भाभी उसका सख्त विरोध करते हैं। हालाँकि एक–दो बार नाज़बीबी के माता–पिता उससे मिलने वाराणसी आकर आर्थिक सहयोग भी देते हैं। माँ की तबीयत ख़राब होने के कारण सोना को छैलू, महताब गुरु आदि को सौंपकर कानपुर बस पकड़कर पहुँचती है। जिस काग़ज़ पर घर का पता लिखा था, वह काग़ज़ खो जाता है। इससे घर ढूँढने में दिक्कत होती है। फिलहाल घर मिलने पर नाज़बीबी की भाभी उसके साथ दुर्व्यवहार करती है। माँ की मृत्यु का समाचार मिलते ही नाज़बीबी विह्वल होकर गंगा के घाट पर पहुँचकर दो जलती हुई चिताओं को देखकर भ्रम में पड़ जाती है। फिलहाल पिता के प्यार से वह तृप्त होती है, परन्तु भाई का दुर्व्यवहार देखकर घर तो नहीं गयी, परन्तु पिता को आश्वासन देकर वापस बनारस चली जाती है। उपन्यास के बारहवें खण्ड में पूनम के पिता को पत्र मिलते ही सेमहर गाँव से मानवी को मिलने आते हैं। मानवी राजवंश को समझा–बुझाकर पूनम को घर भेजने के चक्कर में है। राजवंश बल्कि मानवी को ही समझाता है : "देखिए बहन जी, लड़के और लड़की में यही तो फ़र्क़ है। लड़की लाज के साथ ही सुरक्षित मानी जाती है। लड़कों का क्या? वे तो बहता पानी हैं। लाख ढिंढोरा पीट लो, बहन जी, लेकिन लड़का–लड़की का भेद हमारे समाज से ख़त्म होने वाला नहीं। एक भी धब्बा उसके दामन पर लगा नहीं कि पूरी ज़िन्दगी तबाह उसकी।" (पृ. 98) कुल मिलाकर मानवी और राजवंश का संवाद काफ़ी समीचीन, दिलचस्प एवं प्रवर्तमान नारी सशक्तीकरण की पोल भी खोलता है। पूनम के साथ जो कुछ बचपन में हुआ था, सम्भवतः उसी

तरह की हरकत हरीन्द्र ने मानवी के साथ की होगी, तभी तो उसका भाई मधुकर हरीन्द्र को गोली मारता है। हरीन्द्र बच जाता है, परन्तु मधुकर को जेल हो जाती है। हालाँकि नारी उद्धार गृह का फ़ीचर पढ़कर मन्ना बाबू के लग्गू–भग्गू मानवी के कार्यालय पहुँचे थे, जिसमें हरीन्द्र भी शामिल था। मन्ना बाबू अपने लग्गू–भग्गू, सन्तोष सिंह, साहिब सिंह एवं हरीन्द्र के साथ मिलकर सन्त राव से चुनाव मैदान में न आने की अपील एवं विनम्र धमकी भी देते हैं। हरीन्द्र का वक्तत्व्य ध्यातव्य है , ''इस बार अगर भइया मामला फिट हो जाय और सन्त राव मान जाय तो वनमन्त्री का पद दीजिएगा। हर्र लगे न फिटकरी, रंग चोखा हो जाय।'' (पृ. 117) लोकतन्त्र के जनप्रतिनिधियों से ही देश का पतन हो रहा है।

लोकतन्त्र में भ्रष्टाचार पर भ्रष्टाचार बढ़ता जा रहा है। इस बात से सभी लोग अवगत एवं सहमत हैं, परन्तु कोई इस पर रोक लगाने की कोशिश नहीं कर रहा है। मन्ना बाबू जैसे माफ़ियाओं का ही बोलबाला चारों ओर आज दिखायी दे रहा है। निगमिक पूँजी सहभागिता के नाम पर लोकतन्त्र में फैलती जा रही है। ''भारत जैसा बाज़ार पूँजीपति देशों को कहाँ मिलेगा! यहाँ उनके माल की जिस तरह खपत हो जाती है, उसके लिए उन्हें इस तरह के छोटे–मोटे समझौतों से क्या नुक़सान? देख नहीं रहे हो, सभी देशों की आँखें अब भारत की ओर घूम गयी हैं। प्रजातन्त्र के नाम पर जिस तरह की भेड़िया धसान यहाँ है, उसी को देख सब समझ लेते हैं कि कर लो बेटा उल्लू सीधा!'' (पृ. 119) हरीन्द्र, सन्तोष सिंह एवं साहिब सिंह जैसे लोग मन्ना बाबू क्या, किसी भी प्रजानिधि के मुँह–लगे होते ही हैं। इन लोगों का सवांद लोकतन्त्र की माफ़ियागिरी को ही उजागर कर रहा है, ''जनता का क्या, भइया? जो भी सत्तासीन हो जाता है, उसी से उसकी अपेक्षाएँ बँध जाती हैं। इसी का नाम तो है प्रजातन्त्र। फुटबॉल के पीछे दौड़ते खिलाड़ियों की तरह प्रजा। आप अपना निर्णय बताते, भइया, तो अच्छा रहता।'' (पृ. 121) यानी लोकतान्त्रिक संस्थान वाणिज्यिक कॉम्प्लेक्स में तब्दील होने से मन्ना बाबू के मुताबिक़ नारी उद्धार गृह की वार्डेन रीता देवी लड़कियों की आपूर्ति और ख़रीद–फरोख़्त में निष्णात हो जाती है। मानवी समय–समय पर इन सब विद्रूपताओं की जानकारी डी.एम. आनन्द कुमार को देती है। इसी बीच सन्त राव की

हत्या के केस में फँसे हरीशचन्द्र को केन्द्रीय कारागार वाराणसी में देखकर मानवी अपने भाई मधुकर के संरक्षण की बात करती है। आनन्द कुमार मधुकर से जेल में मिलते हैं। मानवी का बड़ा भाई और भाभी अपनी वकालत और बच्चों पर ध्यान देते हैं जबकि माता–पिता मानवी के साथ रहते हैं। मानवी कभी–कभार डी. एम. आनन्द कुमार से मिलती है तो उसकी माँ मँगनी की ही बात दोहराती है। हालाँकि डी.एम. आनन्द कुमार की बहनें भी इस बीच मानवी से मिलने वाराणसी आ चुकी थीं। इस महिला सशक्तीकरण के युग में मानवी जैसी महिलाएँ सुरक्षित नहीं हैं तो पूनम, नाज़बीबी, चमेली, छैलू, सोबराती पर क्या बीतती होगी? उन्हीं की संवेदना को 'यमदीप' उपन्यास में देखा जा सकता है। डी.एम. आनन्द कुमार एवं मानवी का संवाद काफ़ी रोचक एवं समकालीन भारत की समस्याओं का पर्दाफ़ाश करता है, "अब दौड़ता रहे वह कोर्ट...बड़ी दयनीय स्थिति होती जा रही है देश की, मानवी जी! पता नहीं, कहाँ अन्त है इस सब कदाचार, भ्रष्टाचार का? सभी ओर तमाम तरह के यक्षप्रश्न। कोई निराकरण नहीं सूझता।" (पृ. 129)

डी. एम. आनन्द कुमार की मजबूरी और पत्रकार मानवी का आदर्श आमने–सामने टकराते हैं, फिर भी आशा नहीं छोड़नी चाहिए। लालू प्रसाद यादव को 23 वर्ष की सजा, 60 लाख जुर्माना, वहीं आम आदमी पार्टी के 20 विधायकों को उच्च न्यायालय से राहत की साँस मिली। अब किन्नरों, किन्नरियों, सोना, पूनम या नारी सुधार–गृह में रहने वाली अन्य लड़कियों पर चाहे जो बीते, गाहे–बगाहे रीता देवी जैसी वार्डेन ही शोषण रूप बदलकर करती रहेंगी। यानी लोकतन्त्र सामन्ती व्यवस्था से कहीं ज़्यादा ख़तरनाक एवं बर्बर बनता जा रहा है। 'यमदीप' उपन्यास में अवान्तर मल्लू साव, डॉक्टर, मानवी के माता–पिता, भाई–भाभी, पूनम के पिता की कथाएँ भी समग्र विसंगतियों को उभारती हैं। कृषि उद्योग एवं नौकरी पर आधारित व्यवस्थाओं के मूल्य अलग–अलग हैं। लुच्चे–लफ़ंगे छैलू से मार–पीट करते हैं क्योंकि सोना के अंग–उपांग विकसित हो रहे हैं। इसलिए सोना एवं नाज़बीबी को काफ़ी सावधान रहना होगा। मल्लू साव की पत्नी काफ़ी पहले दिवंगत हो चुकी है। नाज़बीबी कोई भी बात बेहिचक मल्लू साव को बताती है। हालाँकि वयक्रमानुसार सोना को

मासिक आने पर डॉक्टर के पास छैलू ही ले जाता है, परन्तु डॉक्टर ने ही पुलिस को सब कुछ बता दिया। पुलिस ने हिजड़ों की बस्ती में पहुँचकर काफ़ी पूछताछ की। हालाँकि पुलिस के डर से बचने के लिए नाज़बीबी और छैलू सोना को नारी उद्धार गृह ले जाते हैं। 'वन्दे मातरम्' के सवाल को लेकर हरीन्द्र फिर मानवी के पास आता है। साम्प्रदायिक नज़ाकत को समझकर मानवी समाचार छापने से मना कर देती है, जिससे हिन्दुओं एवं मुसलमानों में साम्प्रदायिक दंगे न हों, परन्तु फ़ातिमा एवं आनन्द कुमार से बात होने पर मानवी को असलियत का पता चलता है। इससे मानवी की कर्तव्यनिष्ठा ही साफ़ परिलक्षित हो रही है। फ़ातिमा एवं मानवी के संवाद भी समसामयिक परिस्थितियों का जीवन्त दृष्टान्त प्रस्तुत करते हैं। फ़ातिमा का मन्तव्य है, "पर ये सारे नियम और मानक तो पुरुषों ने ही बनाये—नारियों पर शासन करने के लिए। हमें उस दुराग्रह और पूर्वाग्रह से मुक्त होना है। थोपे गये निर्णयों से मुक्त होना है। क्या तू इसे भी नहीं मानती कि पुरुष स्त्री को निर्णय लेने की छूट नहीं देता? (पृ. 150) मानवी के साथ पुरुष सहकर्मी भी दूरियाँ रखते और फ़ब्तियाँ कसते थे तो किन्नरों एवं किन्नरियों को छोड़ने वाले नहीं हैं। मानवी किन्नरों की दास्तान से स्वयं रू–ब–रू हो रही थी तो भेड़–बकरी चराने वाले शामू की कर्मठता सतत उसे याद आ रही थी। हालाँकि नाज़बीबी भी युग की नब्ज़ को पहचानने के साथ सोना को किसी के सामने रू–ब–रू नहीं करती थी जबकि उनका हृदय मातृत्व भाव से भरा था। महताब गुरु हिजड़ों के बारे में किसी भी कीमत पर बताने के लिए तैयार नहीं होते हैं बल्कि अपना पेटीकोट खोलकर मानवी को दिखाना चाहते हैं। इससे मानवी काफ़ी संकुचित हो गयी।

हिजड़ों के फ़ीचर को मानवी ने 'हमसे सबक लें–शिखण्डी गुरु' शीर्षक को पढ़कर सभी लोगों ने काफ़ी तारीफ़ की। इस सन्दर्भ में डी. एम. आनन्द कुमार का प्रतिभाव सन्तुलित और प्रासंगिक है, "हमें लगता है, मीडिया और प्रशासन एक टीम भावना के साथ काम करें तो बहुत सारी समस्याएँ उत्पन्न ही नहीं होंगी, लेकिन स्वार्थ प्रेरित या राजनीति प्रेरित मीडिया और प्रशासनिक अधिकारी तो पूरे देश को खाई की ओर धकेलकर ले जा रहे हैं...रोकना होगा।" (पृ. 169) मानवी के बड़े

भाई–भाभी गाँव की ज़मीन बेचना चाहते हैं, परन्तु मानवी के पिता उसे पुरखों की जायदाद बताकर नहीं बेचना चाहते हैं। वे लोग वाराणसी जेल में मधुकर से मिलकर गाँव जाने के पक्ष में दिखायी दे रहे हैं। इसीलिए मानवी के मन में तरह–तरह की ऊहापोह साफ़ परिलक्षित हो रही है, ''अम्मा की तड़प से चार गुना अधिक तड़प मानवी के हृदय को बेचैन कर गयी। इसका मतलब, अम्मा गाँव चली जायेंगी। इस पूरे घर में...घर क्या...बेजान दीवारों के बीच निष्प्राण–सी वह। घर तो लोगों से होता है। उसके पास कौन है? अम्मा बाबू जी ही हैं। बाबूजी अपने पुरखों के हैं। भइया–भाभी...हुँह...कोई नहीं।'' (पृ. 178) मानवी को अब अपने अकेले होने का एहसास होता है। मानवी की पहचान डी.एम. आनन्द कुमार से होने की ख़बर उसके भइया को होते ही उनका प्रतिभाव देखने लायक है : ''देखो भाई, सँभालकर क़दम रखना। अधिकारियों की अगाड़ी और घोड़े की पिछाड़ी से बचकर रहना चाहिए। न जाने कब ठोकर मार दे?'' (पृ. 182) हालाँकि डी.एम. आनन्द कुमार की सिफ़ारिश से ही मानवी को देवता पाण्डेय नामक सुरक्षा गार्ड मिले हैं, परन्तु देवता पाण्डेय की नीयत में खोट साफ़ परिलक्षित हो रहा है। मानवी मधुकर की सुरक्षा को लेकर काफ़ी चौकन्नी है क्योंकि हरीन्द्र जैसे अपराधी का जेल में होना बहुत कुछ कह जाता है। देवता पाण्डेय को अपना अंगरक्षक रखने के पक्ष में मानवी नहीं है। जीवन की तमाम आपाधापियों की चर्चा वह डी.एम. आनन्द कुमार से करती है। मानवी ने डी.एम. आनन्द कुमार से कहा, ''एक बात कहूँ, सर! स्त्री–पुरुष की दैहिक संरचना ही भिन्न–भिन्न नहीं होती, बल्कि भावात्मक संरचना भी अलग–अलग है। स्त्री का प्रेम पुरुष के प्रेम से बिल्कुल पृथक् होता है। घृणा भी एकदम पृथक्...जिसे स्त्री ही समझ सकती है, पुरुष नहीं। दोनों के घृणा के स्तर और मानक अलग होते हैं; जिसे शब्दों के तराजू पर नहीं तौला जा सकता। पूर्णतः अनुभूति का विषय...'' (पृ. 199) पत्रकार मानवी एवं डी.एम आनन्द कुमार के पारस्परिक आदान–प्रदान से बहुत सारी समस्याओं का निदान भी निकल रहा है। आनन्द कुमार कानपुर में रहते हुए भी दो बार बनारस आकर मानवी से मिलते हैं। आये दिन किसी भी शहर में साम्प्रदायिक दंगे होते रहते हैं; जिसके लिए कर्फ़्यू लगाना अनिवार्य हो जाता है। मानवी का इस सम्बन्ध

में मन्तव्य है, "पर क्या आपको नहीं लगता कि जिस इस्लाम में बुत की पूजा का विरोध है, जहाँ बुत स्थापित हो वहाँ या उसके आसपास मस्जिद नहीं बन सकती या इबादत कुबूल नहीं होती...आदि तमाम तरह की बातें लिखी. हैं, उसी इस्लाम के अनुयायियों ने सभी हिन्दू मन्दिरों से सटकर ही क्यों मस्जिदें बनाई हैं? विश्वनाथ मन्दिर की प्राचीनता का इतिहास तो इससे धूमिल नहीं पड़ जायेगा?" (पृ. 208) 'यमदीप' में मुसलमानों की आबादी बढ़ने, साम्प्रदायिक दंगों का ज़िक्र भी काफ़ी रोमांचक है। 'हिजड़े' शब्द की जगह प्रचलित पूर्ववर्ती शब्दों का ज़िक्र मानवी इस तरह करती है : "मुग़लकाल में बेग़मों की सेवा के लिए 'खोजा' के नाम से इनकी सेवाएँ ली जाती थीं। विश्व के प्राचीनतम् कोश 'अमर कोश' में इनके लिए 'क्लीव' शब्द का प्रयोग हुआ है।" (पृ. 210) 'गीता' में कृष्ण अर्जुन के लिए 'मा क्लीव' शब्द का प्रयोग करते हैं।

यों देखा जाय तो डी.एम. आनन्द कुमार भी क्लीवों के जीवन को लेकर काफ़ी चिन्तित दिखाई देते हैं, "उपेक्षित अन्य कालों में भी हुए होंगे ये, पर हरमों में या राजदरबार में जिस तरह इनका उपयोग किया जाता रहा, उसी तरह आज भी किसी अन्य कार्य में इन्हें लगाया जा सकता है–पुलिस में, सेना में या समाज सेवा में। हमें लगता है, ये जितनी निष्ठा और ईमानदारी से काम करेंगे, उतनी निष्ठा से हमारा काम करना मुश्किल है।" (पृ. 212) हिजड़ों की कर्तव्यपरायणता मानवी के फ़ीचर लिखने से ही सामने आयी। ऐसे अछूते विषयों पर सोचने या लिखने के लिए किसी के पास समय नहीं है। मानवी का मन्तव्य द्रष्टव्य है, "संघर्षों को चित्रित भर कर देना मेरे लेखन का उद्देश्य कभी नहीं रहा, आनन्द। और व्यक्तिगत रूप से संघर्षों से घबराकर मैं हतोत्सहित तो हुई हूँ अवश्य कभी–कभी, परन्तु आत्मसमर्पण नहीं किया। नारी को अपने इन्हीं संघर्षों में से मुक्ति मार्ग ढूँढ़ना है, आगे बढ़ना है। प्रतिकूल लहरों के साथ यदि वह पुनः अपने पुराने स्थान पर ही पहुँच गयी तो सारा श्रम तो व्यर्थ हो जायेगा न?" (पृ. 214) आनन्द कुमार एवं मानवी के कथोपकथनों की तारतम्यता समकालीन परिस्थितियों में क्लीवों का ही गुणगान करते दिखायी दे रही है : "क्लीव संस्कृति तो बहुत उदात्त संस्कृति समझ में आने लगी है, आनन्द। कम–से–कम पीछे–पीछे वार करने की या स्वार्थ सिद्धि के लिए

किसी की लाश पर चढ़कर जाने की मानसिकता तो नहीं उनकी। अब क्लीवों का ही शासन शायद जनता को रास आये। ...जबकि जानते हैं, आनन्द, नाज़बीबी बता रही थी कि उस डॉक्टर की क्लीनिक में रोगी क्या, मक्खी तक नहीं फटकती।'' (पृ. 215) नाज़बीबी दूरभाष को कनबासी कहते हुए मानवी के घर से अपने पिता से बात करती है। नाज़बीबी अपने पिता से हिजड़ों की इनसानियत का उदाहरण देकर पास रखना चाहती है, ''पापा, यहाँ हमारी बस्ती में सोबराती की हालत बहुत ख़राब है...कई वर्षों से। हम लोग बारी–बारी अपनी ड्यूटी लगाते हैं उसकी सेवा में। अब आगे–पीछे कोई नहीं हम लोगों के तो, आपस में नहीं करेंगे तो कौन करेगा? पापा, मैं नहीं समझ पा रही हूँ कि क्या करूँ? मैं आपके साथ अलग क्वार्टर लेकर रहूँगी। आपकी सेवा करूँगी। पापा, आ जाइए मेरे साथ। आपको उस बस्ती में नहीं रखूँगी, पापा।'' (पृ. 218) नाज़बीबी के पापा मेजर रघुवंशी किसी भी कीमत पर नाज़बीबी के साथ रहने को तैयार नहीं होंगे।

भारतीय समाज के सामान्य मनोविज्ञान के आधार पर कोई भी माता–पिता हिजड़ों के साथ नहीं रहना चाहते हैं। नाज़बीबी की दोस्ती या मानवता के चलते ट्रॉली से घायल पिता को गाँव से लाकर मानवी इलाज एवं सेवा करती है। मानवी के भइया–भाभी के ताने एक तरफ़, दूसरी तरफ़ नाज़बीबी के मन में पिता को अपने पास लाने का मोह सतत सता रहा है। मानवी की पत्रकारिता के चलते हिजड़ों, नारी सुधार गृह में जो परिवर्तन आये, उसी के चलते वह तिब्बती औरतों की दशा–दिशा का भी बयान कर रही है, "हो सकता है, पर एक बात भारतीय और तिब्बती महिलाओं दोनों में समान मिली मुझे कि एक आज़ाद देश की शोषित प्रताड़ित नारियाँ हैं, दूसरी परतन्त्रता के कारण शोषित प्रताड़ित हैं, लेकिन स्थिति समान है दोनों की। यहाँ भी अस्तित्व में आने से पहले से ही अपने अस्तित्व को बचा पाने के संकट से गुजरती नारी, वहाँ भी। फफककर रो पड़ी थी एक तिब्बती लड़की। बोली–"यदि लड़का होता है तो वहाँ पर उसे सेना में भर्ती करने के लिए रख लेते हैं और लड़की होती है तो मार डालते हैं। जो किसी तरह जीवित रह जाती हैं; उनके ऊपर तरह–तरह का अत्याचार होता है।'' (पृ. 237) विश्व में नारी सशक्तीकरण पर चर्चा

होने के बावजूद नारियों की स्थितियों में सुधार नहीं आ रहा है। मानवी जैसे पत्रकार आज बहुत कम ही दिखायी दे रहे हैं। फिलहाल 'मरते क्या न करते' की कहावत चरितार्थ हो रही है और सोना रीता देवी के नारी उद्धार गृह में परवीन के साथ न चाहते हुए मजबूरीवश रह रही है। नारी उद्धार गृह की लड़कियाँ परवीन, संजू, सोना, पूनम एवं कामिनी आदि की आवाज़ों को बन्द करा दिया गया है। यों, देखा जाए जैसे–जैसे लड़कियाँ बड़ी होती हैं वार्डेन रीता देवी धन्धे करवाती है। उनके व्यवहार से तंग आकर लड़कियाँ भाग जाती हैं और वे पुलिस में रिपोर्ट लिखवा देती हैं। उधर, वार्डेन रीता देवी कामिनी के साथ रहने वाली आरती को प्रताड़ित करके झूठ–मूठ उगलवा रही हैं। पुलिस की खोजबीन से कामिनी "शहर से सटे गाँव इमिलिया में मिली। जब पुलिस वालों ने कड़ाई से पूछताछ की तो उसने पूरी बात कबूल दी। सभी बड़े अफसरों के चेहरों की पहचान तक बता दी।" (पृ. 268) समाचार–पत्र में यह समाचार पढ़कर छैलू एवं नाज़बीबी सोना को लेकर परेशान हैं। वे लोग रिक्शे से नारी उद्धार गृह पहुँचते हैं, परन्तु उनको अंन्दर जाने से रोक दिया जाता है जबकि मन्ना बाबू चेले–चपाटों के साथ नारी उद्धार गृह में घुस जाते हैं। उसके बाद मानवी कैमरामैन महेन्द्र एवं बनर्जी के साथ जद्दोजहद करके अन्दर दाख़िल होती है। इससे नाज़बीबी के जान में जान आयी और वह सोना की जवाबदारी मानवी को सौंपती है। वहाँ का सुपरवाइज़र श्रीप्रकाश क्रमानुसार लड़कियों को अन्दर तफ़तीश के लिए भेज रहा था। सोना का नाम सुनकर मानवी ने तरह–तरह के सवाल पूछे और उसे घर ले जाने की इच्छा व्यक्त की, परन्तु सोना ने मानवी को कभी देखा नहीं था। लड़कियाँ जैसे ही बाहर आतीं, मानवी उनके सवालों को सुनना चाहती थीं, परन्तु सुपरवाइज़र श्रीप्रकाश की हठधर्मिता के चलते डिप्टी एस.पी. की दख़लन्दाज़ी से सन्तोष, साहिब और हरीन्द्र बाहर आये। डिप्टी एस.पी. शरण बिहारी मानवी की ओर इशारा करके सोना को ले जाने की बात बताते हैं। सन्तोष, साहिब एवं हरीन्द्र क्रूर इरादे से मानवी पर हमला करते हैं, जिसकी तस्वीर फ़ोटोग्राफर महेन्द्र ने खींच ली और डिप्टी एस. पी. का आदेश मिलते ही पुलिस वाले झपट पड़े और फ़ोटोग्राफर तथा बनर्जी भाग गये। पुरुष औरत को हर स्तर पर दग़ा देता है। इसी बीच

मन्ना बाबू की आवाज़ मानवी के कान में पड़ी, ''स्साली को ऐसा सबक दो कि फिर ज़ुबान न खोल सके...या ले जाकर राजघाट पुल से इसे भी झटका देना! देख लेंगे हम आगे। जैसे इतनी इन्क्वायरी वैसे एक और! नाक में दम कर रखा है इसने कब से।'' (पृ. 280) घायल मानवी की सेवा करने के लिए चमेली, अकरम, महताब गुरु, छैलू, नाज़बीबी एवं मंजू भी पहुँच गयी। उधर, मानवी के सहकर्मियों में रोमेश चड्ढा, मिश्र, शाही तथा तरुण बनर्जी भी देखने आये। यहाँ हिजड़ों एवं इनसानों की मानवता का पता साफ़ चलता है।

मानवी नाज़बीबी को समझा रही है कि कभी सोना से मिलकर समझा दो कि वह हमें पहचाने, जिससे नारी उद्धार गृह से उसे निकाला जा सके, लेकिन नाज़बीबी वार्डेन रीता देवी से काफ़ी डरी हुई है। मानवी अपने माता–पिता को इस घटना के बारे में अवगत कराना चाहती है जबकि हिजड़े सन्देश ले जाने में तत्पर दिखायी दे रहे हैं। लेकिन उसके सहकर्मी घटना की जानकारी मानवी के माता–पिता को नहीं देना चाहते हैं। इसी बीच डी.एम. आनन्द कुमार का फ़ोन आ गया। मानवी एवं आनन्द के संवाद दार्शनिक एवं प्रवर्तमान परिस्थितियों पर अच्छी तरह से प्रकाश डालते हैं। आनन्द कुमार का स्थानान्तरण बनारस हो गया। मानवी के हौसले बुलन्द हुए और उसने मन्ना बाबू के सामने चुनाव मैदान में नाज़बीबी को उतारा : ''इन भ्रष्ट लोगों का यही तिलिस्म अब टूटना चाहिए और इसके लिए अब तुम्हें आगे आना होगा, तुम्हारी बिरादरी के लोगों को सचेत होना होगा। शायद तुमसे भयभीत होकर इस तरह के भ्रष्ट लोग सुधर जायें। तुम्हें इस बार मन्ना बाबू के विरोध में परचा भरना होगा।'' (पृ. 288) नाज़बीबी मानवी के शब्दों को सुनकर बाग़–बाग़ हो गयी, ''जैसा कहोगी, मेम साहब, वैसा ही होगा। जो भी काम होगा, मैं जनता की भलाई के लिए करूँगी, क्योंकि अपने तो आगे–पीछे कोई नहीं है जिसके लिए दूसरों की रोटियाँ छीनूँगी और अपना घर भरूँगी। ज़रूरत पड़ी तो भ्रष्ट लोगों के ख़िलाफ़ हथियार भी उठाऊँगी। हर गन्दगी को जड़ से साफ़ कर दूँगी। दुनिया में शान्ति रहे, और क्या चाहिए किसी को? बस, मेम साहब। मुझे आप अपनी तरह थोड़ी बुद्धि और कलम की ताक़त भी थमा दीजिए।'' (पृ. 288) लेखिका 'यमदीप' उपन्यास के माध्यम से

मानवता का बीज–वपन हिजड़ों के प्रति करती हैं। नाज़बीबी का उत्साह भी काफ़ी क़ाबिल–ए–तारीफ़ है। 'गोदान' से लेकर अब तक किसानों की स्थितियों में बुनियादी परिवर्तन नहीं आये, महादेवी की 'शृंखला की कड़ियाँ' से लेकर स्त्री–विमर्श में परिवर्तन नहीं आये, अछूत (दया पवार) से लेकर अब तक दलितों में परिवर्तन नहीं आये तो हिजड़ों पर चन्द उपन्यास या साहित्य लिख देने से बुनियादी परिवर्तन आयेंगे? फिलहाल नीरजा माधव नाज़बीबी एवं मानवी के समानान्तर संघर्ष को डी.एम. आनन्द कुमार के मार्फ़त ही हल करने की कोशिश करती हैं। आनन्द कुमार जैसे कर्मठ ज़िलाधिकारी इस भारत में कितने हैं? समग्र उपन्यास की मुख्य एवं गौण कथाएँ एक–दूसरे से ओत–प्रोत होने के कारण भारतीय समाज, राजनीति, भारतीय प्रशासन एवं शिक्षा का पिटारा सम्प्रेषणीय भाषा में खोलती हैं। यहाँ पात्रानुकूल संवाद और भाषा शैली बनारसी अन्दाज़ में टपकती रहती है। निश्चित रूप से सरकार पुरुषत्व या नारीत्व का परीक्षण बाल्यावस्था में करवाकर किन्नरों एवं किन्नरियों को मानवीय दर्जा दे तो काफ़ी अच्छा होगा। आकाशवाणी वाराणसी में कार्यरत नीरजा माधव ने 'यमदीप' शीर्षक के अनुरूप अन्तर्वस्तु का चयन, प्रस्तुति सहज, स्वाभाविक लोकभाषा, आम फहम एवं बोलचाल की भाषा में हिजड़ों के सांकेतिक शब्दों से सहृदयों से परिचित कराया है। मन्ना बाबू जैसे विधायक ही लोकतन्त्र में दीमक की तरह सिद्ध हुए हैं। इसीलिए लोकतन्त्र के गोद से निगमिक पूँजी का बोलबाला है। फिलहाल इस बाज़ारीकरण के युग में जब तक लोगों में आन्तरिक परिवर्तन नहीं आयेगा तब तक हिजड़ों, दलितों, आदिवासियों एवं दलितों के जीवन में सुधार नहीं होगा। नीरजा माधव की भाषा–शैली सहृदय को समग्र उपन्यास पढ़ने के लिए उत्साहित करती है। 'यमदीप' उपन्यास के फ़्लैप पर लिखा है : "जहाँ से यह द्वैत स्त्री–पुरुष का यह द्वैत समाप्त होता है, वहीं से शुरू होता है यह उपन्यास, जिसमें अपनी कच्छपी सीमा में भाषिक और दैहिक निजी जीवन को नितान्त अकेले महसूस करते और कभी–कभी सिर निकालकर तालियाँ बजाते, ठनगन करते, जीवन को जी भर लेते उपेक्षित लोगों का एक वर्ग है, तो दूसरी ओर पितृसत्ता से सह–अस्तित्व को बिना नकारे अपने अस्तित्व एवं अस्मिता के लिए पूर्णतया चैतन्य पूरा–का–पूरा

स्त्री–विमर्श!'' 'यमदीप' उपन्यास के अवतरणों से साहित्यिक संवेदनाओं में इज़ाफ़ा ही हुआ है। यों देखा जाय तो इक्कीसवीं सदी उपेक्षितों एवं 'हाशियों पर के लोगों की सदी है। इसीलिए सम्प्रेषणीय, रोचक 'यमदीप' उपन्यास किन्नरों, प्रशासन, राजनीति, समाज एवं स्त्रियों की विभिन्न भूमिकाओं से सहृदयों को रू–ब–रू कराता है। सहृदय लेखिका से किसी नये विषय पर उपन्यास लिखने की अपेक्षा रखेंगे ही।

'यमदीप' उपन्यास और किन्नर–विमर्श

•

डॉ. प्रमिला त्रिपाठी

किन्नर या हिजड़ों से अभिप्राय उन लोगों से है जिनके जननांग पूरी तरह विकसित न हो पाये हों। हिजड़ों को चार वर्गों में विभक्त किया जा सकता है—बुचरा, नीलिमा, मनसा और हंसा। वास्तविक हिजड़े तो बुचरा ही होते हैं क्योंकि ये जन्मजात न पुरुष होते हैं न स्त्री। नीलिमा—किसी कारणवश स्वयं को हिजड़ा बनने के लिए समर्पित कर देते हैं। मनसा—तन के स्थान पर मन से स्वयं को विपरीत लिंग के अधिक निकट महसूस करते हैं। हंसा—शारीरिक कमी या नपुंसकता आदि यौनकमियों के कारण बने किन्नर होते हैं। नकली किन्नरों को 'अबुआ' कहा जाता है जो वास्तव में पुरुष होते हैं किन्तु धन लोभ में किन्नर का स्वाँग करते हैं। ज़बरन बनाये गये किन्नर 'छिबरा' कहलाते हैं। परिवार से रंजिश के कारण इनका लिंगोच्छेदन कर इन्हें किन्नर बनाया जाता है।

संरचना की दृष्टि के सम्पूर्ण हिजड़े समुदाय को सात समाजों या घरानों में बाँटा जा सकता है। हर घराने के मुखिया को नायक कहा जाता है। ये नायक ही अपने डेरे या आश्रम के लिए गुरु का चयन करते हैं। हिजड़े जिनसे शादी कहते हैं या जिन्हें अपना पति मानते हैं, उन्हें गिरिया कहते हैं। ये उनके नाम का करवाचौथ भी रखते हैं।

जब किसी परिवार में बुचरा अर्थात् जन्मजात किन्नर का जन्म होता है, तो परिवार के सदस्य जल्द–से–जल्द उसे अपने परिवार से दूर करने का प्रयास करते हैं। वे एक बार भी यह नहीं सोचते कि डॉक्टर की सलाह ले लें कि इस बच्चे को स्त्री या पुरुष के लिंग में बदला जा सकता है या नहीं।

साहित्यिक दृष्टिकोण से आज अनेक विमर्शों पर चर्चा की जा रही है और साहित्य में समाज के अनेक उपेक्षित वर्गों पर चिन्तन हो रहा है किन्तु किन्नर समुदाय के विषय में कोई बड़ी चर्चा नहीं दिख रही है। साहित्य में किन्नर–विमर्श पर अब तक पाँच उपन्यास हैं। 'यमदीप' (नीरजा माधव सन 2002), 'तीसरी ताली' (प्रदीप सौरभ, सन् 2011), 'किन्नर कथा' (महेन्द्र भीष्म, सन् 2014), 'गुलाम मण्डी' (निर्मला भुराडिया, सन् 2014), 'पोस्ट बॉक्स न. 203 नाला सोपारा' (चित्रा मुद्गल, सन् 2016)।

साहित्य के अतीत पर नज़र दौड़ायें तो पाते हैं कि 'उग्र' जी की कुछ कहानियों में जिन लौण्डेबाज़ों का ज़िक्र आता है, वे यही किन्नर हैं। इसके बाद लम्बे समय तक साहित्य क्षेत्र में किन्नरों की दशा के बारे में चुप्पी छायी रहती है, जिसे सन् 1999 में नीरजा माधव अपने उपन्यास 'यमदीप' में तोड़ती हैं। किन्नरों सम्बन्धी कथानक का चयन करना नीरजा माधव की सामाजिक दृष्टि की सम्पन्नता को बताता है क्योंकि उन्होंने किन्नरों के जीवित यथार्थ के राज़ को खोला है। किन्नरों के मन की गहराइयों में उठती भावनाओं रूपी प्रश्नों का उत्तर नीरजा माधव जी ने 'यमदीप' में दिया है, जिनमें मुख्यधारा के समाज को किन्नर समुदाय का बुनियादी हक़ देने में कटौती नहीं करनी चाहिए। समाज को किन्नरों को अधिकार दिलवाने की पैरवी करनी चाहिए। शिक्षा और संवेदनशीलता से किन्नर समाज को विकास की मुख्यधारा से जोड़ना चाहिए। किन्नर समाज को स्वयं अपने प्रति संवेदनशील होने की आवश्यकता है।

हमारे समाज में जेण्डर की समाजीकरण की प्रक्रिया के तहत स्त्री–पुरुष व्यवहार व स्वभाव को ही स्वीकृति दी जाती है। इस दृष्टिकोण से किन्नर समुद्राय का व्यवहार समाज में स्वतः ही अव्यावहारिक मान लिया जाता है। जेण्डर निर्मित में यौन व्यवहार की शिक्षा नहीं दी जाती अपितु उनके यौन व्यवहार को कानूनी अपराध माना जाता है जोकि उन्हें स्व से घृणा और आत्महत्या के लिए मजबूर करता है।

परिवार के सदस्य इन्हें अपने पास रखना चाहते हैं, किन्तु समाज उन्हें विवश कर देता है कि वे अपने बच्चे को किन्नर समाज को सौंप दें। यदि परिवार ऐसे बच्चों को पालना चाहता है तो समाज रुकावट क्यों बनता है? यही सवाल 'यमदीप' उपन्यास में उठाया गया है कि नन्दरानी

को माता–पिता अपने पास रखना चाहते हैं। नन्दरानी की माता उसे पढ़ा–लिखाकर अपने पैरों पर खड़ा करना चाहती है। नन्दरानी की माँ के सामने उपन्यास के विशेष पात्र महताब गुरु एक सवाल उठाते हैं, ''माता जी, किसी स्कूल में आज तक हिजड़े को पढ़ते–लिखते देखा है? किसी कुर्सी पर हिजड़ा बैठा है? पुलिस में, मास्टरी में, कलक्टरी में...किसी में भी? अरे, इसकी दुनिया यही है, माता जी...कोई आगे नहीं आयेगा कि हिजड़ों को पढ़ाओ, लिखाओ, नौकरी दो–जैसे कुछ जातियों के लिए सरकार कर रही है।''[1] किन्नरों को सामाजिक, शारीरिक, मानसिक भेद के शोषण में से गुज़रना पड़ता है। महताब गुरु का संवाद किन्नरों का यथार्थ है।

उत्पादन और उपयोगिता की राजनीति का प्रश्न उस उपन्यास का केन्द्र–बिन्दु है, जहाँ जैविक भिन्नता समाज में इनके अस्तित्व को अस्वीकार्य बना देती है।[2] किन्नर समाज न केवल जैविक असमानता को झेलता है अपितु लिंग आधारित असमानता को भी झेलता है।

इस उपन्यास की नन्दरानी अपनी स्कूली शिक्षा के दौरान आये शारीरिक बदलाव को महसूस करने लगी, "क्या नन्दरानी, तुम कैसे चलती हो? हम लोगों की तरह चलो...कहीं हिजड़े देख लेंगे तो तुम्हें भी वहीं समझ बैठेंगे।''[3]

यह समझ का मसला सामाजिक संरचना में उनकी स्थिति से है जिसे समाज द्वारा अपमानजनक बताया जाता है। यही किन्नर समाज का सच है। यदि किन्नर समाज को शिक्षा का औज़ार मिल जाये तो इस समाज को आगे बढ़ने से कोई नहीं रोक सकता।

नीरजा माधव जी ने 'यमदीप' उपन्यास में किन्नरों की सामाजिक भूमिका की ओर समाज का ध्यान केन्द्रित किया है। मुम्बई की एक कम्पनी में बकाया धन की वसूली हेतु किन्नरों की नियुक्ति हुई और परिणामतः जिस ऋण की वसूली वर्षों से नहीं हो पा रही थी, उसे थोड़े से समय में ही वसूल कर लिया गया। आर्थिक स्तर पर रोज़गार उपलब्ध कराने की बात नीरजा जी ने की है। इस उपन्यास में नाज़बीबी का कहना है, ''अगर सरकार हमें भी हथियार दे तो मैं भी लड़ूँगी। लड़ते–लड़ते हिन्दुस्तान के लिए अपनी जान दे दूँगी।''[4] लोकतान्त्रिक देश में किन्नरों के अधिकारों

की असरदार पैरवी के लिए हमारा राजनीतिक संगठन मौन है। यही किन्नरों का जीवित यथार्थ है।

'यमदीप' उपन्यास के पात्र–विशेष रूप से महताब गुरु नाज़बीबी, छैल बिहारी, मानवी आदि–घुँघरू की आवाज़ पर हमारे मन–मस्तिष्क से सवाल करते हैं। नाज़बीबी के माता–पिता से महताब गुरु का संवाद–''आप इस बस्ती में रह नहीं सकते, बाबूजी और अपनी बेटी को अपने साथ रख भी नहीं सकते...दुनिया में बदनामी और हँसी हँसारत के डर से। हिजड़ी के बाप कहलाना न तो आप बर्दाश्त कर पायेंगे न आपके परिवार के लोग। लूली, लँगड़ी होती; कानी, कोतर होती तो भी आप इसे अपने साथ रख सकते हैं, इसलिए इसे अब इसके हाल पर छोड़ दीजिए। यही उसका भाग्य था, यही बदा था...सोच लीजिए, मर गयी, सब्र कर लिया।''[5] किन्नरों के इस जीवित यथार्थ को भी 'यमदीप' में नीरजा माधव जी ने बताया है। महताब गुरु के माध्यम से नीरजा जी ने समाज में किन्नरों के प्रति अपनाये गये सत्ता के सामाजिक चरित्र को उभारा है। किन्नरों को न केवल मुख्यधारा से अलग रखा गया है अपितु इनके प्रति डर व अफ़वाहों को भी जनता में भरा जाता है। किन्नर समाज अलगाव की ज़िन्दगी जीने के लिए मजबूर हो जाता है। इस बात का विवेचन उपन्यास की पत्रकार 'मानवी' करती है–''ऐसा सुना जाता है कि आप लोग युवकों को बहला–फुसलाकर ज़बरन उनका ऑपरेशन करके उन्हें हिजड़ा बना देते हो।'' महताब गुरु इन अफ़वाहों को नकारते हैं और कहते हैं–''हमारी बस्ती में जल्दी कोई इनसान का पूत घुसता है...कि किसी के आते ही हम उसे तुरन्त पकड़कर ऑपरेशन कर देंगे? डॉक्टरी खोले बैठे हैं कुठरिया में क्या? यह देखो, हमारा अंग कोई काटा है कि अल्ला–रसूले ने वैसा भेजा है।''[6]

मानवी का यह प्रश्न मुख्यधारा के समाज का प्रश्न है। यही कारण है कि समाज ने इन्हें इनसान की जगह शैतान समझा और उसी के अनुरूप व्यवहार किया गया। समाज की मानवता इनकी यौगिक पहचान के सामने अदृश्य हो जाती है।

किन्नर समुदाय किसी का दिल दुखाने व जीव हत्या को पाप मानता है। 'यमदीप' उपन्यास में महताब गुरु कहते हैं–''अरे, हम तो खुद ही

डरते हैं कि कहीं हमसे किसी का दिल न दुःख जाये। एक चींटी भी पैर के नीचे पड़ जाती है तो सोचते हैं कि इसके अण्डे होंगे...।''[7]

यहाँ धर्म किन्नर समुदाय की वास्तविक धारणा है।

किन्नर समुदाय में इन्सानियत समाज की मुख्यधारा से अधिक दिखाई देती है। सड़क पर पड़ी गर्भवती पगली के शिशु को मुख्य समाज द्वारा उपेक्षित किये जाने पर 'यमदीप' उपन्यास की पात्रा नाज़बीबी द्वारा पालन–पोषण हो या महिला से बलात्कार के प्रयास को असफल कर उसकी रक्षा करना हो, नाज़बीबी का यह व्यवहार किन्नर समाज का सत्य रेखांकित करता है।

'यमदीप' उपन्यास में मानवी द्वारा नारी सुधार गृह के सफ़ेदपोश चेहरे को बेनक़ाब करने के प्रयास में नेताओं के चरित्र भी सामने आने लगते हैं और यही जनता के रक्षक अपनी भक्षक भूमिका में दिखाई देते हैं। प्रश्न उपस्थित होता है कि मनुष्यता और मानवता की बात मुख्यधारा का समाज करता है। क्या वह यही मानवता है कि अपने से कमज़ोर का शोषण करे? नाज़बीबी कहती है–''सोच रही हूँ मेमसाब कि भगवान ने मुझे हिजड़ा बनाकर ठीक किया। अगर यह न बनाता तो ज़रूर मुझे औरत बनाता तब ये सारे अत्याचार मुझे भी झेलने पड़ते।''[8] नाज़बीबी का यह कथन समाज को सोचने के लिए विवश कर देता है कि उनकी मानवता कितनी गिर चुकी है!

समाज के साथ–साथ राज्य भी किन्नर समाज के प्रति अपने उत्तरदायित्व को नहीं स्वीकारता। महताब गुरु कहते हैं–''कोई कुछ नहीं करता, समाज भी नहीं। सरकार तो अपना वोट माँगने के लिए उन्हीं के सामने चारा फेंकेगी न, जो रोज़ मुर्गियों की तरह अण्डे देकर आबादी बढ़ाएँगे। हम कौन से अण्डे देने वाले हैं? अल्ला मियाँ ने तो हमें ये नेमत दी ही नहीं।''[9]

उत्पादन और उपयोगिता की राजनीति का प्रश्न इस उपन्यास का केन्द्र–बिन्दु है। उपन्यास के अन्त में नाज़बीबी का संकल्प चुनाव में खड़े होने की भूमिका तय करता है और वह कहती है–''ज़रूरत पड़ी तो भ्रष्ट लोगों के ख़िलाफ़ हथियार भी उठाऊँगी। हर गन्दगी को जड़ से साफ़ कर दूँगी। दुनिया में शान्ति रहे, और क्या चाहिए किसी को?''[10]

नाज़बीबी का यह कथन शबनम मौसी, कमला जान, आशा देवी, कमला किन्नर और रायगढ़ की मेयर मधु किन्नर की याद दिलाता है, जिसका कहना था कि वह ताली नहीं बजाना चाहती, वह कुछ करना चाहती है। इसी तरह ट्रांसजेण्डर एक्टिविस्ट लक्ष्मी नारायण त्रिपाठी ट्रांसजेण्डर समुदाय के राजगार के विकल्प में महिलाओं की सुरक्षा की ज़िम्मेदारी उन्हें देने और उससे सम्बन्धित ट्रेनिंग की बात करती है।

'यमदीप' उपन्यास में नीरजा माधव जी ने किन्नर समुदाय के लिए राजनीति को विकल्प के रूप में उभारा है क्योंकि सत्ता ही सत्ता की आवाज़ सुनती है। इसका सबसे बड़ा उदाहरण वे लोग हैं जिन्होंने लम्बे विरोध के बाद भी राजनीति में अपनी अलग पहचान बनाई और अपने समुदाय के लिए काम किया।

किन्तु यह भी सत्य है कि किन्नरों को भी अपने हक़ में संवेदनशील होने की आवश्यकता है।

अस्तु!

सन्दर्भ

1. यमदीप, नीरजा माधव, सामयिक प्रकाशन, नयी दिल्ली, 2002
2. वही।
3. वही।
4. वही।
5. वही।
6. वही।
7. वही।
8. वही।
9. वही।
10. वही।

किन्नरों की इनसानियत की महागाथा : 'यमदीप'

•

शालिनी चौहान

"हम दीवानों की क्या हस्ती,
हैं आज यहाँ कल वहाँ चले।
मस्ती का आलम साथ चला,
हम धूल उड़ाते जहाँ चले'

–भगवती चरण वर्मा

हर व्यक्ति की हैसियत ही उसके जीवन का आधार होती है, मान–सम्मान देती है, उन्हें दीवांना बना देती है। जबकि एक किन्नर समुदाय, जिन्हें 'किन्नर वर्ग' के नाम से जाना जाता है, जिसे कोई अधिकार नहीं दिया जाता है, उनसे सब कुछ छीन लिया जाता है, क्योंकि वे एक जगह नहीं रह सकते। सब लोग तो जहाँ जन्म लेते हैं, वहाँ ही रहते हैं। धन–दौलत, माता–पिता, भाई–बहन सब पर उनका समान अधिकार होता है, लेकिन किन्नरों के लिए ऐसा नहीं होता। उनका किसी पर अधिकार नहीं होता, यहाँ तक कि माता–पिता पर भी नहीं। लेकिन उनमें गर्व इस बात का है कि वे दीवानों की तरह जीवन जीते हैं। और कहते हैं कि हमारी कोई हस्ती नहीं है, हमारे पास कोई धन–दौलत नहीं है। भले ही हमें अभिशप्त जीवन जीना पड़ता है लेकिन जहाँ भी रहते हैं, ख़ुश रहते हैं और दीवानों की तरह मौज–मस्ती के साथ इस समाज में अपनी ज़िन्दगी जीते हैं। किसी से भेद–भाव नहीं रखते, सभी को अपना मानते हैं, लेकिन समाज

हमें अपना नहीं मानता। जिस दिन वो हमें अपना मानने लगेगा, उस दिन कितना कुछ बदल जायेगा ये हमें भी नहीं पता कि हमें कितनी बड़ी हस्ती मिल जायेगी?

आज सामाजिक परिवेश ने हमें सबसे अधिक बेचैन किया है अथवा सोचने क़े लिए मजबूर किया है। हम प्रगति के अनेक सोपान पार कर चुके हैं, परन्तु आज भी समाज से बाहर रहनेवाला किन्नर समुदाय विकास और व्यवस्था के सोच से बाहर ही है। उस पर कोई बोलने–लिखने के लिए तैयार नहीं है। आज भी इनके सामने अनेक प्रश्न और चुनौतियाँ हैं। विज्ञान ने अनेक नवीन शोध किये, अनेक पंचवर्षीय योजनाएँ आयीं, पर ऐसा एक भी शोध नहीं हुआ कि बहिष्कृत और पीड़ित किन्नरों की अवस्था ऐसी क्यों है? इसके लिए ज़िम्मेदार कौन है? अर्थात् किन्नरों का जीवन बदलने के लिए मात्र काग़ज़ पर घोषणाएँ की जाती हैं। यह पूर्ण सत्य है, प्रत्यक्ष कार्य होता नहीं है।

हिन्दी साहित्य में किन्नर केन्द्रित उपन्यास केवल उपन्यास ही नहीं, बल्कि किन्नरों के जीवन की पृष्ठभूमि की बेचैनियों और उनके आन्दोलनों, प्रभावों और रचनात्मकताओं का सविस्तार विश्लेषण भी है। उन उपन्यासों को पढ़कर कोई भी किन्नरों की सम्पूर्ण अवधारणा को समुचित तरीके से समझ सकता है। वास्तव में, यह किन्नर साहित्य ही है जिसके अध्ययन के पश्चात् समाज का वास्तविक अध्ययन हो सकता है। यदि किन्नर साहित्य नहीं होता तो यह जान पाना असम्भव होता कि किन्नर समाज किन पीड़ाओं, तकलीफ़ों, अन्यायों, शोषण और असमानताओं का इतिहास है।

किन्नर साहित्य नये–नये साहित्य की रचना करके सदियों से चले आ रहे वैचारिक अतिक्रमण को हटाकर दिलो–दिमाग को अर्थात् किन्नर समाज को बस्तियों में रहने लायक बना रहा है। इसीलिए किन्नर लेखन अपने प्रत्येक रूप में विचारशील और रचनात्मकता में पूर्णतः व्यावहारिक लेखन है। 'यमदीप' नीरजा माधव कृत सन् 2002 में प्रकाशित हुआ एक उपन्यास है, जिसमें किन्नर समाज और उनकी संवेदना का चित्रण किया गया है। इस उपन्यास का मुख्य उद्देश्य किन्नर समाज में परिवर्तन लाना ही रहा है और यह उपन्यास किन्नरों के जीवन में रोशनी प्रकट करता है। इस उपन्यास में 'यमदीप' को किन्नरों के लिए प्रतीक बनाकर रखा

गया है और इस उपन्यास में नाज़बीबी उर्फ़ नन्दरानी प्रमुख पात्र है जो महताब गुरु के आधिपत्य में बनारस में स्थित किन्नर बस्ती में रहती है।

दीपावली के दिन शाम को घर से बाहर कचरों के ढेर पर यम के नाम का दीप जलाया जाता है जो टिम–टिम कर प्रकाश बिखेरता है– उसे यम के लिए जलाया गया दीप समझकर उसे कोई पीछे मुड़कर नहीं देखता, न ही पूजा–अर्चना की जाती है। वह प्रकाशमान होते हुए भी अप्रकाशित है, अभिशप्त है। उसी प्रकार किन्नर का जीवन अभिशप्त होता है। उसे कोई समाज में रहने नहीं देता और वे निष्कासित कर दिये जाते हैं लेकिन फिर भी वे अपना पूरा जीवन जीते हैं। किन्नरों को अपना घर परिवार और यहाँ तक कि माँ–बाप, जिसने जन्म दिया, उन्हें छोड़ना पड़ता है। इसलिए सभी से विस्थापन होने की जो संवेदना होती है और उनके साथ क्या होता है, उन्हीं घटनाओं का चित्रण इस उपन्यास में है।

ऐसा कहा जाता है कि किन्नरों में एक अदृश्य शक्ति होती है। वह ईश्वर की देन होती है, ऐसा माना जाता है, जिससे वे अपनी बिरादरी के लोगों को पहचान लेते हैं और पता लगा लेते हैं कि सभ्य समाज में वे कहाँ हैं? फिर अपने समाज में ले आते हैं। नाज़बीबी का बचपन हँसी–खुशी से अपने परिवार के साथ बीतता था। बचपन ख़त्म होते ही उनका असली रूप दिखायी देने लगता है, जिस रूप में विधाता ने उन्हें भेजा है। उसका वर्णन लेखिका ने इन शब्दों में किया है–

"परन्तु बाक़ी सब ठीक नहीं था। कक्षा 8 में पहुँचते–पहुँचते अन्य स्त्रियोचित उभार और विकास के साथ ही चेहरे पर श्याम वर्ण रोंएँ भी उभरने लगे थे। सब कुछ छिपाकर सामान्य जीवन जी सकने की उसकी और माता–पिता की कल्पना चकनाचूर होने लगी थी।"[1]

उपर्युक्त सन्दर्भ से लेखिका ने स्पष्ट किया है कि किन्नर लोग अपनी पहचान नहीं छिपा सकते। उनमें जो कुछ किन्नर के गुण होते हैं, वे समयानुसार सामने आ ही जाते हैं। इसके बाद एक दिन नन्दरानी के घर के बाहर कुछ किन्नर आते हैं तो उसे देखकर उसकी माँ से कहते हैं कि यह तो हमारी बिरादरी की है। तब नन्दरानी की माँ उसे घर में ले जाकर किन्नरों को जाने के लिए कहती है।

अपनी सच्चाई न छिपा पाने के कारण नन्दरानी एक दिन घर

छोड़कर किन्नरों की बस्ती में चली जाती है और अपने समाज में शामिल हो जाती है। महताब गुरु उसे नया नाम देते हैं 'नाज़बीबी'। वहाँ वह नाज़बीबी के रूप में रहने लगती है लेकिन उसे अपने घर–परिवार, माता–पिता की बहुत याद आती है तो वह अपने घर फ़ोन लगाती है। फ़ोन पर उसके भैया उसकी उपेक्षा करते हुए कहते हैं–"देखो, तुम्हारा बार–बार टेलीफ़ोन करना या इस परिवार से सम्बन्ध रखना हमारी इज़्ज़त तो बढ़ाता नहीं बल्कि तुम्हें भी दुःख होता है और मम्मी–पापा को भी। तुम परिवार में रह नहीं सकतीं इसलिए यह समझ लो कि तुम अनाथ हो, कोई नहीं तुम्हारा दुनिया में।"[2]

यह सुनकर नाज़बीबी को बहुत बड़ा झटका लगता है और वह 'यमदीप' की तरह अभिशप्त जीवन जीने को तैयार हो जाती है। माँ अपने हिजड़े बच्चे के लिए व्याकुल हो जाती है क्योंकि माँ तो माँ होती है, चाहे साधारण इनसान की हो या फिर हिजड़े बच्चे की। वह अपने को रोक नहीं पाती और उसे वापिस लाने के लिए तैयार हो जाती है और पिताजी इनकार करते हैं। उनके मन में एक उलझन या घबराहट होने लगती है। यह देखकर महताब गुरु कहते हैं–"हिजड़ा के बाप कहलाना न आप बर्दाश्त कर पायेंगे और न आपके परिवार के लोग। लूली–लँगड़ी होती या कानी होती तो भी इसे आप अपने साथ रख सकते थे। इसलिए इसे अपने हाल पर छोड़ दीजिए। यही उसका भाग्य था...सोच लीजिए, मर गयी सब्र कर लिया।"[3]

इस तरह महताब गुरु के कहने पर उसके माता–पिता चले जाते हैं और नन्दरानी अपने समाज में रहने लगती है, लेकिन माता–पिता की याद आती रहती है। कुछ दिनों बाद उसकी माँ बीमार पड़ जाती है, उसे कैंसर हो जाता है। यह बात जब नन्दरानी को पता चलती है तो अपनी माँ से मिलने के लिए बेचैन हो जाती है। महताब गुरु से गिरिया से मिलने का बहाना बनाकर कानपुर वाली बस में बैठ जाती है और घर पहुँचकर अपनी माँ की मृत्यु का समाचार सुनती है तो बेसुध हो जाती है। अपनी माँ से मिलने की आख़िरी इच्छा पूरी न होने पर श्मशान पहुँचती है तो उसकी माँ की चिता जल चुकी होती है और वहाँ से वह वापिस बनारस आ जाती है और सभी को भुलाकर वह किन्नरों के साथ रहने लगती है।

किन्नरों का मुख्य कार्य नेग माँगना होता है। एक बार नेग माँगने गये तो देखा कि एक पागल स्त्री प्रसव पीड़ा से तड़प रही है। उसके पास कोई नहीं है सहायता के लिए। इसलिए नाज़बीबी उस औरत की प्रसूति करवाती है और वह औरत बच्ची को जन्म देते ही मर जाती है। नाज़बीबी वहाँ के लोगों को उस बच्ची को देना चाहती है पालन–पोषण के लिए, पर कोई तैयार नहीं होता। तब नाज़बीबी उसे अपनी बस्ती में ले आती है इसलिए अब नाज़बीबी उसकी माँ है तो फिर उसके नाम पर बहुत विचार–विमर्श होता है कि किस धर्म की सन्तान है–हिन्दू या मुस्लिम? ये बातें शबनम, सकीना और उसी समुदाय की चमेली करती हैं लेकिन महताब गुरु उन सबको निरुत्तर करते हुए कहते हैं–"अरे दुर्रे धरम! रात–बिरात एक पागल के साथ मुँह काला किया धरम की बात पर... थू है ऐसे धरम पर, ऐसे धरमवालों पर ! इसका नाम सोना रहेगा सोना। हमारे धरम में सोना, सोना होता है–कीमती, चमकदार। सब अपने तन पर पहनते हैं, चाहे वह हिन्दू हो या मुसलमान। रही बात धरम की तो, नाज़बीबी पैदाइशी हिन्दू है। इसलिए सोना को पालने के कारण सोना का धरम भी हिन्दू धरम। चलो, सारा झगड़ा ख़त्म। अभी सोना हम सबकी है, बड़ी होगी तो हिन्दू होगी। उसका मन होगा तो...जिससे मन चलेगा, उससे शादी कर लेगी। ढोलक–घुँघरू के ताल के साथ मोटे बेसुरे स्वर नाज़बीबी की कोठरी में गूँजने लगे थे...मोरी रतियाँ हो...नन्द घर बाजेला बधाइया...कन्हइया अवतर लै हो..।"[4]

उपर्युक्त सन्दर्भ में लेखिका ने धर्म का विद्रोह किया है और कहा है कि सभी का ख़ून एक है, चाहे हिन्दू हो या मुसलमान और सभ्य लोग हों या फिर किन्नर लोग। सभी को एक बन्धन में बाँधने का प्रयास किया है। नाज़बीबी बच्ची का पालन–पोषण एक माँ के रूप में करती है लेकिन कुछ दिनों बाद नाज़बीबी को सोना की वजह से दिन प्रतिदिन अपने साथियों द्वारा विद्रोह भरी बातें सुननी पड़ती हैं क्योंकि सोना की वजह से उसके काम में मन्दी पड़ जाती है। यह सुनकर नाज़बीबी सोना को मारने के लिए नदी में फेंक देने की बात करती हैं। तब उसे समझाते हुए महताब गुरु कहते हैं–"आय हाय, बेसरा माता तुम लोगों का दिमाग़ ठीक रखे। अरे, इसी जिसम के बिना तो अल्ला ने हमें यहाँ भेजा तो इतना दोजख

झेल रहे हैं। यही होता तो आज हम–तुम यह धन्धा करते, किसी की निहारन होते निहारन।''[5]

महताब गुरु की इन बातों का नाज़बीबी पर प्रभाव पड़ा और वह बच्ची को अपना लेती है और पालन–पोषण करने लगती है। अपना पूरा ध्यान उसी पर देती है और उसको पढ़ाने के लिए सोचती है लेकिन सभ्य समाज में किसी भी प्रकार की सुविधा किन्नरों के लिए सरकार ने नहीं दी है। सभ्य समाज में किसी भी तरह हिजड़े बच्चे का स्कूल में एडमिशन नहीं होता परन्तु बदलाव के कारण अब इन बच्चों के लिए अलग स्कूल खोले जा रहे हैं। महताब गुरु की इजाज़त से पढ़ाई का ख़र्च निकालने के लिए रामसरन को गिरिया बनाती है। सोना का एडमिशन कराने के लिए खेरगल्ले की भूमिका निभाती है क्योंकि बदली होने की वजह से रामसरन दूसरे शहर चला जाता है। तब वह हताश हो जाती है और कमाई होने पर एडमिशन कराने को कहती है। तब महताब गुरु कहते हैं–''दो दिन का खेल है क्या पढ़ाई, जो आज नहीं दो दिन बाद खेलेंगे? सोना पढ़ेगी और इसी साल पढ़ेगी। बेसरा माता के लिए जो हिस्सा रखा है, उसमें से कल मैं तुम्हें दूँगी। चिन्ता न कर, बस, ठीक हो जा लेकिन फिर खैरगल्ले न करना।''[6]

किन्नरों की आराध्य देवी बेसरा माता होती हैं। उनकी कृपा से नाज़बीबी सोना का एडमिशन करा देती है लेकिन जब वह सोना को स्कूल भेजती है तो उस समय उसे अपना अतीत याद आ जाता है। वह कहती है–''मम्मी पहले तो स्कूल भेजने के लिए तैयार नहीं थी, परन्तु पड़ोसियों के कहने–टोकने पर उन्होंने उसका नाम राधारमन बालिका विद्यालय में कक्षा छह में लिखवा दिया था...पापा उसके जन्म पर फूट–फूट कर रोये थे। दादी ने सबका मुँह बन्द करा दिया था। मम्मी बताती थी की हिजड़ों के डर से दादी ने मम्मी को उसके जन्म के दूसरे दिन ही नानी के घर भेज दिया था, ताकि किसी को पता न चले। दादी की साँस में साँस आयी।''[7]

किन्नर समुदाय के लिए जब शिक्षा का उल्लेख आया तो यह उसके लिए ख़ुशी का समाचार कहा जा सकता है कि किन्नरों को भी अपने भविष्य को सुधारने का मौक़ा मिला। और भारत का पहला ट्रांसजेण्डर स्कूल कोच्चि में खुला। और कई स्कूल खुले और एक स्कूल थिक्कारा

में खुला, जो केरल के अर्नाकुलम ज़िले में है, इसका नाम सहज इण्टरनेशनल है। जिसका उद्घाटन ट्रांसजेण्डर कार्यकर्ता, लेखक एवं सेक्टर कल्कि सुब्रमण्यम ने किया।

ट्रांसजेण्डर को समान शिक्षा का अवसर मिलेगा जो पढ़ाई को बीच में छोड़ देते थे। उन्हें दसवीं और बारहवीं परीक्षा में लर्निंग सेण्टर से पढ़ाई करके परीक्षा में मदद मिलेगी और इस संस्था के लिए प्रेरणा का काम करनेवाली विजय राजा है। ट्रांसजेण्डर फ़ाउण्डेशन के तहत छह ट्रांसजेण्डर और एक महिला द्वारा ट्रांसजेण्डर स्कूल का संचालन होगा–''स्कूल की शुरुआत एक प्रवाली और दिव्यांग ट्रांसजेण्डर समेत 10 छात्रों से की गयी है। शिक्षा में वंचित रहे समुदाय को अपने सामाजिक क़द को मज़बूत करने में मदद करने के लिए, शिक्षा को, सामाजिक कार्यकर्ताओं, डॉक्टरों और इंजीनियरों पर आधारित 60 प्रशिक्षक सदस्यों की एक टीम होगी।''[8]

एक दिन पुलिसवालों को पता चल जाता है कि हिजड़ों की बस्ती में एक लड़की पल रही है तो पुलिसवाले बस्ती में छापा मारकर बच्ची को अनाथ आश्रम में छोड़ देते हैं। उस अनाथ आश्रम का नाम 'नारी उद्धार गृह था, जिसकी वार्डन रीता देवी थी। लोग समझते थे कि यहाँ पर लड़कियों को सहारा मिलता है, लेकिन सहारे के नाम पर उन लड़कियों का शोषण होता था, और उस अपराध में वहाँ के विधायक मन्ना बाबू तथा डिप्टी एस.पी. शरण बिहारी भी शामिल थे। एक लड़की द्वारा इस अपराध का पर्दाफ़ाश होता है, लेकिन विधायक और डिप्टी के हस्तक्षेप से रीता देवी पर कोई आँच नहीं आती। लेकिन मानवी इस ग़ैर–क़ानूनी प्रक्रिया में बाधा बन जाती है और सोना को छुड़ाने के लिए दो पत्रकारों के साथ आती है। लेकिन सोना उसे पहचानने से इनकार कर देती है। इस बात पर चिढ़कर मन्ना बाबू द्वारा मानवी को मार–मार कर घायल कर दिया जाता है, जिसे नाज़बीबी बचाती है और अस्पताल में भर्ती करवाती है। इसलिए मानवी यह प्रणय लेती है कि वह इनके कारनामे को सामने लाकर ही रहेगी और वह अपनी बात डी.एम. आनन्द कुमार को बताती है। नाज़बीबी दोनों की बातों से विचार में पड़ जाती है तो मानवी द्वारा कारण पूछे जाने पर नाज़बीबी पुरुषों की मानसिकता के बारे में कहती है–''सोच रही हूँ, मेम साहब कि भगवान ने मुझे हिजड़ा बनाकर ठीक

ही किया। अगर यह न बनाता तो ज़रूर मुझे औरत बनाता तब यह सारे अत्याचार मुझे भी झेलने पड़ते।"[9]

मानवी और नाज़बीबी, दोनों आपस में बातें करती हैं। वे भ्रष्ट लोगों के चंगुल से निकलने के लिए व्यवस्था में सुधार लाने को कहती हैं। इस काम के लिए मानवी नाज़बीबी को मन्नाबाबू के विरोध में चुनाव लड़ने के लिए पर्चा भरवाती है। नाज़बीबी भी स्वीकार करते हुए कहती है–"जैसा कहोगी मेम साहब, वैसा ही होगा, जो भी काम होगा मैं जनता की भलाई के लिए करूँगी, क्योंकि अपने आगे–पीछे तो कोई नहीं है जिसके लिए दूसरों की रोटियाँ छीनूँगी और अपना घर भरूँगी। ज़रूरत पड़ी तो भ्रष्ट लोगों के ख़िलाफ़ हथियार भी उठाऊँगी, हर गन्दगी को जड़ से साफ़ कर दूँगी। दुनिया में शान्ति रहे और क्या चाहिए किसी को?"[10]

'यमदीप' उपन्यास किन्नर समाज से सम्बन्धित एक उपन्यास है। इनके रीति–रिवाज में एक पूजा की जाती है और इनकी आराध्या देवी 'बेसरा' हैं, जिनका ये लोग पूजन करते हैं। वार्षिक सम्मेलन पर सभी उनकी पूजा के लिए इकट्ठा होते हैं और अपनी अस्मिता की खोज और चिन्तन–मनन करते हैं। उपन्यास के एक साक्षात्कार में पूछा जाता है कि क्या ये अलग राज्य चाहते हैं तो महताब गुरु कहते हैं कि हम लोगों को कुछ नहीं चाहिए। हम अपने भारतवर्ष से अलग नहीं होना चाहते और यहाँ तक कि अलग होने की सोच भी नहीं सकते। एकता और अखण्डता के प्रति महताब और नाज़बीबी को देश से प्रेमभाव है। उसने अपनी भावनाओं को प्रगट किया है–"सबक लेना है तो हम हिजड़ों से लें। न हम गद्दार हैं न हम लोग गद्दारी करेंगे। आपस में हम लोग प्रेम से रहते हैं और हम लोग किसी से नफ़रत क्यों करें? हम लोग इनसान थोड़े ही हैं कि आपस में नफ़रत करेंगे?"[11]

निष्कर्षतः यह स्पष्ट हो जाता है कि हिजड़ों को किसी से नफ़रत नहीं है और अपने देश से प्रेम है। लेखिका ने इस उपन्यास में नाज़बीबी, महताब गुरु और मानवी द्वारा समाज में हो रही बुराइयों, भ्रष्टाचारों का डटकर सामना करते हुए दिखाया है। इस उपन्यास में शिक्षा का महत्त्व, समाज में ईमानदारी, कर्तव्य निष्ठा आदि सूचनाओं को बहुत ही व्यवस्थित ढंग से सरल भाषा में प्रस्तुत किया है।

सन्दर्भ

1. यमदीप उपन्यास, नीरजा माधव, पृ. 13
2. वही, पृ. 82
3. वही, पृ. 93
4. वही, पृ. 22–23
5. वही, पृ. 27
6. वही, पृ. 47
7. वही, पृ. 60
8. http:/samwad24.com/p:2327
9. यमदीप, नीरजा माधव, पृ. 287
10. वही, पृ. 288
11. वही, पृ. 167

तिरस्कृत वर्ग की व्यथा–गाथा : 'यमदीप'

•

भावना चोटिया

आमतौर पर हमें हमारे आसपास कुछ लोग बस, रेलवे स्टैण्ड या फिर ट्रैफ़िक सिग्नल पर अपने अलग ही परिचित से अन्दाज़ में लोगों से पैसे माँगकर बदले में उन्हें दुआएँ देते या किसी परिवार में ख़ुशी के अवसर पर बधाइयाँ देते, नाचते–गाते एवं आशीर्वाद देकर बदले में कुछ रुपये लेकर विदा होते दिखाई देते हैं। ये लोग हमारे समाज का हिस्सा होने के बावजूद भी हमारे समाज से पृथक् हैं। इन्हीं लोगों को हमारा सभ्य समाज हिजड़ा कहता है। 'हिजड़ा' शब्द के अतिरिक्त इनके लिए किन्नर, उभयलिंगी, यूनक, खोज, ख़्वाज़ासरा, मोगा, अरावनी, जनखा, पवैया, खुसरा, थर्डजेण्डर, तृतीय लिंगी आदि नामों का उपयोग भी किया जाता हैं। 'हिजड़ा' या 'किन्नर' से अभिप्राय मनुष्य जाति की उस प्रजाति है जिसके जननांग अविकसित हैं, जो किसी शारीरिक कमी के कारण न तो स्त्री न ही पुरुष के गुणों से परिपूर्ण है।

समकालीन हिन्दी साहित्य में त्याज्य और शोषित वर्गों को लेकर विमर्श की कई परम्पराएँ दिखलाई पड़ती हैं। इनमें से स्त्री–विमर्श और दलित–विमर्श के अलावा आदिवासी–विमर्श और किन्नर–विमर्श एक नये आवरण में सामने आने लगा है। हिन्दी कथा–साहित्य में इन विमर्शों को विशेष स्थान प्राप्त हुआ है। डॉ. गुर्रमकोंडा नीरज हिन्दी साहित्य में किन्नर साहित्य पर प्रकाश डालते हुए लिखते हैं–''किन्नर–विमर्श की दृष्टि से नीरजा माधव कृत 'यमदीप', निर्मला भुराड़िया कृत 'गुलाम मण्डी', महेन्द्र भीष्म कृत 'किन्नर कथा' और प्रदीप सौरभ कृत 'तीसरी ताली' इस

उपेक्षित और हाशियाकृत समुदाय की जीवन–शैली, उनकी समस्याओं, उनकी पीड़ा, उनके आक्रोश, संघर्ष और जिजीविषा की कहानी को पाठक के समक्ष प्रस्तुत करते हैं तथा सोचने को बाध्य करते हैं।''[1]

हिन्दी कथा–साहित्य में 'किन्नर–विमर्श' अभी प्रारम्भिक अवस्था में है। साहित्य में किन्नर समुदाय को आधार बनाकर अभी तक जो उपन्यास लिखे गये हैं, उनमें से नीरजा माधव कृत 'यमदीप' उपन्यास पहला उपन्यास है। यह कथ्य एवं वैचारिक, दोनों दृष्टियों से किन्नर समाज की व्यथा एवं संघर्ष को पाठकों के सामने न केवल प्रस्तुत करता है, अपितु पाठकों को यह सोचने–विचारने हेतु विवश भी करता है कि समाज द्वारा त्याज्य वर्ग के साथ अमानवीय व्यवहार कहाँ तक उचित है?

15 मार्च, 1962 ई. को कोतवालपुर, सरयू, जौनपुर (उ.प्र.) में जन्मी नीरजा माधव समकालीन हिन्दी कथाकारों में एक सशक्त नाम है। वे एक ऐसी रचनाकार हैं, जिन्हें कथा–साहित्य एवं कथेतर गद्य साहित्य, दोनों में बराबर महारत हासिल है। नीरजा माधव के छह कहानी संग्रह –'चिटके आकाश का सूरज', 'अभी ठहरो अन्धी सदी', 'आदिम गन्ध तथा अन्य कहानियाँ', 'पथदंश', 'चुप चंतारा रोना नहीं', 'वाया पाण्डेपुर चौराहा' के साथ ही नौ उपन्यास–'यमदीप', 'तेभ्यः स्वधा', 'ईहामृग', 'अवर्ण महिला कांस्टेबिल की डायरी', 'अनुपमेय शंकर', 'गेशे जम्पा', 'मृगदाय के अहेरी', 'धन्यवाद सिवनी' एवं 'रात्रिकालीन संसद' अभी तक प्रकाशित हो चुके हैं, वहीं आपके चार निबन्ध संग्रह–'चैत चित्त मन महुआ', 'रुकोगी नहीं भागीरथी', 'साँझी फूलन चीति', 'यह राम कौन है?' के अतिरिक्त एक काव्य संग्रह 'प्रस्थानत्रयी' भी पाठकों के सम्मुख आ चुका है।

इनके लेखन में समसामयिक विषयों पर गम्भीर विचार प्रस्तुत किये गये हैं, जिस कारण इनको निम्न सम्मानों और पुरस्कारों से सम्मानित किया गया है। 1997 ई. में 'चिटके आकाश का सूरज' के लिए उत्तर प्रदेश हिन्दी संस्थान द्वारा 'सर्जना पुरस्कार', 1998 ई. में 'अभी ठहरो अन्धी सदी' पर उत्तर प्रदेश संस्थान द्वारा 'यशपाल सम्मान' और अपने समग्र लेखन पर भारतेन्दु अकादमी, वाराणसी द्वारा 'भारतेन्दु प्रभा सम्मान' प्राप्त करना इस बात का प्रमाण है कि नीरजा माधव ने समकालीन रचना–कर्म में अपनी उपस्थिति सिद्ध की है।

नीरजा माधव का प्रत्येक उपन्यास पाठकों को जीवन की गहराई में डुबोता है। उनका उपन्यास 'गेशे जम्पा' जहाँ भारत में रह रहे तिब्बत शरणार्थियों के संघर्ष को उजागर करता है, वहीं 'अवर्ण महिला कांस्टेबिल की डायरी' उपन्यास धार्मिक स्थल की सुरक्षा में लगी अवर्ण महिला कांस्टेबिल के माध्यम से अतीत की विसंगतियों के साथ वर्तमान में जड़ें जमाई अनेक कुण्ठाओं और आग्रहों के साथ दलित–विमर्श के कई अनछुए पक्षों को रेखांकित करता है।

इसी कड़ी में सन् 2002 में प्रकाशित 'यमदीप' उपन्यास सदियों से प्रताड़ित समाज का अभिन्न हिस्सा रहे किन्नरों की मूल संवेदना को व्यक्त करता है। लेखिका ने अपने उपन्यास के माध्यम से किन्नर समाज की यौनिक संरचना के साथ–ही–साथ इनकी पारिवारिक, सामाजिक, शैक्षिक और आर्थिक संरचना के विविध पहलुओं को भी प्रत्येक आधार पर सामने लाने का प्रयास किया है। किन्नर समाज की विविध परिस्थितियों को आधार बनाकर उनकी व्यथा का यथार्थ चित्रण प्रस्तुत किया है।

किन्नरों का इतिहास मनुष्य की उत्पत्ति के समय से ही जुड़ा हुआ है। भारतीय पौराणिक साहित्य में भी किन्नरों का वर्णन इसका प्रमुख प्रमाण है। उसके पश्चात् ऐतिहासिक परिप्रेक्ष्य में मौर्यकाल, सल्तनत काल एवं मुग़लकाल में भी किन्नरों की उपस्थिति देखी जाती है। आधुनिक काल से जहाँ विपरीत प्राचीन और मध्यकाल में किन्नर समुदाय का वर्णन सशक्त रूप में देखने को मिलता है, वहीं आज उनकी प्रस्थिति समाज में निम्नतर आँकी जाती है।

परिवार हमारे समाज की सबसे सुन्दर रचना है। यह परिवार नामक संस्था हमारे समाज का मूलाधार है। इसमें माता–पिता और सन्तान मिलकर इसका निर्माण करते हैं, जहाँ हमारे समाज में आज भी पुत्री के जन्म पर वैसी ख़ुशी का माहौल नहीं होता जैसा पुत्र के जन्म पर होता है तो विचारने लायक तथ्य है कि यदि किसी परिवार में किन्नर का जन्म हो तब उस परिवार और जन्मे बालक की क्या स्थिति होती होगी? ऐसे परिवार के लिए अपने बालक को समाज और किन्नर समुदाय से बचाकर रखना बहुत मुश्किल होता है।

उपन्यास में नन्दरानी के जन्म के बाद किन्नर समुदाय के डर से

उसकी दादी उसके पैदा होने के अगले ही दिन उसे नानी के घर भेज देती है। "दादी ने सबका मुँह बन्द करा दिया था। मम्मी बताती थी कि हिजड़ों के डर से दादी ने मम्मी को उसके जन्म के दूसरे दिन ही नानी के यहाँ भेज दिया था, ताकि किसी को पता न चले। हिजड़े आये थे तो गा–बजाकर नेग लेकर चले गये थे। दादी की साँस में साँस आयी थी।"[2]

सम्पूर्ण परिवार नन्दरानी को समाज की क्रूर नज़रों से बचाकर रखना चाहता था इसलिए माँ उसे अपनी कड़ी सुरक्षा में रखती थी, परन्तु किन्नर बालक का जीवन इतना आसान नहीं होता। उसे परिवार से तो प्रेम मिलता है, लेकिन कहीं–न–कहीं अपनी शारीरिक कमियों के कारण किन्नर बालक हीन भावना से ग्रस्त हो जाता है।

विपरीत पारिवारिक परिस्थितियों एवं हीन भावना के कारण किन्नर बालक स्वयं ही अपने परिवार से विच्छेद अनुभव करता है। उपन्यास में नन्दरानी और छैल बिहारी ऐसे ही पात्र हैं जो इन्हीं पारिवारिक कारणों से अपने घर परिवार को मजबूरी में छोड़कर चले जाते हैं। किन्नर बालक भी अपने घर में सम्मानपूर्वक जीवन व्यतीत करना चाहता है। ऐसी परिस्थिति में परिवार के कुछ सदस्य उसे प्रताड़ित करते हैं। नन्दरानी के साथ नन्दन भइया का व्यवहार कुछ इसी प्रकार का था। उनका व्यवहार नन्दरानी के प्रति तब भी नहीं बदला, जब वह नाज़बीबी बन चुकी है।

हिजड़ा अगर अपने परिवार वालों से सम्बन्ध रखना चाहे तब भी उसके परिवार एवं रिश्तेदार किन्नर से कोई सम्बन्ध नहीं रखना चाहते हैं। इस सम्बन्ध में नाज़बीबी कहती है–"जब से नन्दन भइया ने उसे बार–बार टेलीफ़ोन न करने के लिए कहा था, तब से वह बहुत विवशता में ही फ़ोन करती थी। भाभी को तो एकदम पसन्द नहीं था कि वह उस परिवार से कोई सम्बन्ध रखे। नन्दरानी को बिना देखे ही नन्दन से उसके बारे में वह जान चुकी थी। घर और रिश्तेदारों में अपनी बदनामी के डर से नन्दन ने भी उसे फ़ोन पर साफ़ मना कर दिया था।"[3]

समाज का दृष्टिकोण किन्नरों के प्रति अतिसंवेदनहीन होता है। इसका प्रभाव उनके परिवार पर भी पड़ता है, किन्तु माता–पिता के लिए सन्तान सिर्फ़ सन्तान होती है। वह जन्म लेने वाले बच्चे में लिंग के आधार पर भेदभाव नहीं करना चाहते और न ही करते हैं। माता–पिता का प्रेम

किन्नर बालक के प्रति भी पूर्ण आग्रह रखता है, लेकिन समाज के भय से वे उस बालक को स्वीकार तो नहीं करते। फिर भी, उसके प्रति प्रेम कहीं–न–कहीं उनके हृदय में जीवित रहता है। इसी कारण नन्दरानी किन्नर समुदाय में जाने के बाद भी अपने माता–पिता से सम्पर्क बनाये रखती है। माता–पिता भी परिवार के बाक़ी सदस्यों से छुपकर उससे सम्पर्क रखते हैं।

जब माता–पिता नन्दरानी को वापस लिवाने के लिए जाते हैं, तब उस समुदाय की मुखिया महताब गुरु एक किन्नर के सभ्य समाज में संघर्ष को समझाते हुए कहती है–''आप इस बस्ती में रह नहीं सकते, बाबूजी और अपनी बेटी को अपने साथ रख भी नहीं सकते....दुनिया में बदनामी और हँसी–हँसारत के डर से। हिजड़ी के बाप कहलाना न आप बरदाश्त कर पाएँगे और न आपके परिवार के लोग। लूली–लँगड़ी होती यह, कानी–कोतर होती, तो भी आप इसे अपने साथ रख सकते थे... इसलिए इसे अब इसके हाल पर छोड़ दीजिए। यह उसका भाग्य था, यही बदा था...सोच लीजिए, मर गयी, सब्र कर लिया।''[4]

एक किन्नर को जितना तिरस्कार, अपमान और पीड़ा अपने परिवार और समाज में भोगनी पड़ती है, उतनी ही वह विद्यालय में भी महसूस करता है। वहाँ भी उसे विद्वेष का माहौल ही मिलता है। न साथी लड़के किन्नर बालक के साथ बैठना पसन्द करते हैं न ही लड़कियाँ उनके साथ रहना चाहती हैं। यहाँ तक कक विद्यालय के अध्यापक भी उस बालक का मज़ाक़ बनाने व उसकी भावनाओं को ठेस पहुँचाने में पीछे नहीं रहते। विद्यालय में सभी किन्नर बालक को घृणा एवं तिरस्कार की नज़रों से देखते हैं।

एक तो किन्नर बालक को परिवार वाले दुनिया की नज़रों से बचाकर रखने के कारण विद्यालय नहीं भेजते, दूसरा अगर भेजते भी हैं, तो उस बालक को समझा बुझाकर भेजा जाता है। नाज़बीबी को सभी से बचाकर जब माँ विद्यालय भेजती है तब उसे सख़्त हिदायत दी जाती है–''पहली बार उसे गाँव के प्राइमरी स्कूल में भर्ती करवाया गया तो मम्मी की एक हिदायत थी कि 'छोटे बाहर' या 'बड़े बाहर' किसी के साथ मत जाना। अपनी पढ़ाई करके सीधे घर।''[5] माँ की इन पाबन्दियों का नाज़बीबी पर

नकारात्मक प्रभाव पड़ता है। उसे स्वयं ही अनुभव होने लगता है कि वह किसी–न–किसी रूप में अन्य बच्चों से भिन्न है।

जिस दिन कक्षा में अध्यापिका उसे लघुशंका जाने की छुट्टी नहीं देती, तब उसका यह राज़ भी उजागर हो जाता है–"वह कक्षा तीन में पहुँच चुकी थी। उस दिन कक्षा में उसे बहुत तेज़ लघुशंका की अनुभूति हो रही थी। कक्षा की अध्यापिका से वह दो बार अपनी सबसे छोटी उँगली (कनिष्ठा) उठा–उठाकर 'छोटे बाहर' जाने की आज्ञा माँग चुकी थी, परन्तु उस दिन सारे बच्चों पर उखड़ी हुई बहनजी ने उसे दो बार डाँटकर बैठा दिया था। बगल में बैठी दूसरी लड़की ने जब बहन जी से टाटपट्टी भीगी होने की शिकायत की तो सबकी निगाहें जाकर नन्दरानी पर अटक गयी थीं।"[6]

माँ की तमाम पाबन्दियाँ और हिदायतें भी नाज़बीबी को अपने किन्नर होने के सच से बचा नहीं पाती हैं। जिस दिन विद्यालय में उसके किन्नर होने का पता चलता है तब उसे लज्जा और शर्मिन्दगी के अलावा कुछ नहीं मिलता। नन्ही नाज़बीबी की मानसिकता में यही शर्मिन्दगी स्थायी रूप में आ जाती है जिसे वह जीवनभर झेलती है।

नाज़बीबी के लिए विद्यालय की अध्यापिकाओं और बाक़ी सदस्यों का व्यवहार तब भी घृणा और व्यंग्य का ही रहता है, जब वह अपनी पालित पुत्री सोना के दाख़िले के लिए विद्यालय पूछताछ करने जाती है। उस समय नाज़बीबी को विद्यालय में देखकर दरबान का उसे डाँटना–धमकाना, अध्यापिकाओं का छुपकर हँसना और तरह–तरह की बातें बनाना दर्शाता है कि इतने समय पश्चात् भी उनकी मानसिकता और व्यवहार नहीं बदला।

किन्नरों को सामाजिक रूप से बहिष्कृत किया गया है। सामाजिक अवहेलना के कारण वे अपने परिवार, नाते–रिश्तेदार और समाज से किसी प्रकार का कोई भी सम्बन्ध नहीं रखते हैं। वे विवाह जैसे पवित्र बन्धन में नहीं बँध सकते और न ही परिवार निर्माण की प्रक्रिया में अपना कोई योगदान दे सकते हैं। किन्तु किन्नरों के मन में भी परिवार एवं मातृत्व की चाह निरन्तर बनी रहती है। वे भी चाहते हैं कि उनका स्वयं का परिवार हो।

मातृत्व की इसी संवेदना के वशीभूत होकर नाज़बीबी सड़क पर पड़ी लावारिस, मानसिक विक्षिप्त स्त्री की प्रसव पीड़ा में सहायता के लिए आसपास के घरों की महिलाओं को पुकारती है। जब कोई मदद करने नहीं आता तो वह स्वयं अपने साथियों के साथ उस स्त्री का प्रसव कराने का निर्णय लेती है–"हाय, हाय रे! इनसान की जात! किसी को कोई रहम नहीं। अरे ओ अकरम...जा, ज़रा बढ़ जा तो...देख कोई डॉक्टर–वॉक्टर... लेकिन तेरे मुँह में तो जुबान हीं नहीं....शबनम, ज़रा तू ही दौड़ के जा। नहीं होगा तो एक नया ब्लेड ज़रूर लेती आना नाल काटने के लिए।" क्या, नाज़बीबी, तुम काट पाओगी? अब कोई पूछनहार नहीं इसका तो क्या हम भी छोड़ जायेंगे? अरे हम हिजड़े हैं, हिजड़े... इनसान हैं क्या जो मुँह फेर लें? जा, जल्दी कर।"[7]

वह स्त्री अपनी बच्ची को जन्म देते ही गुज़र गयी। तब नाज़बीबी के अथक प्रयासों के बावजूद आसपास के घरों से कोई उसकी नवजात बच्ची को अपनाने के लिए तैयार नहीं होता। उस समय मानवीय संवेदनाओं की धनी वह किन्नर उस स्त्री की नवजात बच्ची को स्वीकार करती है। जब समाज उस लावारिस नवजात से मुँह फेर लेता है, तब वे किन्नर, जिनको समाज हीन दृष्टि से देखता है, वह उत्कृष्ट मानवीय गुणों का उदाहरण प्रस्तुत करती है। नाज़बीबी कहती है–"अपने लिए तो जानवर भी जी लेते है। हमें तो भगवान ने जानवर से भी बदतर बनाये रखने में कोई कसर नहीं छोड़ी थी। हो सकता है कि इस बच्ची के रूप में इनसान की सेवा से अगला जन्म सुधर जाये। शायद इसीलिए भगवान ने उसके पास इस रूप में सोना को भेज दिया है।"[8]

नाज़बीबी द्वारा सोना को पालने के निर्णय के बाद उसके सामने सबसे बड़ी समस्या उसके भरण–पोषण से सम्बन्धित थी। यह अर्थोपार्जन की समस्या अकेली नाज़बीबी की ही नहीं अपितु समस्त किन्नर समाज की है। आमतौर पर समाज में किसी भी किन्नर को रोज़गार पर नहीं रखा जाता। उन्हें अपनी शारीरिक विषमताओं का सामना सबसे अधिक आर्थिक स्तर पर करना पड़ता है। इस कारण आर्थिक रूप से यह समुदाय प्रायः पिछड़ा और कमज़ोर रहता है। ये अधिकांशतया अपने पारम्परिक कार्यों से धनोपार्जन करते हैं, जिसमें बधाईगिरी इनका प्रमुख व्यवसाय है। ये

लोग सामान्यतया जन्म, विवाह आदि मंगल कार्यक्रमों में बधाइयाँ बाँटते देखे जाते हैं।

वर्तमान में पाश्चात्य संस्कृति एवं आधुनिकता की होड़ के कारण इनके इस बधाईगिरी के रोज़गार में भी कमी आयी है। इस धन्धे से अब इनकी उतनी कमाई नहीं हो पाती, जितने से इनका पेट भर सके। किन्नर मंजू अपने इस पेशे से गुज़ारा न होने की शिकायत करते हुए कहती है–''यहाँ यजमान ही का भरोसा कभी–कभार चोसा मिला तो ठीक, नहीं तो वीला मिल गया तो बहुत होगा, एक पानकी या आधा काटका थमा देगा। हमारे पेट की सुध किसे है? न सरकार को, न यजमान को।''[9]

अपने रोज़गार में कमी होने के कारण कभी–कभी किन्नर सामान्य लोगों के साथ अनुचित व्यवहार भी कर जाते हैं, जिससे लोगों में इन्हें लेकर नकारात्मक छवि बनी रहती है। साथ ही, आधुनिकता की दौड़ में घरों का स्थान ऊँचे–ऊँचे बहुमंज़िले फ्लैट्स ने ले लिया है, जिस कारण भी किन्नरों के इस धन्धे में मन्दी आयी है–''जबसे शहरों में ऊँची–ऊँची बिल्डिगों की बढ़ोतरी हुई है, उसके धन्धे में मन्दी आयी है। पहले तो मोहल्ले में घुसते ही किसी–न–किसी से हँसी–मज़ाक़ में पता चल जाता था कि किस घर में बच्चा पैदा हुआ है, पर अब तो बच्चे भी कम पैदा हो रहे हैं और उस पर से चार–पाँच मंज़िल वाली बिल्डिगों में तो उन्हें कोई घुसने ही नहीं देता।''[10]

बधाईगिरी के इस धन्धे से किन्नरों का जीवनयापन नहीं होने से वे अब विविध रोज़गारों की तलाश करते हैं। किन्नर होने के कारण जब उन्हें कहीं काम नहीं मिलता तब ये अपनी देह बेचकर अपना जीवनयापन करने लगते हैं। पैसों के अभाव में किन्नर देह व्यापार में संलग्न हो जाते हैं। इस कार्य में उन्हें कम समय में अधिक पैसा भी मिलता है। साथ ही, बधाईगिरी में कार्य में आने वाली परेशानियों का सामना भी नहीं करना पड़ता।

परन्तु पीड़ा यह है कि यौनकर्म के कारण बहुत से किन्नर ऐसे हैं जो गम्भीर बीमारियों से ग्रस्त हो जाते हैं। जुबैदा और सोबराती ऐसे ही किन्नर हैं जिनकी यौन रोगों से मृत्यु हो चुकी है। महताब गुरु इसलिए पूरी सतर्कता बरतते हैं कि उनके समुदाय का कोई भी किन्नर इस तरह के धन्धे में न आये। जब महताब गुरु इसमें असमर्थ हो जाते हैं तब वह

मजबूरीवश किन्नरों को छूट दे देते हैं–"पैसों के अभाव में अपने चेलों को दुष्कर्म में लिप्त देख उनकी चिन्ता बढ़ गयी तो उन्होंने गिरिया रखने की परम्परा को खुलेआम इजाज़त दे दी।"[11]

पैसों की कमी के कारण यौनकर्म में लिप्त होने के बावजूद कुछ किन्नर एक ही व्यक्ति के प्रति निष्ठावान होते हैं। वे सिर्फ़ एक ही पुरुष से शारीरिक सम्बन्ध रखते हैं, जिस प्रकार एक स्त्री रखती है। हिजड़े या किन्नर भी अपने गिरिया के प्रति पूर्ण समर्पित रहते हैं। यहाँ तक कि उस गिरिया के मर जाने या छोड़कर चले जाने के बावजूद भी वह किन्नर किसी दूसरे व्यक्ति से सम्बन्ध नहीं बनाता।

नाज़बीबी को भी जब उसका गिरिया रामसरन छोड़कर दूसरे शहर चला जाता है तब मल्लू साव उसे दूसरा गिरिया रखने की सलाह देता है, जिसका नाज़बीबी प्रतिकार करती हुई कहती है–"राम–राम, ऐसी रोज़ी न करे भगवान। किसी–न–किसी तरह कट ही जायेगी, भइया। हम लोग हिजड़े हैं तो क्या हुआ? कुछ उसूल है हमारा भी। हम वेश्या थोड़े ही हैं।"[12] नाज़ अपने गिरिया रामसरन के प्रति अपनी पूरी ईमानदारी निभाती है।

किरण ग्रोवर 'यमदीप' उपन्यास के बारे में बताते हुए लिखती हैं कि किन्नरों की सामाजिक पृष्ठभूमि को नीरजा माधव ने सम्पूर्ण तटस्थता के साथ प्रकट किया है। वे कहती हैं–"किन्नरों सम्बन्धी कथानक का चयन नीरजा माधव की सामाजिक दृष्टि की सम्पन्नता को रेखांकित करता है क्योंकि उन्होंने किन्नरों के जीवित यथार्थ के राज़ को खोला है। किन्नरों के मन की अतल गहराइयों में हिलोरें लेती भावनाओं रूपी प्रश्नों का जवाब नीरजा माधव जी के 'यमदीप' उपन्यास ने दिया है, जिसमें मुख्य है–मुख्यधारा के समाज को किन्नर समुदाय का बुनियादी हक़ देने से कटौती नहीं करनी चाहिए।"[13] किन्नरों की यथार्थ स्थिति का वर्णन करने के साथ ही उनकी सामाजिक स्वीकार्यता के प्रति नीरजा माधव का दृष्टिकोण सकारात्मक दिखलाई पड़ता है।

शोध–सार

हिन्दी कथा–साहित्य में अन्य समकालीन विमर्शों की भाँति किन्नर के विमर्श की परम्परा का शुभारम्भ हो चुका है। इस विषय पर अभी तक

अधिक उपन्यास नहीं लिखे गये, किन्तु जितने भी उपन्यास किन्नरों को मुख्य आधार बनाकर रचे गये हैं वे उनके जीवन को यथार्थपूर्ण सत्यता के साथ प्रकट करते हैं। इसी विषय पर नीरजा माधव का 'यमदीप' सर्वप्रथम उपन्यास स्वीकार किया जा सकता है, जिसमें किन्नरों का सामाजिक, आर्थिक और पारिवारिक परिवेश नज़र आता है। इसमें नाज़बीबी और अन्य किन्नर पात्रों के द्वारा उनके जीवन की व्यथा–गाथा को यथार्थ रूप में प्रस्तुत किया गया है।

जब एक किन्नर जन्म लेता है तो परिवार किस प्रकार उसकी अवहेलना करता है? परिवार के अन्य सदस्यों के द्वारा भी किन्नर बालक को उपेक्षित व्यवहार का सामना करना पड़ता है। इस कारण वह बालक स्वयं ही हीन भावना से ग्रस्त होकर परिवार से संवेगात्मक सम्बन्ध विच्छेद कर लेता है। विद्यालयों में भी किन्नरों को अपने उभयलिंगी होने का भुगतान करना पड़ता है। यहाँ भी उनके साथ घृणित व्यवहार किया जाता है। इन सभी स्थितियों का चित्रण नीरजा माधव अपने उपन्यास में स्पष्ट रूप से करती हैं।

समाज में किन्नरों के शोषण के कई रूप देखने को मिलते हैं। समाज एक किन्नर को स्त्री–पुरुष के दायरे से बाहर समझता है। इस बहिष्कृत व्यवहार के कारण एक किन्नर को सामाजिक अस्वीकार्यता के साथ ही आर्थिक रूप से भी विषम परिस्थितियों का सामना करना पड़ता है। जीविकोपार्जन के लिए आज भी उन्हें अपने परम्परागत कार्यों से अर्थोपार्जन करना पड़ता है। आज के परिवर्तित आर्थिक माहौल में भी इनको अपने परम्परागत कार्यों से ही जीवन निर्वाह करना पड़ता है, जो एक चुनौतियों भरा कार्य प्रतीत होता है। इन कमज़ोर आर्थिक कारणों के प्रभावस्वरूप किन्नरों को अब यौनकर्मी के रूप में कार्य करना पड़ता है। नाज़बीबी और अन्य किन्नरों की कथाओं से उपन्यास में ये सभी स्थितियाँ पूर्ण तटस्थता और स्पष्टता से प्रकट होती हैं।

इस प्रकार 'यमदीप' उपन्यास किन्नरों की पारिवारिक, सामाजिक एवं आर्थिक परिस्थितियों को यथार्थ रूप में प्रस्तुत करता है। पारिवारिक एवं सामाजिक स्वीकार्यता और अस्वीकार्यता के साथ विषम और विकट आर्थिक स्थितियों को नीरजा माधव जीवन्त रूप में प्रस्तुत करती हैं।

साथ ही समाज के सामने कई प्रश्न खड़े करती हैं। सभ्य और सुसंस्कृत समझने और कहने वाला आज का यह समाज अपने ही एक अंग के प्रति कितना अनुचित व्यवहार करता है? उपन्यास में कठिन और विषम परिस्थितियों के चित्रण के साथ ही किन्नर समाज के प्रति आग्रह का दृष्टिकोण भी दिखलाई पड़ता है, जिसके द्वारा लेखिका इनके सामाजिक स्वीकृति के प्रति भी आशान्वित नज़र आती हैं।

सन्दर्भ

1. http://hindimedia.in/the-changing-trends-of-the-new-century-hindi-literature-on-the-natinoal-seminar-in-bijapur
2. नीरजा माधव : यमदीप, सुनील साहित्य सदन, नई दिल्ली, 2009, पृ.स. 60
3. वही, पृ. 82
4. वही, पृ. 93
5. वही, पृ. 60
6. वही, पृ. 61
7. वही, पृ. 11–12
8. वही, पृ. 25
9. वही, पृ. 27
10. वही, पृ. 42
11. वही, पृ. 29
12. वही, पृ. 137
13. www.setumag.com/2017/03/research-artical-kiran-grover.html?n=1

'मैं भी औरत हूँ' उपन्यास में किन्नर-विमर्श

•

नीता डी. गोहिल

मानव–जीवन की बदलती परिस्थितियों को पहचानने का कार्य साहित्य करता है। साहित्यिक विधा की प्रमुख देन उपन्यास रहा है। उपन्यास को आधुनिक गद्य का साधन माना गया है, जो पश्चिमी साहित्य से जुड़ा हुआ है। अंग्रेज़ी में जिसे 'Novel' कहते हैं, हिन्दी में उसे 'उपन्यास' कहा गया है। मनुष्य जीवन में जो कुछ भी अच्छी या बुरी घटनाएँ घटित होती हैं, उसे उपन्यासकार अपने उपन्यास में बहुत ही मर्मस्पर्शी रूप से प्रस्तुत करता है। उपन्यास में मानव–जीवन की बदलती परिस्थितियों, घटनाओं तथा प्रसंगों को कलात्मक ढंग से सजीव रूप से प्रस्तुत किया जाता है। साहित्यिक विधा का लोकप्रिय रूप उपन्यास रहा है, जो मनुष्य जीवन की यथार्थता स्पष्ट करता है। इसीलिए प्रेमचन्द जी ने उपन्यास को 'मनुष्य के वास्तविक जीवन की काल्पनिक कथा' माना है।

आजकल हिन्दी साहित्य में दलित, नारी, मज़दूर, आदिवासी पक्ष को लेकर विमर्श हो रहा है, और वह काफ़ी हद तक विस्तृत भी है, लेकिन किन्नर पर अभी तक कोई आलोचना नहीं की गयी है, यह बहुत दुःखद बात है। कोई दलित व्यक्ति हो या फिर कोई आदिवासी, नारी हो या मज़दूर, उनको चाहे जितनी समस्या हो लेकिन उन्हें वैसा दुःख नहीं भोगना पड़ता जैसा कि किन्नर को समाज में अन्य लोगों की उपेक्षा सहन करके भोगना पड़ता है।

हिमालय के क्षेत्रों में बसनेवाली एक मनुष्य जाति का नाम 'किन्नर' है, जिसके प्रधान रूप हिमवत एवं हेमकूट थे। महाभारत काल के अज्ञातवास

में अर्जुन का बृहन्नला का रूप एवं शिखण्डी जो नारी रूप में पैदा होने के बावजूद पुरुष रूप में पले–बढ़े, उन्हें किन्नर के रूप में माना गया है।

ऐसा व्यक्ति, जो नर भी नहीं या नारी भी नहीं है अथवा आधा नर है और आधा नारी है, उसे 'किन्नर' कहा जाता है। किन्नर की रचना भी उसी ईश्वर ने की है, जिसने नर और नारी को बनाया है। ईश्वर ने किन्नर को एक अलग प्रकार की ईश्वरीय शक्ति दी हुई है, जिससे वे मनुष्यों के बीच मान–सन्मान पाते हैं। किन्नर अपने मन की उदारता के कारण कभी किसी को श्राप नहीं देते। समाज में किसी की उपेक्षा नहीं करते। वे सामने पड़नेवाले सभी लोगों को आशीर्वाद ही देते हैं और अकेलापन महसूस करते हुए वे ईश्वर से कहते हैं कि उन्होंने उन्हें ऐसा क्यूँ बनाया? वे शादी–ब्याह या बच्चे के जन्म के समय दूसरों की ख़ुशी में शामिल होकर नाचते–गाते हैं। उतने समय के लिए अपना दुःख भूल जाते हैं। उसके बाद फिर से उनके जीवन में पहले जैसी उदासी छा जाती है।

भारतीय समाज में किन्नरों के बारे में आम लोगों को जानकारी बहुत कम होती है। किन्नरों पर ज़्यादा शोध–कार्य भी नहीं किया गया। कई लोगों के मन में ऐसे प्रश्न उठते रहते हैं कि आख़िर किन्नर होते कैसे हैं? इस प्रश्न का ज्वलन्त उदाहरण हमें सन् 2005 में प्रकाशित डॉ. अनसूया त्यागी के उपन्यास 'मैं भी औरत हूँ' में मिलता है। इस उपन्यास में लेखिका कहती हैं कि हमारे आसपास या समाज में हम देखते हैं कि एक लड़का, जो बाहरी रूप से लड़का दिखता है, परन्तु अन्दर से उसकी हरकतें, उसकी भाव–भंगिमाएँ लड़की जैसी होती हैं, वैसे ही लड़कियों में बाहरी रूप से उसके शरीर के अंगों का विकास बराबर होता है, परन्तु शरीर के अन्दर उसका मासिक स्राव न होने जैसी समस्या होती है।

नृवंश विज्ञानी (इथनोग्राफ़ी) नन्दा ने 1990 में प्रकाशित अपनी पुस्तक 'नाइदर मेन नॉर विमेन' में स्पष्ट करते हुए कहा है, "स्वयं किन्नर भी अपने आपको न तो आदमी और न ही औरत के रूप में स्वीकारते हैं बल्कि उनका मानना है कि महिला–पुरुष द्विधारी के मध्य में कहीं–न–कहीं एक जीवन ईश्वर ने बनाया है, जहाँ स्त्रीत्व और पुरुषत्व की गहरी जड़ें सांस्कृतिक निर्माण द्वारा प्रतिबन्धित हैं। अधिकांश हिजड़े शारीरिक रूप से नर होते हैं या अन्तःलिंगी (इण्टर सेक्स), किन्तु कुछ मादा (स्त्री) भी होते हैं।"[1]

इस संगठन के लोगों का मानना है कि एक पुरुष शरीर के रूप में एक महिला पुरुष शरीर क्रिया विज्ञान के साथ पैदा होते हैं। अतः वह स्वयं के लिए 'मैं जाती हूँ', 'मैं आती हूँ', 'मैं खाती हूँ' ऐसी स्त्रीलिंग भाषा का प्रयोग करते हैं। महिलाओं जैसे वस्त्र पहनते हैं और उनके जैसे कार्य भी करते हैं। अतः वे स्त्रीलिंगी भूमिकाओं को अपनाते हैं। वहीं पुरुष लिंग के साथ जन्मे व्यक्ति के अन्दर भावनाएँ स्त्री की होती हैं। इसी तरह स्त्रीलिंग के साथ पैदा हुई व्यक्ति में पुरुषोंवाले हाव–भाव देखने को मिलते हैं। वह लिंग उनका झूठा प्रतिनिधित्व करता है। पारम्परिक पुरुष एवं महिला के रूप में व्यक्ति की पहचान असन्दिग्ध अवस्था में रहती है। हॉर्मोन के बदलाव से एक व्यक्ति अपने शरीर के लिंग से चिन्तित होकर दूसरे लिंग में जाने का प्रयत्न करता है, तो यह लक्षण जेण्डर डिस्फ़ोरिया का होता है, जो न तो स्त्री या न तो पुरुष होता है, जिसे 'नपुंसक' या 'तृतीय लिंगी' कहा जाता है। किन्नर के अंगों में पुरुष या स्त्री का मिलावटी रूप देखने को मिलता है।

इस उपन्यास के ज़रिये लेखिका ने रोशनी और मंजुला नाम की दो बहनें, जो ग़ाज़ियाबाद के क़ाज़ीपुरा गाँव की रहने वाली हैं। इनके परिवार में और स्वयं उनको यह पता नहीं है कि वे एक हिजड़ा हैं। युवावस्था में उन्हें मासिक स्राव न होने से उसकी माँ कहती है–"दोनों लड़कियों में से किसी को रजोधर्म प्रारम्भ नहीं हुआ था। रोशनी तो ख़ैर पन्द्रह वर्ष की है, पर मंजुला तो सत्रह की होकर अठारहवें में लग गयी है।"[2]

तब वे अपने पति तुलसीराम के साथ डॉ. रमन्ना के नर्सिंग होम में जाती हैं, जहाँ डॉ. रमन्ना चेक–अप के बाद उन्हें बताती हैं कि मंजुला के शरीर में भ्रूण होने से उसकी योनि विकसित करने के लिए ऑपरेशन किया जायेगा, जिससे वह पूर्णरूप से स्त्री और विवाह के बाद माँ भी बन सकती है लेकिन रोशनी के शरीर में भ्रूण न होने से योनि बनाने के बाद भी वह माँ नहीं बन सकेगी। दोनों ऑपरेशन कराके स्त्री का रूप ले लेती हैं। मंजुला विवाह के बाद अपने पति एवं पुत्र के साथ सुखी जीवन जीती है, परन्तु रोशनी उच्चशिक्षा ग्रहण करके एक बड़ी कम्पनी की सी.ई.ओ. बनकर एक गुजराती युवक ओंकार पटेल से शादी करती है। वे दोनों सरोगेटेड मदर के रूप में इला सावन्त नामक युवती से बच्चा पैदा

करवाना चाहते हैं, परन्तु इला आठ माह के गर्भ को लेकर भाग जाती है, जिससे रोशनी एवं ओंकार अनाथालय से एक बच्ची, जिसका नाम 'तेजस्विनी' है, को गोद ले लेते हैं। शिक्षा के दौरान तेजस्विनी और मयंक नाम के युवक की मुलाक़ात होती है। यह मयंक और कोई नहीं परन्तु इला सावन्त का बेटा है। जब रोशनी और उनके पति को यह बात पता चलती है तो वे तेजस्विनी और मयंक की शादी करवा देते हैं, जो मयंक उन्हें बेटे के रूप में न मिलकर दामाद के रूप में मिलता है।

लेखिका इस उपन्यास में सरोगेटेड मदर के ज़रिये माँ बननेवाली स्त्रियों की ओर इशारा करती हैं। वे लिखती हैं–"मैं पत्नी का सुख पा सकती हूँ, पर मैं किसी पुरुष को सिर्फ़ इसलिए स्वीकार नहीं कर पा रही हूँ कि मैं उसे ब़च्चा नहीं दे सकती। वैसे यह कोई बड़ी बात नहीं है। कई महिलाओं के बच्चे नहीं होते। उनके सब कुछ होता है पर वे माँ नहीं बन पातीं, तो क्यों वे ज़िन्दगी का सुख नहीं माँगतीं? फिर मैं स्वभाव से इतनी अलग क्यों हूँ? आज के इस आधुनिक युग में आई.वी.एफ. ऐसी आधुनिक टेक्नोलॉजी है, जिससे आप माँ बन सकती हैं। 'सरोगेटेड मदर' से आप एक बच्चा प्राप्त कर सकते हैं।"[3]

लेखिका इस उपन्यास में जो स्त्रियाँ माँ नहीं बन सकतीं, उन्हें पूरी जाँच–पड़ताल करने के बाद, संवैधानिक कार्यवाही करके 'सरोगेटेड मदर' के रूप में माँ बनने का सुझाव देती हैं।

इस उपन्यास में लेखिका भारतीय समाज के युवक–युवतियों को युवावस्था में शारीरिक एवं यौन शिक्षा मिलनी चाहिए, इसकी ओर संकेत करती हैं। परिवार में माता भी बेटियों को युवावस्था में शरीर में होने वाले बदलावों के बारे में नहीं बताती, जिसके अभाव से यहाँ रोशनी भी लड़कों द्वारा बलात्कार न करके और हिजड़ा कहकर भाग जाने से दुःखी रहती है। वह कहती है–"उसने एक दिन अपना कमरा बन्द किया और सलवार उतारकर सामने जाँघों के बीच एक शीशा रखकर उसने अपना निरीक्षण शुरू किया... क्या मेरी शादी नहीं हो पायेगी? क्या मैं कभी माँ नहीं बन पाऊँगी? ओह!... क्या मैं नपुंसक हूँ? पर फिर मेरी ऊपरी बनावट स्तन आदि तो ठीक हैं, पर अन्दर कुछ ठीक नहीं है, यह सब मुझे कौन बतायेगा?"[4]

ऐसे कई प्रश्न रोशनी के मन में आते हैं। इसके ज़रिये लेखिका कहती हैं कि युवावस्था में युवक–युवतियों को शारीरिक एवं यौनशिक्षा मिलनी चाहिए, जिससे उनकी कई समस्याओं का समाधान हो सकता है।

इस उपन्यास में लेखिका ने रोशनी के माध्यम से बलात्कार जैसी गम्भीर घटना को उजागर किया है। जब रोशनी शौच के लिए बाहर जाती है, तब बलात्कारी लड़कों द्वारा पता चलता है कि वह एक सामान्य युवती नहीं अपितु एक किन्नर है। इस दृश्य को लेखिका उजागर करती हुई कहती हैं–"वह गाँव से काफ़ी दूर निकल आयी थी। कहीं घर लौटने में देर न हो जाये, यही सोचकर वह एक खेत में खड़े हुए पेड़ की ओर मुड़ गयी। खेत की मेंड़ पर खड़ा हुआ यह पीपल का पेड़ काफ़ी अच्छी ओट देता था। रोशनी ऐसे ही पेड़ों की ओट लेकर बैठ जाती थी, शौच से निवृत्त होने। ज्यों ही वह पेड़ की आड़ में बैठने लगी, उसने चार–पाँच लड़कों को पास की एक झाड़ी के पास खड़े देखा तो वह थोड़ी सहम सी गयी। वह अपना लोटा उठाकर जाने लगी। इतने में दो लड़के उसकी ओर दौड़े, "अरे ठहर साली, कहाँ जाती है? बड़ी मुश्किल से तो आज हाथ लगी है।" "...अरे भाई... तुम चाहते क्या हो?" रोशनी बहुत घबरा गयी थी। "...चल–चल, हमारे साथ चल।" ...स्थिति की गम्भीरता को देखते हुए चिल्लाई... "अरे बचाओ, मुझे बदमाशों से बचाओ।" "चुप साली, चिल्लाती है?" एक ने ज़ोरदार थप्पड़ रोशनी के गाल पर मार दिया और फिर ज़ोर से उसका मुँह हथेली से बन्द कर उसे गोद में उठाकर ले चला। ...रोशनी अर्धचेतन अवस्था में पहुँच गयी थी। उसका फूलों जैसा नाजुक बदन, निष्पाप ह्रदय उसे रौंदे जा रहा था। वह असहाय थी, असमर्थ थी अपनी रक्षा करने में। कुछ ही मिनटों बाद वह लड़का अपने कपड़े झाड़ते हुए वापस पहनने लगा। दूर खड़े हुए लड़के दौड़कर आये और बोले, "अरे सुरेश... हो गया, मज़ा आ गया। ...यह साली तो हिजड़ा है।" "हिजड़ा!" बाक़ी चारों के मुँह से एक साथ निकला। हाँ भाई, हिजड़ा ही है। हमने बेकार अपना समय बर्बाद किया। चलो यहाँ से।"[5] अगर वह एक सामान्य युवती होती तो निश्चित ही उसके साथ बलात्कार हुआ होता।

इसलिए लेखिका खुले में शौच की समस्या को लेकर कहती

हैं–"बहुत–सी लड़कियाँ सुबह–सुबह शौच के लिए बाहर जाती हैं। इस क़ाज़ीपुरा जैसे छोटे–से गाँव में कहाँ किसी के घर शौचालय है?"[6] इस उपन्यास में लेखिका ने गाँव में शौचालय की व्यवस्था न होने के कारण बलात्कार जैसी गम्भीर एवं देश की प्रमुख समस्या की ओर संकेत किया है।

लेखिका ने रोशनी, रोशनी की माँ एवं बहन के ज़रिये स्त्री–विमर्श के बारे में अपने विचार स्पष्ट किये हैं। स्त्रियों को भारतीय समाज में उपभोग का साधन माना गया है। हर बलात्कार की शिकार युवती यही सोचती है–"विचारों का क्रम टूट ही नहीं रहा था। रह–रहकर रोशनी के मन में लहर उठती, यह सब मेरे साथ क्यों हुआ? उस लड़के ने यह सब क्यों कहा? मैं अकेली सुबह–सुबह घूमने गयी, क्या मेरे साथ वह घटना इसलिए घटित हुई? पर मैं ही क्यों?"[7] ऐसे कई विचार लेखिका रोशनी के द्वारा हमें बताकर स्त्री–विमर्श की सुन्दर झाँकी प्रस्तुत करती हैं।

लेखिका ने इस उपन्यांस में हिन्दी भाषी रोशनी एवं गुजराती लड़के ओंकार पटेल के अन्तरजातीय विवाह का सुन्दर उदाहरण दिया है। इन दोनों के माध्यम से लेखिका हमें जीवन में ऊँच–नीच, जाति–पाँति के भेदभाव को छोड़कर एक सुशिक्षित जीवनसाथी चुनने की ओर इशारा करती हैं।

डॉ. अनसूया त्यागी ने अपने उपन्यास 'मैं भी औरत हूँ' में मंजुला एवं रोशनी के माध्यम से ऑपरेशन के ज़रिये हिजड़ापन दूर करके आधुनिक चिकित्सा पद्धति से हमें अवगत कराया है। परिवार में अगर बच्चा हिजड़ा पैदा होता है, तो उस पर दुःखी होने के बजाय हम उसका उपचार कराकर उसे बहुत अच्छी ज़िन्दगी दे सकते हैं। लेखिका स्वयं एक स्त्री रोग विशेषज्ञा हैं और यह उपन्यास अन्य उपन्यासों से अलग है, क्योंकि यह चिकित्सा पद्धति से जुड़ा हुआ है। पूरे उपन्यास में लेखिका का उद्देश्य यह रहा है कि सामान्य लोगों को किन्नरों के जीवन में जागृति लाने का, उनकी शारीरिक संरचना को समझने का और उपचार के ज़रिये उनकी समस्या का समाधान करना रहा है। लेखिका ने इस उपन्यास में यौन शिक्षा का महत्त्व, समाज में किन्नरों को मान–सम्मान दिया जाना एवं स्त्री–विमर्श, थर्ड जेण्डर विमर्श के महत्त्व को बड़ी ही सूक्ष्मता के साथ प्रस्तुत किया है।

निष्कर्षतः यह उपन्यास माता–पिता द्वारा अपनी लड़कियों को किन्नर समाज में न भेजकर उपचार के ज़रिये उन्हें एक नया जीवनदान दिये जाने की अपूर्व झाँकी प्रस्तुत करता है।

सन्दर्भ

1. मैं भी औरत हूँ, डॉ. अनसूया त्यागी, पृ. 32
2. वही, पृ. 18
3. वही, पृ. 57
4. वही, पृ. 17
5. वही, पृ. 10–11
6. वही, पृ. 15–16
7. वही, पृ. 15

किन्नर समाज और 'तीसरी ताली'

•

डॉ. नीता त्रिवेदी

इक्कीसवीं सदी, जहाँ संचार माध्यमों एवं ग्लोबलाइज़ेशन के द्वारा पूरी दुनिया हमारी मुट्ठी में समाहित हो गयी है। विश्वग्राम, विश्वमानवता की गूँज हर ओर सुनाई दे रही है। आज का युवा वर्ग, साहित्यकार यहाँ तक कि हर जागरूक इनसान अपने आसपास के वातावरण को, अपने परिवेश को बारीकी से देखता–समझता और अपने मानवीय कर्तव्यों से ओत–प्रोत दिखाई पड़ने लगा है। हम अपने पर्यावरण के प्रति अत्यधिक जागरूक हो गये हैं।

इसी के बरअक्स एक पूरी दुनिया हमारे आगे से होकर निकल जाती है और हम तमाम संसाधनों से लैस होकर भी उसे देखते हुए भी देख नहीं पाते, उसकी आवाज़ को सुनते हुए भी सुन नहीं पाते, उन चीख़ों को महसूस नहीं कर सकते। यहाँ तक कि हमारी सोच हमारी ज्ञानेन्द्रियों को बेअसर करती उस दुनिया से हमें रू–ब–रू होने ही नहीं देती। कुछ पलों के लिए अवचेतन में स्थित एक अनचीन्हा भय, फिर उपेक्षा, फिर कुछ पलों बाद सब सामान्य। इन भावनाओं पर हम रुककर सोचना भी नहीं चाहते।

विमर्शों के इस दौर में कुछ साहित्यकारों ने हमारी दुनिया के समानान्तर चलती इस दुनिया को देखा है, उसकी गूँज को सुना है, उनकी चीख़ों को महसूस किया है और हमारे कानों तक उनकी आवाज़ों, उनके दर्दों को पहुँचाया है। यह समानान्तर दुनिया किन्नरों की, हिजड़ों की है जो हमारे सामने से गुज़रते हुए भी हमारी सोच में कुछ पलों के लिए भी विश्राम नहीं ले पायी। हालाँकि आज भी इस विषय पर बहुत

अधिक नहीं लिखा गया है, किन्तु साहित्य में इसकी दस्तक प्रारम्भ हो चुकी है। कुछ साहित्यकार हैं, जो बड़ी बेबाक़ी से इस विषय को समाज के सामने ला रहे हैं, जिनमें नीरजा माधव महेन्द्र भीष्म, प्रदीप सौरभ, चित्रा मुद्गल आदि कई नाम हैं।

किन्नर, हिजड़ा–इनके जीवन को पूरी ईमानदारी एवं तटस्थता से पाठकों के मध्य पहुँचाने का सशक्त एवं यथार्थ प्रयास किया है, प्रदीप सौरभ के उपन्यास 'तीसरी ताली' में। तीसरी ताली, जो किसी के सम्मान एवं प्रशंसा के लिए नहीं बजती वरन् अपने अस्तित्व के संघर्ष को अभिव्यक्त करती है। यह तीसरी ताली जो समाज में ख़ुशी के अवसरों पर सुनाई तो देती है, पर हमारी सोच में दस्तक नहीं दे पाती। यह तीसरी ताली समाज के उस तीसरे वर्ग की ताली है, जो आज भी समाज में अपनी पहचान तलाश रही है। समाज तो उसे तीसरा वर्ग मानने से भी परहेज़ करता है। यह तीसरी ताली है किन्नरों की, जिसे समाज हिजड़ा, खोजा, ख़्वाज़ासर, जनखा, खुसरा, कीव, मौसी, छक्का या थर्ड जेण्डर इन सभी नामों से जानता या पहचानता है। प्रो. मेराज़ अहमद का कथन इस सन्दर्भ में द्रष्टव्य है–'हिजड़ा' शब्द सुनते ही हमारे सामने एक छवि बन जाती है–इठलाती चाल, गहनों से सजा हुआ शरीर, चमकीले कपड़े व चेहरे पर ढेर सारा मेक–अप और दुकानों व घरों और बच्चों के जन्म पर, विवाह आयोजन जैसे अन्य कार्यक्रमों में नाच–गा कर पैसा कमाने वाले की। अगर पैसा नहीं दिया तो गाली–गलौज करने पर भी उतारू हो जाते हैं। इनके आते ही लोगों के मन में अजीब–सा रोमांच उत्पन्न होता है और डर सताने लग जाता है। इनको पैसे नहीं दिये तो गाली–गलौच या कोई बदतमीज़ी न कर दें, कोई बद्दुआ न दे दें। दरअसल, समाज में रहते हुए भी ये समाज से पृथक् ऐसी इकाई के रूप में इनकी पहचान होती है जो वास्तविकताओं के बजाय पूर्वाग्रहों, मान्यताओं और अफ़वाहों पर ही आधारित होती है।''[1]

प्रदीप सौरभ ने अपनी सशक्त लेखनी से इस वर्ग की पीड़ा को, इसकी ताली की अनुगूँज को बेबाक़ी से पाठकों तक पहुँचाया है। यह उपन्यास थर्ड जेण्डर की अवांछित, वर्जित, परित्यक्त लोगों की साझा दुनिया है जो अपनों के द्वारा त्यागे गये हैं। इस पुस्तक के बारे में कवर

पृष्ठ पर उद्धृत सुधीश पचौरी की उक्ति बहुत सटीक है। वे कहते हैं–''यह उभयलिंगी, लेस्बियनों और विकृत प्रकृति की ऐसी दुनिया है, जो हर शहर में मौजूद है और समाज के हाशिए पर ज़िन्दगी जीती रहती है।''[2] प्रदीप सौरभ ने हिजड़ों के जीवन, उनकी समस्याओं को मुखर रूप से अभिव्यक्त किया है।

सदियों से हमारा समाज स्त्री एवं पुरुष, दो वर्गों में ही विभक्त रहा है। सदियों से हमारा मन इस सत्य से भी अवगत है कि एक तीसरा वर्ग भी इस समाज में स्थित है, जो न तो नर है न मादा। यह वर्ग उभयलिंगी है जिसे हमारा समाज 'किन्नर' एवं 'हिजड़ा' नाम से अभिव्यक्त करता है। ये किन्नर समाज से और अपने बाह्य वातावरण से तो पुरुष होते हैं किन्तु उनके भीतरी गुण स्त्री के समान होते हैं। यह तीसरा वर्ग समाज में सदियों से वर्जित, उपेक्षित एवं प्रताड़ित हो रहा है।

हमारी दुनिया के समानान्तर समाज से बहिष्कृत इस तीसरे वर्ग ने अपना एक अलग समाज, अपना एक अलग संसार बनाया हुआ है। प्रदीप सौरभ ने इस दुनिया के द्वार खोले हैं ताकि हमारी दुनिया अपने झरोखों से इनके त्रास को, इनके अभिशप्त जीवन को देख सके। उस दंश को महसूस कर सके, जो ये सदियों से भोगते आ रहे हैं।

प्रदीप सौरभ अपने उपन्यास 'तीसरी ताली' में किन्नरों के जीवन, उनके रीति–रिवाज, उनके सम्मेलन आदि के बारे में विस्तृत चर्चा करते हैं। इस उपन्यास से पहले शायद पाठक यही सोचते थे कि किन्नर वे पुरुष हैं, जो भीतर से स्त्री का व्यक्तित्व रखते हैं, किन्तु इस उपन्यास को पढ़कर लगा कि किन्नरों के भी कई प्रकार होते हैं। इस उपन्यास में उनके वे सभी रूप उभरकर आये हैं।

हर किन्नर की एक नयी कहानी है। इस उपन्यास में किन्नरों के इन्हीं प्रकारों, पहलुओं को बतलाता हुआ लेखक उनके जीवन को स्पष्ट करता है। डिम्पल, रेखा चितकबरी तथा नीलम–तीनों हिजड़ों की गुरु हैं। तीनों के अलग–अलग डेरे हैं। तीनों की अलग–अलग गद्दियाँ हैं। तीनों के चेले हैं। इन्हीं की मण्डली की कहानी है 'तीसरी ताली'। हिजड़ों की एक गद्दी और भी है, चन्दा बाई की। नरगिस, नीलम और रीना–ये तीनों चन्दाबाई की ही शिष्य हैं। विनीता की कहानी भी मुख्य है। इनके इतर

कुछ कहानियाँ और भी हैं, जैसे–समलैंगिक सम्बन्धों को लेकर बनी हुई सुविमल और अनिल तथा यास्मीन और जुलेखा की कहानी, जो मुख्य कथा से सीधे न जुड़कर भी अपनी एक अलग कथा बुनती है। ऐसा प्रतीत होता है कि कथा का कोई भी पात्र पूर्ण पुरुष या पूर्ण स्त्री नहीं है। यह असामान्य लिंगधारियों की कथा है। राजा और मंजू, जो कि पूर्ण पुरुष और पूर्ण स्त्री थे, डिम्पल उन्हें भी विकृत बना देती है। राजा और मंजू के प्रेम को डिम्पल स्वीकार नहीं कर पाती और दोनों को ही दण्डित करती है। वह राजा को हिजड़ा बना देती है। साथ ही, मंजू को भी बिना बताये उसके 4 माह के गर्भ को गिरा देती है। यहाँ तक कि उसकी बच्चेदानी भी निकलवा देती है। राजा वहाँ से भागकर डिम्पल के ख़िलाफ़ पुलिस में रिपोर्ट करता है, उसे जेल भी भिजवा देता है पर अन्त में ग़रीबी से तंग आकर डिम्पल की रिपोर्ट वापस ले लेता है और उसी की मण्डली में रानी बनकर शरण पाता है। डिम्पल को पछतावा भी होता है, पर...

इसी प्रकार बलिया का रहने वाला ज्योति, जो बाबू श्यामसुन्दर दास का लौण्डा था वह भी ग़रीबी एवं मजबूरी के कारण जान–बूझकर हिजड़ा बनता है। सोनम जब उसे मना करती है तो वह कहता है–"बिना हिजड़े के भी तो हिजड़ा बना हुआ हूँ। जो अपने को मर्द कहते हैं, वे कौन–से हिजड़ों से कम हैं? ग़रीब का बेटा हूँ तो पूरे गाँव की भौजाई बन गया हूँ।" सोनम उसे समझाती है कि तुम तो मर्द हो, पर वह नहीं मानता। वह आगे कहता है–"माना कि मैं मर्द हूँ, लेकिन यह समाज मुझसे मर्द का काम लेने के लिए राज़ी नहीं है। मुझे इस समाज ने दामा की तरह भोग की चीज़ में तब्दील कर दिया है। मैं मर्द रहूँ, औरत रहूँ या फिर हिजड़ा बन जाऊँ, इससे किसी को कोई फ़र्क़ नहीं पड़ेगा। पेट की आग तो बड़ों–बड़ों को न जाने क्या–क्या बना देती है?"[3]

वह बाक़ायदा नीलम को गुरु मानकर हिजड़ा बनने की सारी रस्मों निभाता है और नीलम उसे चुनरी ओढ़ाकर एक मुकम्मल हिजड़ा बनाती है। इस उपन्यास में राजा, ज्योति जैसे जो पात्र आये हैं, उनकी सबसे बड़ी आवश्यकता आजीविका है। ऐसा प्रतीत होता है कि ये पात्र अपनी स्वतन्त्र पहचान से अधिक आजीविका एवं जीवनयापन को प्राथमिकता देते हुए संघर्षरत हैं।

एक और व्यक्ति है, जो हिजड़ा बनता है, वह किसी मजबूरी में नहीं बल्कि लालच के कारण। वह है–गोपाल। गोपाल नरगिस का गिरिया था। गिरिया के सन्दर्भ में प्रदीप सौरभ जी लिखते हैं–"गिरिया वे होते हैं, जिन्हें हिजड़े अपना पति मान लेते हैं। उनके लिए वे आम महिलाओं की तरह करवा चौथ से लेकर पति के होने वाले हर तीज–त्योहार मनाते हैं। आमतौर पर गिरिया ढोलक या हारमोनियम बजाने वाले होते हैं या फिर ग़रीब आदमी। समलैंगिक भी कई बार गिरिया बन जाते हैं। हिजड़े मूँछ वालों को ही गिरिया बनाना पसन्द करते हैं।"[4] नरगिस गोपाल की मदद से चन्दाबाई की हत्या करवाकर स्वयं उसकी गद्दी की मालकिन बन जाती है। बाद में नरगिस गोपाल को भी रास्ते से हटाना चाहती है। इसका पता जब गोपाल को चलता है तो वह नरगिस को धोखा देता है और स्वयं ही गद्दी पर बैठ जाता है। गोपाल चूँकि हिजड़ा नहीं है, उसके गद्दी का मालिक बनने पर सभी उसका विरोध करते हैं। अन्ततः वह भी अपनी मर्ज़ी से लिंगोच्छेदन करवाकर हिजड़ा बन जाता है और अपना नाम बिन्दु रख लेता है। इस प्रकार गद्दी को लेकर हिजड़ों में ख़ूनी संघर्ष आम बात है।

प्रदीप सौरभ ने किन्नरों को लेकर समाज की अस्वीकृति, उनकी सामाजिक, धार्मिक वर्जनाएँ और मान्यताएँ, किन्नरों में व्यक्तिगत संघर्ष, उनकी यौन इच्छाएँ एवं उन पर पाबन्दियाँ आदि को एक–एक करके पाठकों के सम्मुख लाने का सफल प्रयास किया है। गौतम साहब एवं आनन्दी आण्टी के माध्यम से लेखक ने ऐसे बच्चों एवं उनके परिवारों को चित्रित करने का प्रयास किया है, जो इन बच्चों को त्यागता नहीं है, किन्तु उनके अस्तित्व को स्वीकारने, न स्वीकारने का द्वन्द्व इनमें निरन्तर बना रहता है। गौतम साहब और आनन्दी के माध्यम से लेखक ने किन्नरों के प्रति समाज तथा उनके परिवार के व्यवहार को अंकित किया है। वे अपने बच्चे को स्वीकार तो करते हैं, किन्तु समाज के दबाव एवं परिस्थितियों के कारण बच्चे न चाहते हुए भी हिजड़ों के पास पहुँच जाते हैं, अपने अस्तित्व को अपनी पहचान को तलाशते हुए। इसका परिणाम यह होता है कि आनन्दी आण्टी की बेटी निकिता नीलम के डेरे पर पहुँच तो जाती है किन्तु वह मानसिक अवसाद से ग्रस्त हो जाती है। पढ़ी–लिखी निकिता

जब नीलम के डेरे में आती है तो वहाँ के माहौल को देखकर सहम जाती है–"आदमी को आदमी के साथ रहते–सोते देख निकिता विचलित होती है। उसने आदमी को कभी आदमी के साथ पति–पत्नी की तरह रहते नहीं देखा था।

यह सब देखकर वह अपने होने को निरर्थक मानने लगी थी। अपने को किसी से कम न समझने वाली निकिता के अन्दर अपने आधे–अधूरे होने का हीन भाव घर करने लगा।"[5] इसी हीन भाव से ग्रस्त होकर वह आत्महत्या कर लेती है। जहाँ निकिता हिम्मत हार जाती है, वहीं गौतम साहब का बेटा विनीत अपने अस्तित्व को खोजता हुआ विनीता बनकर अपने व्यक्तित्व की नयी ऊँचाइयों को पा लेता है। विनीता एक प्रोग्रेसिक हिजड़े के रूप में सभ्य समाज के बीच अपनी पहचान भी बना लेती है। वह भी अपने असली हिजड़े के रूप में ही। वह 'गे वर्ल्ड' नाम से पार्लर चलाती है, जहाँ मशहूर हस्तियाँ आती हैं। वह फ़ैशन शो में जज बनकर भी जाती है। वह हिजड़ों पर आधारित एक टीवी शो भी चलाती है 'द छक्का।' पेज थ्री की पार्टियों की शान बन जाती है वह, लेकिन उसका संघर्ष भी कम नहीं था। परिवार के मध्य उसकी मनोःस्थिति भी द्वन्द्व की ही बनी रही। विनीता तक का सफ़र उसके लिए भी संघर्षपूर्ण ही था–"वह अजीब मानसिकता से गुज़र रहा था। कई–कई हफ़्ते घर के अन्दर बन्द रहता। उसे लगता कि उसके पिता उसे ज़बरिया लड़का बनाने पर तुले हैं। वह अपनी बहनों की तरह ही अपने को लड़की मानता था। उसे लड़कों के कपड़े पहनने में परहेज़ होने लगा। घर में जब कोई न होता तो वह अपनी बहनों की पैण्टी–ब्रा पहन लेता, बिन्दी लगाता, लिपस्टिक लगाता। शीशे में घण्टों अपने आपको निहारता।"[6] विनीता हिजड़ों के आन्दोलन, उनके विकास का प्रतीक बनकर उभरती है। प्रदीप सौरभ ने सुविमल–अनिल तथा जुलेखा, यास्मीन आदि के माध्यम से समलैंगिक सम्बन्धों, उनके आन्दोलनों, धारा 377 तथा उसके ख़त्म होने और समलैंगिकों के विवाह आदि पर भी खुलकर चर्चा की है।

'तीसरी ताली' उपन्यास यह सिद्ध करता है कि प्रेम, करुणा, दया आदि मनोभाव सिर्फ़ नर और मादा तक ही सीमित नहीं हैं। किन्नर समुदाय भी उन मनोभावों को अपनी संवेदनाओं के माध्यम से उतना ही

महसूस करता है, जितना बाक़ी समाज। जब यह प्रेम उन्हें समाज से नहीं मिलता तब जीवनयापन एवं पैसा कमाने के लिए वे रेखा चितकबरी जैसे हिजड़ों के सेक्स वर्कर के गैंग में भी शामिल हो जाते हैं। पिंकी एवं सुनयना के माध्यम से रेखा चितकबरी के सेक्स रैकेट एवं उसके जेल जाने के बाद उनकी भीख माँगने की नौबत, नेशनल हाईवे–24 पर लूटपाट की घटना तथा उनकी ग़रीबी आदि का भी मार्मिक चित्रण किया है। आर्थिक और सामाजिक चुनौतियाँ इन्हें अभिशप्त जीवन जीने के लिए मजबूर कर देती हैं।

प्रदीप सौरभ ने हिजड़ों की समस्या को बड़े ही संवेदनशील तरीके से इस उपन्यास में उठाया है। उपन्यास का केन्द्र बिन्दु किन्नर और उनका समाज है। लेखक उनकी संस्कृति, मान्यताओं तथा प्रथाओं का सूक्ष्म अवलोकन करते हुए समाज के समक्ष रखता है। हिजड़ों की शवयात्रा एवं कुवागम मेले के वर्णन में उनकी सूक्ष्म दृष्टि परिलक्षित होती है। अन्ना मौसी और सुरैया के निधन के पश्चात् उनकी शवयात्रा के सन्दर्भ में उनकी मान्यताओं पर लेखक ने प्रकाश डाला है। हिजड़े अपनी शवयात्रा मध्यरात्रि के बाद ही शुरू करते हैं ताकि इनकी शवयात्रा को कोई देख न सके। आमतौर पर हिजड़े के शव को रात को डण्डों से मारते, उस पर चप्पल–जूते बरसाते और सड़क पर खींचते हुए श्मशान घाट ले जाते हैं। इस तरह शव को श्मशान में ले जाने के पीछे मान्यता यह है कि मरने वाला दोबारा तीसरी योनि में जन्म नहीं लेगा।

इसी प्रकार कुवागम मेले तथा वहाँ की परम्परा एक दिन की सुहागन और उनके विधवा होने की कथा, जो 'महाभारत' से जुड़ी है, उनका भी लेखक ने नाटकीय रूप में उल्लेख किया है–"देशभर से हज़ारों हिजड़े जमा होते हैं, तमिलनाडु के विल्लुपुरम ज़िले के सालभर सोये रहने वाले गाँव कुवागम में। रिश्ते–नातों से दूर रहने वाले तीसरी योनि के इन लोगों को यहाँ एक दिन के सुहागन बनने का मौक़ा मिलता है, मन्दिर में। इस तरह उनकी शादी करने की मुराद भी पूरी हो जाती है।"[7]

इसी सन्दर्भ में एक अन्य दृश्य भी द्रष्टव्य है–"मंगलसूत्र तोड़ने की रस्म जारी थी। मन्दिर के पुजारी सुहागिनों के मंगलसूत्र फरसे से काट रहे थे। मंगलसूत्र के कटते ही सुहागिनें विलाप में जुट जाती थीं। चारों

तरफ विलाप के स्वर सुनाई दे रहे थे। हज़ारों विधवाएँ एक साथ विलाप कर रही थीं। माहौल करुणामय था। कोई सुहागिन अपने बालों में लगे गजरे तोड़कर बिखेर रही थी, तो कोई हाथ में पहनी सुहाग की प्रतीक चूड़ियाँ पत्थर पर पटक रही थी। कोई माँग में भरा सिन्दूर, तो कोई माथे की बिंदिया पोंछकर अपने को परम्परा के अनुसार विधवा बना रही थी।"[8]

निष्कर्ष रूप में कहा जा सकता है कि 'तीसरी ताली' उपन्यास हिन्दी का एक साहसी उपन्यास है, जो लिंग के अकेलेपन और अलगाव के बावजूद सभ्य समाज में जीने की ललक से भरपूर किन्नर या हिजड़ों के जीवन, उनके परिवेश से हमारा परिचय करवाता है। यह उपन्यास हमें जीवन के ऐसे तमाम सच से रू–ब–रू कराता है जिन्हें हम मानें या न मानें, लेकिन उनका अपना वजूद इसी समाज में मौजूद है।

सन्दर्भ

1. प्रो. मेराज़ अहमद : तीसरे विमर्श की कहानियाँ, किन्नर–विमर्श साहित्य के आईने में (डॉ. इक़रार अहमद), वाङ्मय बुक्स, अलीगढ़, संस्करण, 2011, पृ. 12
2. सुधीश पचौरी, कवर पृष्ठ, तीसरी ताली, वाणी प्रकाशन, 2011
3. प्रदीप सौरभ, तीसरी ताली, वाणी प्रकाशन, 2011, पृ. 56
4. वही, पृ. 51
5. वही, पृ. 44
6. वही, पृ. 44
7. वही, पृ. 82
8. वही, पृ. 147

किन्नर–विमर्श और 'तीसरी ताली'

•

डॉ. अनु पाण्डेय

हिन्दी साहित्य समाज के पिछड़े और उपेक्षित तबके पर विमर्श करता हुआ समाज में उनकी प्रताड़ना, वेदना और उनकी समस्याओं के प्रति जागरूक करता रहा है, चाहे वह दलित हो, स्त्री हो या आदिवासी आदि। हालाँकि क़ानूनी तौर पर संरक्षण प्राप्त करके ये सभी वर्ग काफ़ी सशक्त हुए हैं, परन्तु समाज में जीवन निर्वाह के लिए मात्र यही पर्याप्त नहीं है। समाज द्वारा पूर्ण रूपेण अपनाया जाना भी उतना ही अनिवार्य होता है। यह स्वीकृति इतनी आसानी से नहीं आ पाती है। इसके लिए आवश्यक होता है कि समाज को सतत प्रेरित किया जाये। मेरी दृष्टि से, इस कार्य के लिए साहित्य के अतिरिक्त और कोई प्रभावी माध्यम नहीं है। पिछले कई वर्षों से साहित्य जगत् में चले आ रहे नारी, दलित आदि विमर्श का प्रतिफल ही है कि आज वर्ग भेद लगभग मिटने की कगार पर आ चुका है।

किन्नर, जिन्हें साधारणतया 'हिजड़ा' कहा जाता है, समाज के इन्हीं उपेक्षित वर्गों में से एक है। आज़ादी के इतने वर्षों के पश्चात् भी इनकी परिस्थिति में किसी भी तरह का तनिक भी सुधार नहीं हुआ है। आज भी यह समुदाय अपनी राजनीतिक, सामाजिक पहचान हेतु समाज की मुख्यधारा की ओर टकटकी लगाये देख रहा है। आज के समय में यह सर्वाधिक सर्वहारा और उपेक्षित वर्ग है। इनसे जुड़ी कई प्रकार की भ्रांतियाँ, भय तथा इस समुदाय में भी अपनी इच्छा शक्ति का अभाव इनकी दयनीय दशा का मूल कारण है।

किन्नर या थर्ड जेण्डर के लोगों को हम सामान्यतः वे लोग मानते हैं,

जिनकी जैविक संरचना उन्हें सम्भोग या प्रजनन की दृष्टि से अक्षम बनाती है। उनके जननांग पूर्णरूपेण विकसित नहीं हो पाते। अतिरिक्त इसके, कुछ ऐसे भी लोग होते हैं, जिनका व्यवहार उनके लिंग से अपेक्षाकृत विपरीत होता है। मसलन, स्त्री होने के बावजूद पुरुषत्व के गुण अथवा पुरुष होते हुए भी भावनात्मक रूप से स्वयं को स्त्री महसूस करना और उसी के अनुरूप व्यवहार करना।

अगर इतिहास को कुरेदा जाय तो हम पायेंगे कि इस समुदाय की इतनी दयनीय दशा प्रारम्भ से ही ऐसी नहीं थी। इतिहास में कई ऐसे प्रमाण मिलते हैं जहाँ यह वर्ग समाज के अन्य वर्गों की ही भाँति कई रूपों में, मुख्य भूमिका में नज़र आता है, राज दरबारों में नर्तक के रूप में, सैन्य टुकड़ियों में लड़ाकों के रूप में आदि। यहाँ तक कि उनके सम्भोग तथा प्रजनन की अक्षमता के कारण मुग़ल काल में तो बादशाहों के हरम की पूर्ण सुरक्षा का दायित्व इनके पास हुआ करता था। ब्रिटिश शासन के दौरान कई ऐसे कानून बने, जिनके परिणामस्वरूप शनैः–शनैः इनका अस्तित्व हाशिये पर आ गया। आज परिस्थिति यह है कि इनके विषय में बात करना एक दुःस्साहस का काम माना जाता है। साहित्य में भी उनको सिर्फ़ उसी मात्रा में ही स्थान दिया जाता रहा है, जितना कथा को रोचक और चटपटा बनाने के लिए आवश्यक हो, बिल्कुल दाल के तड़के की तरह। पूर्णरूपेण किन्नरों पर केन्द्रित कोई रचना नहीं दिखाई पड़ती है। परन्तु पिछले कुछ वर्षों में कई ऐसे कथाकार उभरकर सामने आये, जिन्होंने इन पर अपनी लेखनी चलाते हुए इनकी समस्याओं, वेदनाओं पर एक नयी जिरह को हवा दी है। व्यावहारिक दृष्टि से देखा जाय तो इससे इस समुदाय की परिस्थिति पर सीधे तौर से कोई फ़र्क़ नहीं पड़ने वाला, जब तक कि कानून में इनके लिए कोई विशिष्ट प्रावधान न किया जाय, परन्तु इतना अवश्य है कि साहित्य समाज में अपनी पैठ के ज़रिये, जन–मानस की संवेदना को प्रभावित कर, एक सहायक तत्त्व की तरह, समाज में उनकी स्वीकार्यता को आसान करने का कार्य अवश्य कर सकता है। इस दृष्टि से हिन्दी साहित्य जगत् में इस विमर्श का आरम्भ एक अत्यन्त ही सराहनीय क़दम है।

प्रदीप सौरभ की रचना 'तीसरी ताली' ऐसी ही साहसिक रचनाओं

में से एक है। प्रदीप सौरभ पेशे से एक पत्रकार हैं, अतः उनकी खोजी वृत्ति उनकी रचनाओं में साफ़ झलकती है। अपने इस उपन्यास में उन्होंने समाज से त्याज्य किन्नर जीवन के अनेक पहलुओं, जिनसे सामान्य मानव अनभिज्ञ रहता है, का विस्तृत चित्रण किया है। उनकी जैविक संरचना, सामाजिक संरचना, उनके समाज से जुड़ी परम्पराएँ, रीति–रिवाज, मान्यताएँ आदि पर बारीकी से चर्चा की है।

जैविक संरचना

किन्नरों को उनकी जैविक संरचना के आधार पर कई वर्गों में वर्गीकृत किया जा सकता है। प्राकृतिक तौर पर जननांग की अक्षमता वाले हिजड़ों को 'बुचरा' कहा जाता है। यही वास्तविक हिजड़े होते हैं क्योंकि ये जन्म से ही न तो स्त्री की श्रेणी में आते हैं, और न ही पुरुष की। 'तीसरी ताली' उपन्यास की विनीता और निकिता इसके उदाहरण हैं। दूसरी श्रेणी में वे किन्नर आते हैं, जो किसी पारिस्थितिक कारणों से किन्नर बनने के लिए विवश हो जाते हैं, इन्हें 'नीलिमा' कहा जाता है। इस उपन्यास में राजा नामक व्यक्ति एक कुशल नर्तक होता है। अपनी असीम साधना के कारण उसमें सखी भाव बलवती हो उठता है, जिसके कारण वह अपने पुरुषत्व को भूल–सा जाता है। दिल्ली आने के बाद, डिम्पल नामक किन्नर के डेरे में, उसकी पालिता पुत्री मंजू द्वारा उकसाये जाने से वह उत्तेजना महसूस करता है और उसे अपने पुरुषत्व का एहसास होता है। मंजू से प्रेम करने की सज़ा के रूप में डिम्पल उसके पुरुषांग को कटवा देती है। बाद में राजा इसे अपनी नियति मानकर किन्नर का जीवन जीने लगता है और राजा से रानी बन जाता है। इसी तरह बलिया के बाबू श्यामसुन्दर सिंह की लौंडेबाज़ी का शिकार ज्योति, जो कि एक पूर्ण पुरुष है, अपनी ग़रीबी के कारण शोषित होता रहता है। बाबू श्यामसुन्दर सिंह की काम–वासना का शिकार होने के बावजूद खुशी से यह कार्य करता है, क्योंकि इससे उसके ग़रीब परिवार का भरण–पोषण होता है। बाबू श्यामसुन्दर सिंह द्वारा छोड़ दिये जाने के बाद जब वह सोनम नामक किन्नर से उसकी मण्डली में शामिल होने की बात करता है तो सोनम उसके पूर्ण पुरुष होने के कारण इनकार कर देती है। तब वह स्वेच्छा से हिजड़ा बनने की

बात करता हुआ कहता है–"तो हिजड़ा बना दो। ...बिना हिजड़े के भी तो हिजड़ा बना हुआ हूँ। जो अपने को मर्द कहते हैं, वे कौन से हिजड़ों से कम हैं ? ग़रीब का बेटा हूँ, तो पूरे गाँव की भौजाई बन गया हूँ।"[1] सोनम के कहने पर ज्योति दिल्ली में नीलम नामक हिजड़े के पास आता है और स्वेच्छा से हिजड़ा बनता है। 'मनसा' नामक हिजड़े वे होते हैं जो शारीरिक रूप से पूर्ण सक्षम होने के बावजूद, मात्र मानसिक रूप से विपरीत लिंगी भाव रखते हैं। सुविमल भाई के साथ शारीरिक सम्बन्ध रखने वाला अनिल इसी श्रेणी का उदाहरण है। यौन अक्षमताओं के कारण बने हिजड़ों को 'हंसा' तथा धन लोभ के कारण, हिजड़े का स्वाँग करते हुए उगाही को अपना पेशा बनाने वाले पूर्ण स्त्री या पुरुष को 'अबुआ' कहा जाता है। इस उपन्यास में अबुआ श्रेणी के लोगों का भी चित्रण दिखाई पड़ता है, जहाँ दिल्ली के हिजड़ों की मुख्य गद्दी पर गोपाल के काबिज़ हो जाने पर पूरे हिजड़ा समुदाय में रोष का माहौल होता है और इसके संचालन में उसे बाक़ी लोगों की कोई सहायता प्राप्त नहीं हो पाती है। अतः कई इलाक़ों में नकली हिजड़े उगाही करते हुए अपना भरण–पोषण करते हैं।

परम्परा एवं मान्यताएँ

'तीसरी ताली' उपन्यास में किन्नर समाज से जुड़ी कई मान्यताओं, परम्पराओं और उनसे जुड़ी लोक कथाओं का ज़िक्र किया गया है। यह समुदाय भी कई धार्मिक मान्यताओं का अनुसरण करता है। वे लोग मुर्गेवाली माँ को अपनी इष्टदेवी मानते हैं, उनकी आराधना करते हैं। ईश्वर का भय उनमें भी उतना ही व्याप्त है, जितना किसी सामान्य व्यक्ति को होता है। सोनम ज्योति से कहती है–"मैं तुम्हें हिजड़ा नहीं बना सकती। भगवान ने तुम्हें पूरा आदमी बनाया है। वैसे भी हम भगवान से डरते हैं। किसी सही आदमी को हिजड़ा बनाना हमारे समाज में कुफ्र है।"[2] यह समाज में फैली उस भ्रान्ति का प्रत्युत्तर है, जिसमें यह माना जाता है कि हिजड़े ज़बरन सामान्य लोगों को हिजड़ा बना देते हैं। वे इस प्रकार की प्रवृत्तियों से, इस कामना से दूर रहते हैं कि कहीं पुनर्जन्म में भी वे हिजड़े की योनि में ही पैदा न हो जाएँ और उन्हें इस योनि से कभी मुक्ति ही न मिल पाये। किसी को भी हिजड़ा बनाये जाने से पहले चुनरी की रस्म

निभाई जाती है, जिसमें मुर्गेवाली देवी की पूजा–अर्चना की जाती है। इसी तरह वे सभी हरिद्वार के सन्त शिरोमणि सिद्धेश्वर स्वामी की शिष्या सन्त 'आशामाई' को अपना गुरु मानते हैं। सन्त आशामाई स्वयं एक हिजड़ा हैं। आपसी विवाद की स्थिति में उन्हीं का फ़ैसला सर्वमान्य होता है।

हर वर्ष तमिलनाडु के विल्लुपुरम ज़िले के कुवागम गाँव में हिजड़ों का मेला लगता है, जो लगभग 17 दिनों तक चलता है। कुवागम के कुठनदवार मन्दिर में पूजा–अर्चना होती है। यहाँ देश–विदेश, सभी जगह से हिजड़े एकत्रित होते हैं। भाँति–भाँति के कार्यक्रमों का आयोजन किया जाता है, हर दिन गाना–बजाना होता है, बकरे की बलि दी जाती है तथा परम्परा के अनुसार मेले में आयोजित कथा का श्रवण अनिवार्य माना जाता है, जिसके बिना कुवागम की यात्रा अधूरी मानी जाती है। 'महाभारत' की एक कथा के अनुसार, अर्जुन पुत्र अरवाण ने पाण्डवों की जीत की कामना से अपने शरीर की एक–एक बूँद को युद्ध की देवी माँ काली को अर्पित कर दिया था। उसकी इस बलि से पूर्व, उसकी अन्तिम इच्छा की पूर्ति हेतु भगवान कृष्ण ने मोहिनी रूप धारण कर उससे एक दिन के लिए विवाह किया और मृत्यु के उपरान्त विधवा की तरह विलाप किया था। मोहिनी रूप में कृष्ण स्त्री रूप में एक पुरुष थे, अतः तभी से यह मान्यता चली आ रही है कि हिजड़े उन्हीं के वंशज हैं। अतः यहाँ आये सभी हिजड़े एक दिन के लिए अरवाण से विवाह करते हैं और बाद में विधवा होकर विलाप करते हैं।

मरणोपरान्त हिजड़े की शवयात्रा आम लोगों में कौतूहल का विषय बनी रहती है, क्योंकि आज तक किसी ने भी उनकी शवयात्रा को नहीं देखा है। इसका साधारण–सा कारण यह है कि हिजड़े स्वयं को अपने–अपने गिरिया की विवाहिता मानते हैं। उनके नाम का मंगलसूत्र तक पहनते हैं। गिरिया हिजड़ों के डेरे में निवास करने वाले पूर्ण पुरुष होते हैं जो वाद्ययन्त्रों को बजाने का काम करते हैं। हिन्दू धर्म के अनुसार स्त्रियों का श्मशान में जाना वर्जित है। अतः उनकी शवयात्रा न देख पाना स्वाभाविक ही है। उनकी शवयात्रा गिरियाओं द्वारा निकाली जाती है। कई जगहों पर यह मध्य रात्रि में, नक़ाब के साथ, छुपे तौर पर निकाली जाती है। हमारे समाज में इस समुदाय को लेकर कई ऐसी भ्रान्तियाँ विद्यमान हैं, जिन्हें लोगों ने आज तक जानने का प्रयास तक नहीं किया है। अतः सही कारणों की अनभिज्ञता के कारण हिजड़ों और समाज की मुख्यधारा के

मध्य एक खाई सी बन गयी है, जिसे जोड़ने में शायद वर्षों लग जायेंगे।

सम्भव है कि इस समाज में व्याप्त ऐसी कई मान्यताएँ और भी हों जिनका अन्वेषण अभी बाक़ी हो। इन मान्यताओं का सही या ग़लत होना एक अलग विषय है, किन्तु इतना तो अवश्य है कि जब तक यह समाज इन ज़ंजीरों में बँधकर, हिजड़े के रूप में स्वयं के जन्म को अपनी नियति मानकर जीता चला जायेगा, इस समाज का उत्थान सम्भव नहीं है। शायद इसी भावना से 'तीसरी ताली' उपन्यास का फ़ोटोग्राफ़र पात्र विजय इन मान्यताओं को मिथक साबित करना चाहता है। वह कहता है–''दुनिया के दंश से अपने–आप को बचाने के लिए मैंने लगातार लड़ाई लड़ी और ख़ुद को स्थापित किया। मैं नाचना–गाना नहीं, नाम कमाना चाहता था। भगवान् राम के उस मिथक को झुठलाना चाहता था, जिसके कारण तीसरी योनि के लोग नाचने–गाने के लिए अभिशप्त हैं...परिवार और समाज से बेदख़ल हैं।''[3] यहाँ हिजड़ा समाज में व्याप्त उस मान्यता का प्रतिकार है, जिसका आधार रामायण का वह प्रसंग है, जिसमें भगवान राम अयोध्या लौटने के उपरान्त मनाये जाने वाले जश्न में सभी नर–नारी को अपने–अपने घर लौटने के लिए कहते हैं। अतः जो नर या नारियाँ नहीं थे, वे वहीं रह गये। इस पर भगवान राम ने उन्हें नाचने–गाने का वरदान दे दिया।

सामाजिक पहलू

हमारा समाज खुशी के मौक़ों पर किन्नरों से आशीष पाने को तो लालायित रहता है, परन्तु उन्हें किसी भी रूप में अपने मध्य बर्दाश्त नहीं कर पाता। यहाँ तक कि 'हिजड़ा' शब्द को भी गाली की तरह प्रयुक्त किया जाता है, जो एक अनुचित बात है। इस समुदाय की यौनिक भिन्नता उन्हें समाज की दृष्टि में अनुपयोगी बना देती है। यही कारण है कि उनके पैदा होने पर परिवार जितनी जल्दी हो सके, स्वयं से अलग कर देने का प्रयास करते हैं। 'तीसरी ताली' उपन्यास में प्रदीप जी लिखते हैं–''असल में गौतम साहब के घर बेटा ज़रूर हुआ था, लेकिन कुछ दिनों के अन्दर ही परिवार को पता चल गया था कि वह किसी काम का नहीं है। बढ़ने के साथ उसका पुरुषांग विकसित नहीं हुआ।''[4] माँ के गर्भ में

हॉर्मोन्स की निष्क्रियता या कमी के कारण जननांग का अविकसित रह जाना ऐसे लोगों के लिए जीवन पर्यन्त एक अभिशाप बन जाता है। यह वास्तव में समाज की कुण्ठित सोच ही है कि व्यक्ति के किसी और अंग जैसे हाथ, पैर अथवा पूरा शरीर ही निष्क्रिय हो जाय तो उसे समाज अपने मध्य सहजता से लेकर चलता है, उनके प्रति संवेदना रखता है, किन्तु वहीं दूसरी ओर, मात्र कुछ अंगों की निष्क्रियता अच्छे-भले व्यक्ति की उपयोगिता का निर्णय करती है, यह वाक़ई में हास्यास्पद है।

कई बार यह भी होता है कि परिवार ऐसे बच्चों को आम लोगों की तरह स्वीकार करने के लिए तैयार रहता है, किन्तु समाज का भय, लोगों की तानाकशी उन्हें ऐसा नहीं करने देती। ऐसे लोगों को साथ लेकर चलने से, परिवार के अन्य लोगों को उनके अपने सामाजिक सम्बन्धों में कठिनाई आने लगती है। उनका जीना भी दूभर होने लगता है। इस उपन्यास की आनन्दी आण्टी निकिता को अपने साथ ही रखती हैं, किन्तु जब उसके किन्नर होने के लक्षण पूरी तरह उभरकर सामने आने लगते हैं, तब वह निकिता को नीलम नामक किन्नर को सौंप देती है। इसी तरह गौतम साहब स्वयं भले ही समाज से कटे-कटे रहते हैं, किन्तु अपने बेटे विनीत की असलियत जानने के बावजूद उसे अपने से दूर नहीं करते। विनीत के प्रति परिवार के शेष लोगों का व्यवहार भिन्न तथा उपेक्षा और शर्मिन्दगी से भरा होता है। अतः विनीत अपने परिवार को समाज में शर्मिन्दगी से बचाने के लिए ख़ुद ही घर छोड़कर चला जाता है। वास्तव में समाज की इस वर्ग के लिए ओछी सोच, उनकी दुर्दशा का मूल कारण है।

समस्याएँ

'तीसरी ताली' उपन्यास में प्रदीप जी ने इस समुदाय से जुड़ी अनेक समस्याओं का चित्रण किया है, मसलन-सामाजिक तिरस्कार और भेद-भाव, प्रशासनिक भेद-भाव, वेश्यावृत्ति, भिक्षावृत्ति, शारीरिक शोषण आदि। हम लोगों द्वारा किया जाने वाला भेदभाव जीवन पर्यन्त हिजड़ों की दुर्दशा का कारण बन जाता है। कुछ लोग यदि लीक से हटकर चलने का दुस्साहस करते हैं तो समाज के रूढ़िवादी लोग और सरकारी क़ायदे उनके रास्ते के रोड़े बन जाते हैं। इस उपन्यास में आनन्दी आण्टी बिना

किसी परवाह के निकिता को पालती रहीं, पढ़ाती रहीं। छठी क्लास में दाख़िले के समय निकिता को न तो लड़कियों के स्कूल में दाख़िला मिला और न ही लड़कों के। जवाब था–"जेण्डर स्पष्ट न होने के कारण हम दाख़िला नहीं दे सकते हैं ...यह स्कूल सामान्य बच्चों के लिए है। बीच वाले बच्चों को दाख़िला देने से स्कूल का माहौल ख़राब हो जाता है।"[5] इस प्रकार की शारीरिक अक्षमता का बौद्धिक क्षमता से सम्बन्ध मेरे लिए तो समझ पाना ज़रा मुश्किल है। कौन जानता है कि कई ऐसी निकिताएँ समाज में हैं, जिन्हें यदि अवसर दिया जाता तो अपने लिए जीवन में कुछ नहीं, काफ़ी कुछ अच्छा कर सकती थीं, परन्तु सामाजिक भेद–भाव के चलते वे जीवन भर ताली बजाकर नाचने–गाने के लिए विवश हैं।

दुनिया के कई देशों में भले ही समलैंगिक सम्बन्धों को कानूनी मान्यता दे दी गयी हो, किन्तु हमारा भारतीय समाज इसे लेकर बहुत ही असहज है। फ़ैशन आदि के नाम पर पाश्चात्य संस्कृति से नंगापन भले सहजता से लेते चले जा रहे हैं, किन्तु वैचारिक नंगापन जाने का नाम नहीं ले रहा है। यह हास्यास्पद ही है कि हमारा समाज रसूख़दारों के लौंडेबाजी के शौक़ को अपनाने में सहज भले ही न हो, किन्तु विवश तो है। परन्तु जब बात किसी पूर्ण पुरुष और एक हिजड़े के सम्बन्ध की हो तो समाज अमानवीय व्यवहार करने से भी नहीं कतराता। किसन और बॉबी नामक हिजड़ी के सम्बन्ध का ख़ुलासा होने पर पूरा गाँव सकते में आ जाता है। उनका मानना था कि एक हिजड़ी के गाँव में रहने से गाँव का माहौल ख़राब हो जायेगा। अतः पंचायती फ़रमान के तहत रात में, उनके घर में आग लगाकर दोनों को ज़िन्दा जला दिया जाता है और बाद में बड़ी ही सहजता से इसे एक दुर्घटना साबित कर दिया जाता है।

ग़रीबी और सहजता से पैसे कमाने के लालच में इस समाज के कुछ लोग वेश्यावृत्ति को भी अपना पेशा बना लेते हैं। उपन्यास में रेखा चितकबरी नामक किन्नर इसी व्यवसाय में लिप्त है। वह मोटी कमाई का लालच देकर कई हिजड़ों को अपनी गैंग में शामिल कर लेती है। समाज के बड़े–बड़े लोगों से उसके सम्बन्ध होते हैं, जिन्हें वह लड़कियाँ या हिजड़े मुहैया कराती है। प्रदीप जी जीविकोपार्जन के लिए कला मौसी नामक पात्र के माध्यम से इस समाज में व्याप्त भिक्षावृत्ति तथा मल्लिका नामक हिजड़ी के माध्यम से लूटपाट जैसे अनैतिक व्यवहार का भी ज़िक्र

करते हैं। वहीं दूसरी ओर वे यह भी चित्रित करते हैं कि समाज में डिम्पल, नीलम आदि जैसे किन्नर भी हैं जो किसी भी दुर्गम अवस्था में स्वयं को अनैतिकता के मार्ग से दूर रखते हैं और मानते हैं कि समाज को आशीष देना ही उनका मूल कर्तव्य है। कुल मिलाकर कहा जा सकता है कि जीवन जीने की जद्दोजहद में किन्नर समाज में नैतिक और अनैतिक, दोनों पहलू विद्यमान हैं।

बदलाव के कुछ पदचिह्न

प्रदीप जी के इस उपन्यास में किन्नर समुदाय से जुड़े कई ऐसे उदाहरण दृष्टिगोचर होते हैं जिनसे यह अन्दाज़ा लगाया जा सकता है कि यदि इस समुदाय के लोगों को भी उचित अवसर उपलब्ध कराये जायें तो ये भी नयी ऊँचाइयों को छू लेने का माद्दा रखते हैं। वैसे भी बौद्धिक क्षमता का निर्धारण किसी भी शारीरिक अक्षमता के मापदण्ड पर नहीं किया जा सकता। इस उपन्यास की पात्र विनीता इसका एक अनुपम उदाहरण है। गौतम साहब विनीत को अपने बेटे की तरह रखना चाहते थे, किन्तु साथ ही उसकी जैविक अक्षमता से बिल्कुल भी अनभिज्ञ नहीं थे। अतः प्रारम्भिक शिक्षा के पश्चात् जब उसे कठिनाई आने लगी तब उन्होंने उसे ब्यूटीशियन का कोर्स करवा दिया था। घर छोड़ने के बाद जब विनीत, विनीता बनकर इसी बलबूते अपने पैरों पर खड़ी होती है और 'गे वर्ल्ड' नाम से अपना खुद का पार्लर शुरू करती है। यहाँ मात्र हिजड़ों और समलैंगिक लोगों की ही एण्ट्री थी। इसके बूते वह कई बड़े शहरों में अपना पार्लर खोलती है और सफलता के उस शीर्ष पर जा पहुँचती है जहाँ–"दूसरे अपनी तस्वीर छपवाने के लिए उसके आसपास मँडराते थे। कैमरामैन उसे 'मैडम प्लीज़' कहकर पोज़ देने के लिए रोकते थे। वह बहुत दूर निकल चुकी थी।"[6] पेज थ्री सर्किल में आ चुकी विनीता को फ़ैशन शो में बतौर जज बुलाया जाने लगा। बाद में वह 'द छक्का' नामक अपने एक टीवी शो के ज़रिये तीसरी योनि के कई ऐसे लोगों को दुनिया के समक्ष प्रस्तुत करती है, जिन्होंने समाज से लड़कर अपना एक अलग मुकाम बनाया हो।

गुवाहाटी, आसाम की रहने वाली मणिकलिता बचपन में अपने स्कूल

के कुछ बच्चों द्वारा नंगा कर, उसके अविकसित गुप्तांग की नुमाइश करते हुए, 'छक्का–छक्का' के नारे लगाये जाने से व्यथित होकर पढ़ाई छोड़ देती है और कत्थक सीखने लगती है। अपनी लगन और मेहनत से वे मणि गन्धर्व महाविद्यालय में डांस डायरेक्टर बनती है। बचपन से ही परिवार से त्याज्य राजू को हिजड़ावृत्ति से नफ़रत है। वह रात में लैम्प पोस्ट के नीचे पढ़ते हुए ग्रेजुएट बनता है। अपना एक एन.जी.ओ. चलाता है, जिसमें एड्स तथा टी.बी. से ग्रस्त वेश्याओं तथा हिजड़ों की सेवा की जाती है। यहाँ तक कि वह एड्स को लेकर न्यूयॉर्क में संयुक्त राष्ट्र संघ द्वारा आयोजित एक सम्मेलन में भारत का प्रतिनिधित्व करता है। वह तीसरी योनि के लोगों से कहता है–"उठो और समाज में अपना मुकाम बनाओ। अपना हक़ हासिल करो। हक़ भीख में नहीं मिलता। उसके लिए संघर्ष करना पड़ता है।"[7] इसी प्रकार मशहूर डांसर सुप्रिया कपूर नामक पात्र भी तीसरी योनि के लोगों के लिए प्रेरणा का स्रोत है।

प्रदीप सौरभ का यह उपन्यास किन्नर जीवन की व्यथा मात्र का ही वर्णन नहीं करता, अपितु उनसे जुड़ी समस्याओं, उनके जीवन को प्रत्यक्ष या परोक्ष रूप से प्रभावित करने वाले मुख्यधारा के लोगों की भूमिका, उनकी समस्याओं के सम्भावित हल का भी सुझाव देता है। तीसरी योनि के लोगों के लिए रोल मॉडल्स प्रस्तुत करने का भी प्रयास किया है। हिन्दी साहित्य में इस तरह की पहल काफ़ी सराहनीय क़दम माना जाना चाहिए क्योंकि इस प्रकार की चर्चा व्यावहारिक तौर पर तीसरी योनि के लोगों की सहायता भले ही न कर पाये, किन्तु समाज में उनकी सहज स्वीकार्यता हेतु भूमिका तैयार करने का कार्य अवश्य करेगी।

सन्दर्भ

1. तीसरी ताली–प्रदीप सौरभ; पृ. 56
2. वही, पृ. 56
3. वही, पृ. 195
4. वही, पृ. 41
5. वही, पृ. 42
6. वही, पृ. 117
7. वही, पृ. 176

किन्नर समाज का अस्तित्व और 'गुलाम मण्डी'

•

तरुण पालीवाल

वर्तमान साहित्य का परिदृश्य अधिक व्यापक और सघन है। इसमें अब केवल कोई एक विशेष प्रवृत्ति देखने में नहीं आती। हाशिए के समाज की आवाज़ बने हिन्दी साहित्य को कई दशक बीत चुके हैं। आदिकाल में, जहाँ अधिकांश वर्णन भक्ति या शक्ति का मिलता है, वहीं मध्यकाल में हिन्दी साहित्य को नये आवरण में देखा जा सकता है। आधुनिक काल में इसका प्रमुख स्वर देशभक्ति का दिखता है। हाशिए के समाज का मध्यकाल में थोड़ा कुछ चित्रण सन्त काव्य में देखने को मिलता है। जहाँ इसमें केवल उच्च वर्ग के प्रति विरोध की प्रमुख धारणा दिखती है, वहीं निम्न और घृणित समझे जाने वाले वर्ग के प्रति सहानुभूति का चित्रण भी मिलता है। स्वतन्त्रता प्राप्ति के बाद हिन्दी साहित्य में अनेक नये विषयों का समावेश होता चला गया। प्रारम्भ में इन विविध विषयों में व्यापकता, सघनता और गहनता अधिक नहीं देखी जाती है। इसमें स्त्री–विमर्श, दलित–विमर्श और आदिवासी–विमर्श प्रायः किन्नर–विमर्श से कुछ समय पूर्व आरम्भ होते दिखलाई पड़ते हैं। हिन्दी में अभी किन्नर–विमर्श एकदम नया है, किन्तु जितना भी सृजन अब तक किन्नरों को मुख्य आधार बनाकर रचा गया है, उसने अपनी सशक्त उपस्थिति दर्ज करवाई है।

निर्मला भुराड़िया द्वारा रचित 'गुलाम मण्डी' उपन्यास में भी किन्नर समाज को आधार बनाया गया है। इसका प्रथम संस्करण 2014 ई. में

सामने आया। इस उपन्यास की विषय–वस्तु विविध आयामों को प्रस्तुत करती है। इसमें किन्नर समाज के यथार्थ चित्रण के अलावा मानव तस्करी, स्त्री और किन्नरों के यौनकर्मियों के रूप में कार्य करने की समस्या आदि को चित्रित किया गया है। इसमें एकाधिक समस्याओं को प्रस्तुत किया गया है। प्रस्तुत उपन्यास में निर्मला जी के स्वानुभवों का समावेश दिखलाई पड़ता है। वे स्वयं प्रस्तावना में अपने निजी अनुभवों पर लिखती हैं–"बचपन से देखती आयी हूँ उन लोगों के लिए समाज के तिरस्कार को, जिन्हें प्रकृति ने तयशुदा जेण्डर नहीं दिया। इसमें इनका क्या दोष? ये क्यों हमेशा त्यागे गये, दुरदुराये गये, सताये गये और अपमान के भागी बने? इन्हें हिजड़ा, किन्नर, बृहन्नला कई नामों से पुकारा गया है, मगर हमेशा तिरस्कार के साथ ही क्यों? आख़िर ये बाक़ी इनसानों की तरह मानवीय गरिमा के हक़दार क्यों नहीं?"[1]

प्रस्तावना में ही लेखिका अपना दृष्टिकोण स्पष्ट कर देती हैं। वे किन्नरों के प्रति सहानुभूति रखती हैं और प्रश्न उठाती हैं कि क्यों आज का सभ्य समाज हज़ारों वर्षों से साथ रहने वाले समाज के एक अंग को स्वीकार नहीं करता है? इन्हीं भावनाओं का चित्रण वे अपने उपन्यास में करती हैं। यह उपन्यास पच्चीस खण्डों में विभक्त है, जिसमें कथावस्तु को एक साथ जोड़ने का सफल प्रयास किया गया है।

प्रथम खण्ड में ही उपन्यास की नायिकाओं में से कल्याणी और अंगूरी का परिचय मिलता है। अंगूरी, रानी, वृन्दा गुरु, हमीदा आदि किन्नर समाज का प्रतिनिधित्व करती हैं। आरम्भ में ही किन्नरों के निवास स्थान का यथार्थ चित्रण मिलता है। आज भी ये किन विकट परिस्थितियों में रहने को मजबूर हैं। गन्दी–सी बस्तियों में, जहाँ पर खोलीनुमा छोटे–छोटे घरों में ये रहते हैं। ये घर इतने पास–पास हैं कि इनके छज्जे प्रायः एक–दूसरे को छूते हैं। लेखिका कल्याणी को यहाँ सभ्य समाज का प्रतिनिधित्व करवाती हैं, जिससे कि पाठक को समाज के दृष्टिकोण का भी पता चल सके।

वृन्दा गुरु के द्वारा पाले गये कव्वों को देखकर जब कल्याणी प्रश्न पूछती है कि गुरु ने कव्वे ही क्यों पाले हैं, जिनको कोई नहीं पालता है। उस समय हमीदा सम्पूर्ण किन्नर समाज का प्रतिनिधित्व करती है। वह

कव्वों की तुलना किन्नर के जीवन से करती हुई कहती है–"श्राद्ध के दिनों में ही न! स्वारथ रहता है न तुम्हारा। आड़े दिन में जो कहीं कव्वा आकर बैठ जाये न तुम पर, तो नहाओगी–धोओगी, अपशगुन मनाओगी। जैसे हम न तुम्हारे जो शादी–ब्याह हो तो नाचेंगी–गायेंगी, शगुन पायेंगी मगर यूँ जो रास्ते में आ पड़ी न हम तो 'हिजड़ा' कहकर पुकारोगी।"[2] समाज द्वारा किस प्रकार किन्नर समाज के साथ दोयम दर्जे का व्यवहार किया जाता है, हमीदा स्पष्ट शब्दों में इसे प्रकट करती है।

किन्नरों के बारे में सबसे पहले भ्रान्तियाँ सामान्यतया परिवार से फैलाई जाती हैं। कभी–न–कभी हमें भी स्वयं अपने परिवार के सदस्यों द्वारा ही इनके बारे में अनर्गल बातें बतायी गयी हैं। बालक के मन में बचपन से ही इस प्रकार की बातों से भय फैलाकर यह समाज आरम्भ से ही इनको समाज से दूर कर देता है।

"हिजड़े उठा ले जायेंगे, झोली में भरके। छोरों का तो ये अंग–भंग करके अपने दल में मिला लेंगे।"[3]

किन्नरों को समाज से कितनी वेदना मिलती है? वे सभी के बीच रहकर भी किसी के साथ नहीं माने जाते। समाज का यह दुर्व्यवहार उनमें कुण्ठा को जन्म देता है। ये समाज के इस व्यवहार से यहाँ तक व्यथित होते हैं कि विश्व के सभी धर्मों और समुदायों के पवित्र माने जाने वाले शव को भी ये लोग चुपचाप दफ़नाते हैं। उस शव के साथ घृणावश अनुचित व्यवहार भी करते हैं। वृन्दा गुरु की मृत्यु के बाद जब रात में सभी किन्नर शवयात्रा में जाते हैं तब–'कफ़न को गड्ढे में रखने के बाद उन्होंने लाश को कफ़न में उतारा, मगर सीधे नहीं लिटाया, बल्कि लिटाया पेट के बल। लाश को उलटा रखकर उन सभी ने अपनी–अपनी कमर में बँधे जूते–चप्पल निकाल लिए और लाश को पीटना शुरू किया, इस कथन के साथ कि अगले जनम में हिजड़ा न बनना।"[4] इनका ये अन्तिम कथन किन्नरों की आत्मपीड़ा को प्रकट करता है।

किन्नरों के साथ तो शिक्षालयों जैसे ज्ञान के पवित्र मन्दिरों में भी भेदभाव किया जाता है। उनको शिक्षालयों में सीधे प्रवेश तक नहीं दिया जाता, क्यों? क्योंकि प्रवेश के पत्र पर अपना लिंग लिखना इस देश की शिक्षा में अनिवार्य है। हमारे सुशिक्षित समाज ने इस उभयलिंगी समाज से

सबसे पहले शिक्षा का हक़ छीन लिया है। यह सभ्य कहलाने वाले समाज का स्पष्ट प्रतिरोध है कि किन्नर समाज को अलग समझा जाता है और उनके साथ ऐसा ही व्यवहार भी किया जाता है।

हमीदा रमीला की बात पर कहती है–"तू तो बात–बात पर रोती है। तुझे तो ख़ुश होना चाहिए कि तुझे वृन्दा गुरु की शरण मिल गयी। बड़े मज़े से कह रही है, स्कूल जाने की उम्र हो गयी थी। कोई भरती करता है क्या पाठशाला में? पहले पूछते है मेल कि फ़ीमेल। अपनी वो शर्मीला है न, छोरा बन के भरती हुई थी, तो बहनजी ने एक दिन चड्डी उतरवा ली थी उसकी और जूते मार के स्कूल से निकलवा दिया था उसको। उमराव गुरु के कुनबे में शरण दी उसको वरना भूखी मर जाती वो भी।"[5] किसी बच्चे के साथ शिक्षा के स्थान पर इतना अमानवीय और अनुचित व्यवहार होता है। उस बालक की संवेगात्मक स्थिति क्या होती होगी इसका अन्दाज़ा लगाना भी दुष्कर कार्य प्रतीत होता है। किन्तु इस हद तक इनके साथ अमानवीय व्यवहार कहाँ तक उचित है और हम आज अपने आप को सभ्य कहते हैं, क्या ये हम कह सकते हैं? निर्मला जी ने किन्नरों के जीवन को जीवन्त रूप में प्रस्तुत किया है।

समाज एक किन्नर बालक के साथ ऐसा व्यवहार करता ही है, उसका स्वयं का परिवार भी इसमें कम योगदान नहीं देता। परिवार के अन्य सदस्य भी उसको हेय और घृणित दृष्टि से देखते हैं। यहाँ भी किन्नर को प्रताड़ना सहनी पड़ती है। अंगूरी इसी कारण कहती है–'आज तो मैं ये कहूँगी कि मैं दर–दर फिरती थी क्योंकि मैं ऐसी थी न। माँ को टी.बी. थी। उसके जीते–जी ही बाप ने दूसरी शादी कर ली थी। हम छह भाई–बहन थे। मुझ एक को छोड़कर सब पूरे थे। मेरे दाढ़ी–मूँछ नहीं निकले थे। आवाज़ छोरियों जैसी रह गयी तो सब मेरे को मारते–चिढ़ाते–खिझाते थे। बाप भी जब देखो, तब हाथ छोड़ देता था।"[6]

उपन्यास में समाज द्वारा किन्नरों का चित्रण जहाँ–तहाँ अपने सत्य रूप में प्रकट होता है। किस प्रकार समाज एक किन्नर बालक को परिवार से अलग करता है, उसको शिक्षा से वंचित रखता है ताकि वो अपना अधिकार कल समाज से नहीं माँग सके। इन कारणों से किन्नरों को मजबूरी में अपना जीवन चलाने के लिए पुश्तैनी धन्धों पर निर्भर

रहना पड़ता है, किन्तु बदलते आर्थिक परिदृश्य में इनके पुश्तैनी कार्यों में गिरावट आ गयी है, जिस कारण अधिकांश किन्नर अब यौनकर्मी के रूप में कार्य करते नज़र आते हैं। यह हमारे समाज का सबसे घृणित रूप है, जहाँ आज इतने आर्थिक विकास के बाद भी एक मानव को सिर्फ़ ज़िन्दा रहने के लिए अपने तन को बेचना पड़े।

भावना मासीवाल अपने लेख में किन्नरों की आर्थिक स्थितियों को बताते हुए लिखती हैं–''समाज द्वारा उपेक्षित यह समुदाय भी मुख्यधारा में शामिल होना चाहता है। साथ ही, संवैधानिक रूप से प्राप्त समानता के अधिकार को समाज में भी पाना चाहता है। वृन्दा गुरु, अंगूरी, रेखा, रानी जैसे समुदाय के बहुत से लोग मानव होने की गरिमा का अहसास करना चाहते हैं। समाज की उपेक्षा व आर्थिक बेरोज़गारी के कारण ही यह समाज भी यौनकर्मी के रूप में काम करने को मजबूर है।''[7]

अनेक कारणों के प्रभावस्वरूप किन्नरों को अपना जीवन एक यौनकर्मी के रूप में व्यतीत करना पड़ता है। एक समय में समाज में इनका वर्चस्व था। ये गुप्तचर, अंगरक्षक आदि का कार्य किया करते थे, किन्तु समाज का दृष्टिकोण निरन्तर इनके प्रति बदलता गया। किसी भी मानव को मात्र अपना पेट भरने के लिए तन का सौदा करना पड़े तो समाज के लिए इससे अधिक लज्जा की बात कुछ नहीं हो सकती है। जानकी को ढूँढ़ने के लिए जब कल्याणी अंगूरी को रेड लाइट एरिया में जाने का आग्रह करती है तब अंगूरी अपने पूर्व के अनुभवों के आधार पर कहती है–''कल्याणी, तुम उन दुष्टों को जानती नहीं। मैं वहाँ से भागी हुई हूँ। मुझे उन्होंने देख लिया तो जाने क्या सुलूक करेंगे? आगे उसने यह सलाह दी कि कल्याणी ख़ुद भी ऐसी जगह न जाये तो अच्छा।''[8]

निर्मला भुराड़िया अपने उपन्यास में पात्रों और उनकी स्थितियों का जीवन्त चित्रण प्रस्तुत करती हैं। वन्दना शर्मा इनके बारे में कहती हैं–''जटिल विषय को लेकर लेखन का केन्द्र बनाने वाली निर्मला जी गहनतम संवेदना के स्तर पर गुलामी के दंश को कुशलता से अभिव्यक्त कर पायी हैं। आज के तिरस्कृत वर्ग में किन्नरों की समस्याओं और मानव तस्करी का भयावह चेहरा उपन्यास में दिखाया गया है। एक ज्वलन्त समस्या पर लेखन का प्रयास 'गुलाम मण्डी' में किया गया है। उस सच

को बड़ी बारीकी के साथ उघाड़ने का प्रयास किया गया है, जिसे बार–बार दबाने की कोशिश की जाती है।"[9]

शोध–सार

'गुलाम मण्डी' उपन्यास में एकाधिक विषयों को समावेशित किया गया है। लेखिका का स्वानुभव इसमें दिखलाई पड़ता है। वे मानव तस्करी, महिलाओं की समाज में वर्तमान स्थिति के साथ ही किन्नरों की समस्याओं का भी चित्रण करती हैं। किन्नरों के अन्तरंग जीवन का वास्तविक वर्णन उपन्यास में मिलता है। लेखिका चूँकि एक पत्रकार रही हैं तो उन्होंने इन सभी स्थितियों को स्वयं अपनी आँखों से देखा है, जिसका प्रस्तुतीकरण यहाँ दीखता है। कबीर जिस प्रकार कहते हैं कि 'मैं कहता आँखिन की देखी'। ऐसा ही कुछ निर्मला भुराड़िया के इस लेखन में प्रकट होता हैं।

उपन्यास में अंगूरी, वृन्दा गुरु, रेखा, रानी, हमीदा, रमीला आदि किन्नर पात्रों के माध्यम से लेखिका अपनी बात कहती है। किन्नरों के जीवन की प्रताड़ना, सन्त्रास और आत्मपीड़ा का यथार्थ रूप देखने को मिलता है। परिवार और समाज किस प्रकार एक किन्नर के साथ अनुचित और अभद्र व्यवहार करता है, एक बालक को किन्नर होने पर किन–किन शारीरिक और मानसिक कष्टों से गुज़रना पड़ता है, इसका उसके मन पर विपरीत प्रभाव पड़ता है, जिससे वह स्वयं ही परिवार से विच्छेद महसूस करता है। अगर माता–पिता अपने किन्नर बालक को अपनाना भी चाहें तो परिवार के अन्य सदस्य उसका शोषण करते हैं। समाज का दबाव अलग से अपना कार्य करता है, जिससे उस बालक को अन्ततः अपना जीवन किन्नरों के मध्य ही व्यतीत करना पड़ता है।

शिक्षालयों जैसे पवित्र और ज्ञान के मन्दिर के रूप में पहचाने जाने वाले स्थल पर भी यह अनुचित व्यवहार किन्नरों का पीछा नहीं छोड़ता। प्रवेश पत्रों पर लिंग का ख़ाना सीधे तौर पर किन्नरों के बहिष्कार को प्रदर्शित करता है। समाज उनको अपने साथ मिलाना ही नहीं चाहता है। अगर कोई बालक प्रवेश ले भी ले तो उसके साथ अमानवीय व्यवहार किया जाता है। उपन्यास में एक स्थान पर किन्नर बालक के अन्तःवस्त्र उतरवाकर उसे लज्जित किया जाता है। यह असंवेदनशील कृत्य आज

के युग में भी अत्यन्त भयानक प्रतीत होता है। जिस आधार पर किन्नर के साथ यह सब किया जाता है उस पर स्वयं मानव का कोई अधिकार नहीं है। ये प्रकृति प्रदत्त है। यह सब जानते हुए भी मानव समाज अपने ही एक हिस्से के साथ ऐसा व्यवहार करता है।

शिक्षा के बिना मानव का जीवनयापन करना दूभर होता है। जब समाज किन्नरों से यह अधिकार छीन लेता है तब उनको मजबूरी में अपने पुश्तैनी धन्धों में लगना पड़ता है। ये लोग शुभ अवसरों पर आकर नेग लेने का कार्य प्रमुख रूप से करते हैं, किन्तु आज के बदलते सामाजिक–आर्थिक ढाँचे के प्रभाव के कारण इनके इन कार्यों में भी कमी आयी है। इस वजह से अब इनको अपना पेट भरने के लिए यौनकर्मी के रूप में कार्य करना पड़ता है। इससे कई बार ये किसी गम्भीर यौन रोग से पीड़ित हो जाती हैं। उपन्यास में यौन रोग से पीड़ित और मृत्यु को प्राप्त किन्नरों का भी वृत्तान्त मिलता है। इस प्रकार 'गुलाम मण्डी' उपन्यास में किन्नर समाज की कई समस्याओं के साथ इनके वास्तविक जीवन का वर्णन भी मिलता है, जो पाठक के ज़ेहन में कई प्रश्न छोड़ जाता है, पाठक को सोचने–विचारने पर मजबूर कर देता है। निर्मला जी का यह प्रयास अपने लक्ष्य के अत्यन्त निकट दिखलाई पड़ता है। उन्होंने उपन्यास में अपनी लेखनी से किन्नर समाज को मुखर अभिव्यक्ति प्रदान की है।

सन्दर्भ

1. निर्मला भुराड़िया : गुलाम मण्डी, सामयिक प्रकाशन, नयी दिल्ली, 2016 (प्रस्तावना), पृ. 7
2. वही, पृ. 12
3. वही, पृ. 12
4. वही, पृ. 66
5. वही, पृ. 69
6. वही, पृ. 71
7. http://www.shabdankan.com/2015/02/review-of-nirmal-bhuradias-novel-gulam-mandi-bhawna-masiwal.html?m+1.08/02/2018
8. निर्मला भुराड़िया : गुलाम मण्डी, सामयिक प्रकाशन, नयी दिल्ली, 2016, पृ.213
9. www.hastaksher.com/rachna.php?id=1084.11/02/2018

किन्नर जीवन की त्रासदी : 'पोस्ट बॉक्स नं. 203 नाला सोपारा'

•

डॉ. दिलीप मेहरा

''यह मुल्क है या मैल का तालाब है कोई।
कुछ हरक़त न हुई, ईंट कई बार उछाली।।'

–रामावतार त्यागी

'किन्नर' शब्द ऐसे समाज के लिए प्रयुक्त होता है, जो लैंगिक रूप से न नर होते हैं न मादा। इस शब्द को सुनते ही हमारे मानस पटल पर समाज के ऐसे लोगों की छवि उभरकर आती है, जिसे हम किन्नर, हिजड़ा, मौसी, पवैया, छक्का, मेहला, नपुसकलिंग, थर्ड जेण्डर के नामों से जानते हैं। वैसे तो तृतीय लिंग की अवधारणा बहुत ही पुरानी है। 'महाभारत' के शिखण्डी तथा अर्जुन का बृहन्नला रूप को हम अच्छी तरह जानते हैं और उसी को हम लोग वर्तमान में 'हिजड़ा' नाम से पहचानते हैं। साहित्य के क्षेत्र में इस विकृत प्रकृति वाले मनुष्य को 'हिजड़े' के बजाय 'किन्नर' जैसे सम्मानित शब्द से नवाज़ा जाता है।

सामान्यतया देखा जाय तो मनुष्य का जन्म ईश्वर की देन है। यह देन हम माता–पिताओं के लिए एक वरदान है जिसे हर दम्पति पाना चाहता है। परन्तु उसी दम्पति को तृतीय लिंगी सन्तान की जब प्राप्ति होती है तो क्या माता–पिता और समाज इस बच्चे को इसी रूप में स्वीकारता है?

कुछ समय पहले मैंने वाणी प्रकाशन से प्रकाशित लक्ष्मीनारायण

त्रिपाठी की 'मैं लक्ष्मी...मैं हिजड़ा...' आत्मकथा को पढ़ा। इसे पढ़ने के बाद लगा कि हम जिस प्रकार की धारणा उनके प्रति रखते हैं, वैसी धारणा हमें बिल्कुल नहीं रखनी चाहिए। भले ही लक्ष्मीनारायण त्रिपाठी की आत्मकथा को शब्दबद्ध वैशाली रोडे ने किया है, पर संवेदना तो लक्ष्मी जी की है। प्रस्तुत आत्मकथा काफ़ी सफल रही है। इसी आत्मकथा को पढ़ने के दौरान मेरी बात चित्रा मुद्गल जी से हुई। उन्होंने मुझे बताया कि मेरा एक उपन्यास 'सामयिक प्रकाशन' से आ रहा है, जो किन्नर समाज से केन्द्रित है। उन्होंने यह भी बताया कि इस उपन्यास को उन्होंने क्यों लिखा?

जब 'पोस्ट बॉक्स नं. 203 नाला सोपारा' (2016) उपन्यास आया और उसे मैंने शीघ्र पढ़ा तो किन्नरों के प्रति मेरा देखने का नज़रिया ही बदल गया। मैं काफ़ी दिन तक इस उपन्यास के पात्र विनोद के बारे में सोचता रहा। मैंने चित्रा मद्गल जी से फ़ोन पर बात की कि मैडम इस समाज पर कलम चलाकर, आपने बहुत ही अच्छा किया।

अब मैंने मन बना लिया कि किन्नर समाज के बारे में कुछ काम तो करना चाहिए और इस समाज को आगे लाने के लिए हमें जितना हो सके, उतना प्रयास करना चाहिए। फलस्वरूप मैंने अपने निर्देशन में एक छात्र महेश परमार को 'पोस्ट बॉक्स नं. 203 नाला सोपारा' उपन्यास पर एम.फिल. में लघुशोध प्रबन्ध पर काम करवाना प्रारम्भ कर दिया। इतना ही नहीं, मैंने हिन्दी साहित्य की जाँच–पड़ताल करना प्रारम्भ कर दिया, तो पता चला कि कानपुर में आलोचना और कहानियों की कई किताबें इस विषय पर छपी हैं। वहाँ से मैंने सम्पर्क कर किन्नर साहित्य मँगवाकर इसे जानने–समझने का प्रयत्न किया। हिन्दी साहित्य में तृतीय लिंगी समाज पर नीरजा माधव द्वारा लिखा गया 'यमदीप' (2002) उपन्यास पहला माना जाता है। इस उपन्यास की कथा किन्नर समाज पर आधारित है। उसके बाद अनसूया त्यागी ने 'मैं भी औरत हूँ' (2005) इसी समाज पर केन्द्रित उपन्यास लिखा। प्रस्तुत उपन्यास की लेखिका ने ख़ुद डॉक्टर होने के कारण इस विकृति को कैसे दूर किया जा सकता है, इसका भी संकेत अपने उपन्यास में किया है। साथ–साथ नारी–विमर्श को ध्यान में रखकर सरोगेट मदर यानी किराये के कोख की समस्या का भी यथार्थ

चित्रण किया है। निर्मला भुराड़िया के 'गुलाम मण्डी' उपन्यास में किन्नर समाज के जीवन की यातनाओं का वर्णन किया गया है तो हाल में किन्नर जीवन की त्रासदी पर आधारित 'ज़िन्दगी 50–50' भगवन्त अनमोल जी का उपन्यास आया है।

कुछ समय पहले मैंने 'कौन बनेगा करोड़पति' कार्यक्रम देखा था। इस कार्यक्रम के एक एपिसोड में अमिताभ बच्चन ने गौरी नामक किन्नर को आमन्त्रित किया था। इन दोनों के वार्तालाप ने भी मुझे काफ़ी प्रभावित किया। इस कार्यक्रम को देखने के बाद मुझे भी लगा कि हमें इस समाज को आगे लाने के लिए भरसक प्रयास करना चाहिए। फलतः मैंने किन्नर साहित्य पर दिनांक 22 फ़रवरी, 2018 को वल्लभ विद्यानगर में राष्ट्रीय संगोष्ठी करने का मन बना लिया। डर यह था कि किन्नरों के जीवन सम्बन्धी संगोष्ठी में प्रतिभागी आयेंगे या नहीं, पर प्रतिभागी मित्रों ने बढ़ चढ़कर हिस्सा लिया। लगभग दो सौ से भी ज़्यादा प्रतिभागियों ने एडवांस अपना पंजीकरण करा लिया था। इस कार्यक्रम में मैंने चित्रा जी को भी आमन्त्रित किया था, पर अपनी व्यस्तता के कारण वह नहीं आ पायीं, परन्तु 'मुन्नी मोबाइल' (2009) और 'तीसरी ताली' (2011) के उपन्यासकार प्रदीप सौरभ जी हमारे कार्यक्रम में आये और कार्यक्रम को सफल बनाने में सराहनीय योगदान भी दिया। इसके उपरान्त 'किन्नर कथा' (2010) और 'मैं पायल' (2016) के कथाकार महेन्द्र भीष्म ने भी हमारे कार्यक्रम में चार चाँद लगा दिये। कारण, वे अपने साथ किन्नर गुरु पायल सिंह को भी ले आये, जो 'मैं पायल' उपन्यास का प्रमुख पात्र है।

हिन्दी साहित्य में पिछले तीन दशकों से स्त्री–विमर्श, दलित–विमर्श, आदिवासी–विमर्श का काफ़ी बोलबाला रहा और अब किन्नर–विमर्श का दौर चल रहा है। वैसे देखा जाय तो इस वर्ग के बारे में न के बराबर लिखा गया है। इसी दौर की लेखिका चित्रा मुद्गल जी हैं।

चित्रा मुद्गल के अब तक तेरह कहानी संग्रह, चार उपन्यास, तीन बाल उपन्यास तथा पाँच सम्पादित पुस्तकें प्रकाशित हो चुकी हैं। चित्रा जी के चार उपन्यास हैं–'एक ज़मीन अपनी' (1990), 'आवाँ (1991), 'गिलिगड़ु' (2002) और 'पोस्ट बॉक्स नं. 203 नाला सोपारा' (2016)।

'पोस्ट बॉक्स नं. 203 नाला सोपारा' उपन्यास में लेखिका ने किन्नर समाज की दयनीयता का मार्मिक चित्रण किया है। इस उपन्यास में मूल गुजराती मुम्बई में बसे हुए धनाढ्य परिवार में जन्मे बच्चे विनोद की कहानी है, जो जन्म से ही जननांग की विकृति का शिकार है। उसका बड़ा भाई और उससे छोटा भाई पूरी तरह से नॉर्मल हैं। विनोद के पिता किराने की दुकान चलाते हैं। उसकी माँ वन्दना, विनोद की विकलांगता के कारण उनके प्रति ज़्यादा मोह रखती है। विनोद को भी आम बच्चों की तरह पढ़ाने का प्रयत्न किया जाता है। एक दिन अनायास विनोद माँ को प्रश्न पूछता है–''मेरे नुन्नू क्यों नहीं हैं, बा?''[1] इस सवाल को केन्द्र में रखकर लेखिका ने पूरे उपन्यास का ताना–बाना बाँधा है। वैसे तो पूरा उपन्यास पत्रात्मक शैली में लिखा गया है। बा और विनोद की बातें पत्रों के माध्यम से खुलती जाती हैं और उपन्यास आगे बढ़ता जाता है।

विनोद उर्फ़ बिन्नी को बचपन में अच्छे स्कूल में पढ़ाया जाता है। वह मेधावी छात्र भी है। उनके माता–पिता ने भी डॉक्टरों को दिखाया, पर उसकी विकलांगता में कोई फ़ायदा नहीं हुआ। किशोरावस्था तक आते–आते उसके अन्दर लड़कियों वाले लक्षण भी आने लगे। इसकी जानकारी चम्पाबाई नामक हिजड़े को हो जाती है तो वह घर तक आ जाती है। विनोद की बा विनोद को छिपा लेती है और छोटे बच्चे को बताकर जैसे तैसे उसे बचा लेती है। अब विनोद की माँ को लगने लगा कि हिजड़े इसे स्कूल से उठा लेंगे, तो वह स्कूल की छुट्टी होने तक स्कूल के बाहर बैठी रहती है और विनोद को स्कूल से वापस लाती है। पिताजी ने इसी वजह से बिन्नी का स्कूल छुड़वा दिया। उस समय बिन्नी बहुत दुखी होता है। वह अपनी माँ तथा पप्पा को बहुत समझाता है, रुदन करता है, पर किसी ने एक नहीं सुनी। छोटे बच्चे की इस घुटन का वर्णन करते हुए लेखिका ने लिखा है–''पप्पा, मैं घर बैठकर नहीं पढ़ूँगा। सबके साथ पढ़ूँगा, अपनी ही कक्षा में बैठकर। मुझे स्कूल जाना है...मैं बोर्ड में टॉप करना चाहता हूँ। मैं टॉप कर सकता हूँ पप्पा, मैं टॉप करके दिखाऊँगा। मुझे स्कूल जाने दो...प्लीज़ पप्पा, प्लीज़।''[2]

अन्त में समाज के डर और हिजड़ों के आने–जाने के कारण विनोद को चम्पाबाई के हवाले कर दिया जाता है। इसी बात को याद कराता

हुआ, अपने माता–पिता को कोसता हुआ वह बा को पत्र में लिखता है–"तूने, मेरी बा, तूने और पप्पा ने मिलकर मुझे कसाइयों के हाथ मासूम बकरी–सा सौंप दिया।...जिस नरक में तूने और पप्पा ने धकेला है मुझे, वह एक अन्धा कुआँ है जिनमें सिर्फ़ साँप–बिच्छू रहते हैं। साँप–बिच्छू बनकर वे पैदा नहीं हुए होंगे। बस, इस कुएँ ने उन्हें आदमी रहने नहीं दिया।"[3]

विनोद हिजड़ा समुदाय के साथ रहने के बावजूद अपने परिवार को अपार स्नेह करता है, परन्तु उसे इस बात का दुःख है कि उसके घरवालों ने समाज की बदनामी से बचने के लिए उसकी दुर्घटना में मृत्यु की कहानी गढ़ ली और उसे हिजड़ों के हवाले कर दिया। विनोद को इस बात का भी दुःख है कि उसके कारण उसके घरवालों ने अपना पुराना घर बेचकर नाला सोपारा में नया घर ले लिया था। अपनी बा को इस बात का ज़िक्र पत्र में करता हुआ वह लिखता है कि एक बार तो मैंने आत्महत्या करने का सोच लिया था, परन्तु–"शहर में मरूँगा तो लाश किन्नरों के हाथ लगेगी। किन्नरों के विधि–विधान से मौत का निपटारा होगा। किन्नर के रूप में मैं मरना नहीं चाहता। अपनी मर्ज़ी से मर सकता हूँ तो मौत का निपटारा भी मेरी मर्ज़ी से ही होना चाहिए। ऊँचे पहाड़ पर जाकर मरना उचित होगा। हज़ारों फीट गहरी अलंघ्य जटिल घाटी में कौन खोजेगा मेरी लाश को? मेरी लाश के टुकड़ों से चिपक कर तुझे भी छाती कूटने का मौक़ा नहीं मिलेगा। यही तो चाहता हूँ मैं।"[4] यानी मरना है तो भी किन्नर रूप में वह नहीं मरना चाहता। वह बा को आगे भी पत्र में लिखता है कि आप लोगों द्वारा मुझे हिजड़ों के हवाले कर देने के बावजूद मैं उनकी तरह जीने को स्वीकार नहीं कर पाया। मेरे कानों में गर्म तेल डाला गया, मुझे बेरहमी से पीटा गया और हज़ारों गालियों से नवाज़ा गया, फिर भी मैं इस कौम की तरह जीने के लिए तैयार नहीं हुआ। यथा–"उनके लात, घूँसे, थप्पड़ और कानों में गर्म तेल–सी टपकती किसी भी सम्बन्ध को न बख़्शने वाली अश्लील गालियों के बावजूद न मैं मटक–मटककर ताली पीटने को राज़ी हुआ, न सलमे–सितारे वाली साड़ियाँ लपेटकर लिपस्टिक लगा कानों में बुन्दे लटकाने को।"[5]

वह अपनी आत्मनिर्भरता की बात पर बल देता हुआ कहता है कि न

तो मैं स्त्रैण पुरुष हूँ और न पहले कभी था। विनोद के शब्दों में–''स्त्रैण लक्षण मुझमें कभी नहीं रहे। अब भी नहीं हैं और जो लक्षण मुझमें नहीं हैं, उन्हें सिर्फ़ इसलिए स्वीकारूँ कि मेरी बिरादरी के शेष सभी, उन हाव–भाव को अपना चुके हैं?''[6]

किन्नर समाज के प्रति समाज का रुख़ पहले से अच्छा नहीं रहा है। वे हिजड़ों को मनुष्य मानने के लिए तैयार नहीं हैं। प्रस्तुत उपन्यास हिजड़ों के प्रति समाज की नकारात्मक मानसिकता के लिए हमें आत्मचिन्तन करने के लिए मजबूर करता है। हिजड़ों की दुर्दशा का मूल कारण उसका परिवार है। सामाजिक व्यवस्था के कारण हिजड़ों को अपने घर से बेदखल कर दिया जाता है। इस ओर संकेत करते हुए महेन्द्र भीष्म जी ने अपने उपन्यास 'किन्नर कथा' में यथार्थ ही लिखा है–''प्रत्येक हिजड़ा अभिशप्त है, अपने परिवार से बिछुड़ने के दंश से। समाज का पहला घात यहीं से उस पर शुरू होता है। अपने ही परिवार से, अपने ही लोगों द्वारा उसे अपनों से दूर कर दिया जाता है। परिवार से विस्थापन का दंश सर्वप्रथम उन्हें ही भुगतना होता है।''[7]

इस उपन्यास का विनोद न तो ताली बजाने वाला किन्नर है न नाचने वाला किन्नर। वह तो अपने बलबूते पर पढ़ता हुआ कम्प्यूटर सीखता हुआ चण्डीगढ़ के विधायक के पास तक पहुँचकर अपनी अस्मिता की पहचान कराता है। वह उनके साथ कई दिनों तक काम करता है, साथ–साथ किन्नरों के उत्कर्ष की चिन्ता करता है। एक बार उसे विशाल जन समुदाय को सम्बोधित करने का मौक़ा मिलता है तो वहाँ भी वह किन्नरों को आने लाने के लिए सरकार को दख़ल देने की बात करता है। यथा–''मैं सरकार से अपील करता हूँ इस सभागार में, लिंग दोषी बिरादरी की घर वापसी को वह सुनिश्चित करे। कानून बनाये। बाध्य करे अभिभावकों को। घर से बहिष्कृत बच्चों को, वे जिस भी उम्र के पड़ाव में हों, अपने साथ रखें। प्रचार करें, अख़बारों, चैनलों और आकाशवाणी पर विज्ञापनों के माध्यम से। उनकी चेतना को झकझोरें, ताकि भविष्य में कोई माता–पिता लोकापवाद के भय से लिंग दोषी औलाद को दर–दर की ठोकरें खाने के लिए घूरे पर न फेंके। आप सब से भी अपील है मेरी...बरजिये बिरादरी को। शपथ लीज़िए कि यहाँ से लौटकर आप लिंग

दोषी नवजात बच्चे–बच्ची को, किशोर–किशोरी को, युवक को जबरन उसके माता–पिता से अलग करने का पाप नहीं करेंगे, उससे उसका घर नहीं छीनेंगे। उपहासों के लात–घूँसों से उसे ज़लील होने की विवशता नहीं सौंपेंगे।''[8]

हिजड़ों का शारीरिक शोषण भी बेरहमी से किया जाता है। इसका संकेत भी चित्रा जी ने पूनम जोशी नामक किन्नर से वर्णित किया है। पूनम विनोद यानी बिन्नी का अच्छा मित्र है। पूनम जोशी से विधायक जी का भतीजा बिल्लू अपने साथियों के साथ सामूहिक बलात्कार करता है। बिल्लू के मन में यह कुण्ठा थी कि हिज़ड़ों का जननांग कैसा होता है? ऐसी जिज्ञासा भी ग़लत काम करने के लिए प्रेरित करती है। इसका दर्दनाक वर्णन करते हुए लेखिका ने लिखा है–''वह डरे नहीं। कपड़े वे बदल देंगे उसके। बस? वह उनकी दिली ख़्वाहिश पूरी कर दे। हिजड़ों का गुप्तांग नहीं देखा है उन्होंने। कैसा होता है उनका गुप्तांग?...वहशियों ने उठाकर झुलाते हुए उसे बेरहमी से फ़र्श पर चित पटक दिया। मुँह में उसके ठूँस दी सतरंगी किराये की चुनरी।''[9]

पूनम जोशी के साथ बिल्लू समेत सभी मित्र अमानवीय कृत्य करते हैं। पूनम की हालत बिगड़ती है। उसे जीवन और मृत्यु के बीच झूलते हुए अस्पताल में लाया जाता है। इसका भी बुरा असर विनोद पर पड़ता है। इस घटना से विनोद सभ्य समाज से बहुत ही दुखी हो जाता है।

लेखिका ने जननांग दोषी बच्चों को जन्म देने वाली माँ का भी करुणात्मक वर्णन किया है। विनोद के साथ तीन भाई थे। एक बड़ा और छोटा भाई। विनोद के दोनों भाई नॉर्मल थे। बड़े भाई सिद्धार्थ की शादी सेजल से होती है। जब सेजल को बच्चा होने वाला होता है तो वह बहुत ही परेशान होता है। विनोद की छाया आने वाले बच्चे पर न पड़ जाय, उसका वह ख़याल रखता है। वह बा को इसलिए डाँटता है कि पुराने घर से नये घर में आये तो भी वह विनोद की तस्वीर यहाँ लेकर आयी है। वह इस काली परछाईं से हमारा कब पीछा छुड़ायेगी? तब बा जवाब देती है–''मेरे पेट से जन्मे को तू काली परछाईं कह रहा है तू भी तो उसी कोख से जन्मा है। मंजुल भी भी उसी कोख से जन्मा है। क्या अनिष्ट किया है उसने हमारा? प्रकृति ने जो इसके साथ नाइंसाफ़ी की,

उसमें उस मासूम का क्या दोष?''[10] सगा बेटा माँ को इस प्रकार प्रताड़ित करता कितना भयावह लगता है!

मैंने 'यमदीप', 'मैं भी औरत हूँ', 'किन्नर कथा', 'तीसरी ताली', 'मैं पायल', 'जिन्दगी 50 : 50' आदि उपन्यासों को पढ़ा, पर इन सभी उपन्यासों से हटकर यह उपन्यास लिखा गया है। इस उपन्यास में लेखिका ने किन्नर व्यथा की जड़ को पकड़ा है। इस उपन्यास में विनोद किन्नरों को पढ़ने के लिए आह्वान करता है और ऐसे बच्चों का तिरस्कार करने वाले परिवार को आगे आने के लिए और बच्चों को हक़ देने के लिए भी आह्वान करता है। समग्र रूप से देखा जाय तो यह उपन्यास हमारे सामने एक नया दृष्टिकोण लेकर आता है। अधिकतर उपन्यासों में लेखकों ने इनकी पीड़ा का आकलन किया है, परन्तु नयी बात यहाँ यह है कि चित्रा मुद्‌गल जी ने हमें समाधान भी सुझाया है। ऐसे बच्चों की घर वापसी का रास्ता भी सुझाया है। यह एक बहुत बड़ी बात है। ये दोनों विकल्प किन्नरों के लिए आशा की किरण हैं। इस उपन्यास के बारे में मुझे ज़रूर कहना चाहिए कि इस उपन्यास को हम जब पढ़ना प्रारम्भ करते हैं तो मानो ऐसा महसूस होता है कि इसे हम एक ही बैठक में पढ़ डालें।

सन्दर्भ

1. पोस्ट बॉक्स नं. 203 नाला सोपारा, चित्रा मुद्‌गल, सामयिक प्रकाशन, नयी दिल्ली, प्रथम संस्करण 2016, पृ. 13
2. वही, पृ. 15
3. वही, पृ. 11
4. वही, पृ. 33
5. वही, पृ. 9
6. वही, पृ. 10
7. किन्नर कथा, महेन्द्र भीष्म, पृ. 41–42
8. पोस्ट बॉक्स नं. 203 नाला सोपारा, चित्रा मुद्‌गल, पृ. 186
9. वही, पृ. 203
10. वही, पृ. 23–24

हाशिए की दुनिया : न दैन्यं, न पलायनं

(एक अनवरत संघर्ष की असमाप्त गाथा)

•

प्रताप दीक्षित

महेन्द्र भीष्म एक संवेदनशील, परिवेश और समाज के सरोकारों के प्रति प्रतिबद्ध रचनाकार हैं। उनके लेखन में एक ओर क्षरित होती मानवीय संवेदनाओं की तलाश, दूसरी ओर तथाकथित आधुनिकता की दौड़ में शामिल ज़िन्दगी की विवशताओं में अपसंस्कृति की गर्त में धँसते जा रहे क्षरित जीवन–मूल्यों के चित्र उभरते हैं। इस क्रम में निम्न–मध्य वर्ग ज़िन्दगी के समूचे दायरे में प्रवेश कर चरित्रों को खँगालते हैं। लेखक ने शोषण–विषमता–अन्याय के प्रतिरोध में संवेदना को हथियार बनाया है, जिस प्रकार हिंसा के सामने अहिंसा को बनाया गया था। लेखक का व्यक्तित्व और कृतित्व विनम्रता का द्योतक है। यह उनकी संवेदनशीलता और दृढ़ता का प्रतिरूप है। इस क्रम में लेखक के पात्र पलायन नहीं करते। कथ्य और विचारों के विशाल फलक पर उनकी रचनाएँ अदृश्य क्षितिजों के पार जाकर मानवीय संवेदना की तलाश करती और मानवीय सरोकारों से जुड़ती हैं।

उनके चर्चित उपन्यास 'किन्नर कथा' के बाद इसी परम्परा में उनका नया उपन्यास 'मैं पायल 'एक नये विषय, समाज में उपेक्षित, उपहास के पात्र माने जाते वर्ग हिजड़ों, जिन्हें परिमार्जित भाषा में 'किन्नर' कहा जाने लगा है, की वेदना, दुश्वारियों, परिवार–समाज में उनके प्रति नज़रिये की अन्तःकथा है। समाज में शोषित–विस्थापित–दमित लोगों की पीड़ा और

भेदभाव की अनेक परतें हैं। जाति, धर्म, वर्ग आदि की ग़ैर–बराबरी के बावजूद इनमें मनुष्य होने की गरिमा मौजूद है। लेकिन किन्नर समुदाय की त्रासदी है कि इन्हें कभी मनुष्य नहीं समझा गया। विडम्बना है कि जहाँ अन्य शारीरिक विकृतियाँ उपहास का कारण नहीं बनतीं, लैंगिक विकृति से ग्रस्त शिशु का अस्तित्व परिवार के लिए अवांछनीय बोझ ही नहीं, त्याज्य हो जाता है। पायल के माध्यम से, उपन्यास समाज में अरसे से चली आ रही प्रतिष्ठा के थोथे चलन का प्रतिरोध करता है, जिसके कारण मनुष्य का उपहास–उपेक्षा उसकी दैहिक विकृति के कारण किया जाता है। प्रश्न यह उठता है कि जब मूक, बधिर, दृष्टिबाधित या दूसरी विकलांगताएँ समाज में सह्य हैं, तब कमर से नीचे की विकृति क्यों अवांछित मान ली जाती है?

सभ्यता के जिस सोपान पर आज मनुष्य खड़ा है, वह वास्तव में मानवीय मूल्य खो चुका है। संवेदनहीनता, आत्म–केन्द्रीयता, स्वार्थ के चलते दूसरे मनुष्य ही नहीं, अपनी सन्तान को ही हिकारत से देखता है। सभ्यता के विकास की विडम्बना है कि इसके मूल में दोहरे मूल्यों के बीच जीने की अभिशप्त प्रवृत्तियाँ विद्यमान हैं। आदमी के रूप में मनुष्य को गरिमा से जीने का अधिकार जन्म से मिलता है, जिसे कोई व्यवस्था, नीति, क़ानून नहीं छीन सकता। लेकिन समाज की परम्पराएँ और समुदाय द्वारा रूढ़ियों के चलते उन्हीं जैसा व्यक्ति अलग–थलग छोड़ दिया जाता है। रिश्ते–सम्बन्ध, जो जीवन को अर्थ, स्थिरता और मक़सद प्रदान करते हैं, अवसर मिलते ही रूढ़ियों, लोकापवाद, असुरक्षा की आशंका से हाशिए पर धकेल दिये जाते हैं, जिसके दंश और अपराधबोध में जलना दोनों ही पक्षों की नियति बन जाती है।

'मैं पायल' यातना, संघर्ष और जिजीविषा की अनवरत यात्रा है। एक ओर मनुष्य के अन्दरूनी संसार की कश–म–कश और आत्मबल, दूसरी निर्मम दुनिया में जीने–अस्तित्व की रक्षा, पहचान की स्वीकृति के लिए निरन्तर संघर्ष। उपन्यास पाठकों को यथार्थ के उस रूप से परिचय कराता है, जो उसके अनुभव के दायरे से, रोज़ देखते–सुनते हुए भी छूट जाता है। लेखक के साथ हम ऐसी दुनिया में प्रवेश करते हैं, जहाँ होकर भी हम नहीं होते।

उपन्यास का कथ्य एक महानगर के पड़ोस में स्थित कस्बे के निम्न–मध्यवर्गीय परिवार में चौथी लड़की के जन्म से प्रारम्भ होता है। पुत्र की उम्मीद में अवांछित, एक अप्रिय आवाज़, 'राम बहादुर के एक और लड़की हुई।' कन्या के जन्म के लिए रूढ़ियों के अनुसार इसका सारा दोष माँ पर मढ़ दिया जाता है। शराबी–गुस्सैल–निर्दयी ड्राइवर पिता, माँ, पाँच बहन–भाई, दाऊ, बाबा, बचपन की स्मृतियों के, जुगनी द्वारा वर्णन (उपन्यास आत्मकथात्मक शैली में लिखा गया है) के साथ कहानी का विकास होता है। जुगनी की दैहिक सच्चाई की जानकारी के साथ, जब पिता दारू के नशे में कोसते–'ये जुगनी! हम क्षत्रिय वंश में कलंक पैदा हुई है, साली हिजड़ा।' सच्चाई पर आवरण डालने, अपने को ही धोखा देने अथवा सामाजिक अपवाद से बचने के लिए पिता जुगनी को जुगनू सिंह के रूप में पालने, स्कूल भेजने का आदेश देते हैं। बेटी की लैंगिक विकृति के ज़ाहिर होने से सामाजिक अवमानना, अपनी आन–बान पर धब्बा समझने की मनोवृत्ति, बड़े बेटे की आवारगी की कुण्ठाओं से ग्रस्त पिता एक दिन जुगनी को पानी में नहला, गीले बदन पर चप्पलों से पीट–पीट कर अधमरी कर देते हैं। इसके पहले अक्सर पिटाई तो होती ही थी। इस बार पीटने के बाद पिता जुगनी को समाप्त करने के लिए गले में फन्दा डालकर टाँग देते हैं। माँ द्वारा उसे बचा लिया जाता है। यातनाओं से त्रस्त जुगनी आत्महत्या करने के लिए निकलती है। मृत्यु भय, पैर में काँटा लगने की असह्य पीड़ा या नियति द्वारा तय भविष्य, वह ट्रेन के एक डिब्बे में बैठ अनजानी यात्रा में चल देती है। इसके बाद प्रारम्भ होता है यन्त्रणाओं और संघर्ष का दूसरा दौर। यौनिक उत्पीड़न, भूख, जीने के लिए संघर्ष, मिलाने वाली शरणस्थलियों में प्रवंचना और आत्मीयता, उसकी अटूट जिजीविषा का अनवरत सफ़र, जिसमें यौन बुभुक्षित सफ़ेदपोश प्रौढ़ पुलिस कांस्टेबल, दयालु भिखारी, शरणार्थी परिवार का अनवर, अनेक चेहरे सामने आते हैं। ये चेहरे आकस्मिक रूप से आये लोगों के नहीं, पूरे समाज और स्थितियों के प्रतिबिम्ब हैं। उम्र बढ़ने के साथ जुगनी अपनी शारीरिक सच्चाइयों से वाक़िफ़ हो चुकी है। सुरक्षा की दृष्टि से उसे पहचान बदलकर रहना पड़ता है। कानपुर में सिनेमा टॉकीज़ के रेस्तराँ में बैरे, पूनम टॉकीज़ में गेट कीपर, प्रोजेक्टर चलाने के क्रम में जुगनी

अपना प्राकृतिक रूप नहीं भुला पाती–'मेरे किन्नर शरीर में आत्मा तो पूरी तरह एक स्त्री की वास करती है, जिसे पुरुष ही पसन्द आता है, स्त्री नहीं।' यही लालसा उसे स्त्री वेशभूषा में लखनऊ ले आती है। यहाँ एक कीर्तन मण्डली के जागरण में थिरकते–नाचते सुबह तक थककर चूर हो जाती है। लौटने के पहले बीच सड़क से एक किन्नर मण्डली द्वारा उसको अपहृत कर लिया जाता है। उसे भूखा–प्यासा रख बधाई के लिए घर–घर जाने के लिए विवश किया जाता है। परवर्ती कथाक्रम में पप्पू, अशोक सोनकर हैं। संघर्ष के दौरान पायल की आत्मीयता पाने की तलाश में किसी के द्वारा ज़रा भी सहानुभूति प्रकट करना उसके कोमल मन को संवेदित कर देता है, परन्तु यही कोमल मन दूसरी ओर दृढ़ता का परिचायक है। किसी का आधिपत्य एकाधिकार अथवा प्रतिबन्ध उसकी अस्मिता को स्वीकार नहीं। वह पूरी शिद्दत से, पप्पू हो या ओझा नाम का सिपाही, प्रतिरोध ही नहीं करती बल्कि अवसर मिलने पर भरपूर प्रतिशोध भी लेती है। यह प्रतिशोध वर्षों से उसके अवचेतन में व्यवस्था और शोषण के विरोध में दबा आक्रोश है–न केवल प्रमोद व पप्पू, बल्कि शायद ट्रेन में मिले प्रौढ़, कांस्टेबिल, अनवर की मौत के लिए ज़िम्मेदार सिपाही, जिसके डण्डे की चोट से गिरने पर उसका शरीर रेल से कट कर दो टुकड़ों में बँट गया था या पूरी व्यवस्था के विरोध में क्षोभ। उपन्यास उस दुनिया से पलायन नहीं, दुश्वारियों के बावजूद सार्थक मार्ग प्रशस्त करता है। पूरी कथा उस प्रवहमान नदी में बदल जाती है जिसमें सब अवांछित बह जाने के बाद भी नदी हमेशा पवित्र–पावन बनी रहती है।

उपन्यास के केन्द्र में ज़रूर पायल और किन्नर समुदाय की व्यथा–यातना संघर्ष है, लेकिन उसके चतुर्दिक परिक्रमा वृत्त में पूरा समाज, व्यवस्था और व्यक्ति के अन्दर छिपी कलुषित प्रवृत्तियाँ, स्त्री की नियति, कच्चे बाल मन की यौनिक जिज्ञासाएँ, प्रेम के गहरे अर्थ, देह की ज़रूरत, नैतिक मूल्यों की निरर्थकता, अमानवीय सामाजिक विषमता, ग़रीबी–अभाव, भूख की त्रासदी, भ्रष्टाचार, बच्चों–किशोरों के अपराध में लिप्तता के कारण, निःस्वार्थ प्रेम, सदाशयता, माँ की ममतामयी छाँव की अपरिहार्यता और उसे महत्त्व देने की ज़रूरत जैसे अनेक सवाल उठाये गये हैं। उपन्यास पायल के माध्यम से पूरे समाज की सोच बदलने

की आकांक्षा की महागाथा है। उपन्यास अनेक अनुत्तरित प्रश्न उठाता है–किशोर अनवर जैसे अनेक लोगों की अपराध लिप्तता के लिए कौन उत्तरदायी है? अनवर की मृत्यु क्यों किसी इतिहास का हिस्सा नहीं बनेगी? कौन–व्यवस्था ज़िम्मेदार है इस सबकी? पायल का अभीष्ट केवल अपनी मुक्ति नहीं बल्कि उस पूरे समुदाय–वर्ग के सम्मान के साथ जीने के अधिकार का प्रश्न है, जिसके साथ नियति ने उसे जोड़ दिया है। उपन्यास केवल पायल या किन्नर समुदाय की नहीं बल्कि मनुष्य की अस्मिता की प्रामाणिकता और पहचान की लड़ाई की शुरुआत है। उपन्यास का प्राप्य यह है कि पाठक को अपने व्यक्तित्व की सीमाओं से बाहर निकलकर अनुभूति के बृहत्तर संसार से जोड़ते हुए अनेक आयामों तक उपन्यास का विस्तार हुआ है।

किसी रचना का सृजन आकस्मिक नहीं होता। उसका सीधा और गम्भीर नाता अतीत और वर्तमान से होता है। कोई भी लेखक अपने परिवेश से विच्छिन्न नहीं हो सकता। इसीलिए साहित्य सदैव जीवन्त रहता है। समाज से उसका जीवन्त सम्बन्ध होता है। ज़िन्दगी, समाज, सत्ता और मनुष्य के अन्तर्विरोधों के गहरे तल में उतरकर कहानी का जन्म होता है। जितना वह इसमें सफल होता है, उतना ही रचना पाठकों की संवेदना का अंग बनती है। लेखक ने समय, समाज और मनुष्य के अन्तर्विरोधों को गहराई से समझा है। उपन्यास में समाज की निस्संगता, अमानवीयता पर प्रश्न के साथ विचार किया गया है कि मनुष्य की चिन्ताएँ इतनी आत्मकेन्द्रित क्यों हो गयी हैं?

उपन्यास में पायल की अप्रतिम सदाशयता के साथ विसंगतियों से लड़ने–संघर्ष की अपूर्व क्षमता है। माँ के पाँवों की आकृति ही उसके मन में बस गयी है। पिता जो हमेशा उसके प्रति कटु रहे, चप्पलों से पीटा, जान से मारने की कोशिश की। उनके प्रति भी उसके मन में रोष नहीं है। वह उनकी स्थिति, मजबूरियों को समझती है। उनकी बीमारी की चिन्ता उसे सालती है। माँ के रूप में अप्रतिम छवि उभरती है। बेटी के प्रति असीम स्नेह–लगाव, जो पूरे जीवन पति और सामाजिक दबाव, आशंका, सामाजिक भय के बावजूद कभी मिटता नहीं। एक अखण्ड आत्मा के अलग हुए दो टुकड़े। माँ को ईश्वर का प्रतिरूप कहा गया है। प्रकारान्तर

से स्त्री की महत्ता–औरत न होती तो न जीवन होता, न मानव सभ्यता। विस्मृति, स्मृतियों के स्थगन की अल्पकालिक प्रक्रिया मात्र है। स्मृतियाँ कभी मिटती नहीं। भूलते क्यों नहीं कीलों से चुभते प्रसंग? रचनाकार का उद्देश्य समाधान देना नहीं होता, लेकिन उपन्यास के कथा–वितान में उसके चरित्र–पात्र मानवीय सन्दर्भों में जिस निष्कर्ष पर पहुँचते हैं, उससे पाठकों का विवेक निश्चित तौर पर सहमत होगा।

कहानी–उपन्यास के स्वरूप, बनावट में चाहे जितना बदलाव आ गया हो लेकिन उसकी कथनीयता–क़िस्सागोई कभी नहीं ख़त्म होगी। लेखक की क्षमता और सामर्थ्य का आधार यही होते हैं। इस दृष्टि से लेखक ने कथ्य और शिल्प में नया प्रयोग किया है। यथार्थ को खँगालते हुए आत्मकथा में उपन्यास, किन्नर गुरु पायल की स्मृतियों को शब्द देकर, और उपन्यास में आत्मकथा का प्रतिस्थापन किया है। यथार्थ के धरातल पर उपन्यास का विन्यास लेखक की सृजनात्मक कल्पना से जीवनी या आत्मकथा से ऊपर उठकर एक नयी विधा की स्वतन्त्र सत्ता के रूप में निरूपित किया गया है। कहानी को कहानी रहने देने की प्रतिबद्धता के साथ भाषा–शिल्प के स्तर पर यह उपन्यास सहज संवेदनात्मक, गहरी वैचारिक दृष्टि के साथ अन्याय और विसंगति का प्रतिवाद करता है। काव्य की तरह एक सफल कथाकृति में भी रचना के मार्मिक अंशों के पाठक के साथ साधारणीकरण के बिन्दु होते हैं, लेखक के प्रकट वर्णन के बिना भी। पाठक उन बिन्दुओं से साक्षात्कार करता है। यह रचना और पाठक के एकात्म का क्षण होता है। समीक्ष्य कृति में ऐसे अनेक स्थल हैं। भूख के कारण 'जूठे दोने से चाट को चाटना', 'प्लेटफ़ॉर्म पर फेंके गये सड़े भोजन को खाना', 'अनवर के शरीर का दो हिस्सों में कट जाना' ऐसे अनेक प्रसंग रोंगटे खड़े कर देते हैं। केवल करुणा ही नहीं जगाते, उस व्यवस्था पर सोचने के लिए विवश करने के साथ आक्रोश जगाते हैं, जो इसके लिए उत्तरदायी है। भाषा और शिल्प की सहजता उपन्यास की संवेदना को घनीभूत करने के साथ पठनीयता बढ़ाते हैं।

एक किन्नर गुरु की आत्मकथा : 'मैं पायल...'

•

डॉ. संगीता चौहान

साहित्यरूपी वटवृक्ष में वर्तमान समय में अनेकानेक विधाओंरूपी शाखाएँ विकसित हो रही हैं, जिसमें उपन्यासरूपी शाखा की जड़ें समाजरूपी बगिया में अपनीं महत्त्वपूर्ण उपस्थिति दर्ज करा रही हैं। पाठकवर्ग को अन्य विधाओं की अपेक्षा उपन्यास विधा अपनी ओर अधिक आकर्षित करती है और अगर उपन्यास का केन्द्रबिन्दु किसी नये विषय पर हो तो पूरा पाठकवर्ग उस उपन्यास का प्रशंसक बन जाता है। सफ़ल उपन्यास वही कहा जा सकता है जो समाज में हो रही वर्तमान गतिविधियों का परिचय देने के साथ–साथ समाज में बदलाव लाने की ओर भी उद्देश्यरत हो। वर्तमान समय में उपन्यास के जो नये विषय हैं, उनमें विस्थापन, आदिवासी, युवा, दलित, नारी, मज़दूर, बालक, वृद्ध आदि का समावेश होता है।

उत्तर–आधुनिक समय में जिस वर्ग को लेकर साहित्य की रचनाएँ हो रही हैं, वह है–किन्नर वर्ग। इस वर्ग को 'वंचित समुदाय' भी कहा जाता है। इस वर्ग को केन्द्र में रखकर साहित्य में कहानियाँ एवं उपन्यास अधिक लिखे गये हैं। उपन्यास लिखने का प्रारम्भ वर्ष 2002 में प्रकाशित नीरजा माधव के उपन्यास 'यमदीप' से मान सकते हैं। प्रदीप सौरभ के तीन उपन्यास–'और सिर्फ़ तितली', 'मुन्नी मोबाइल' एवं 'तीसरी ताली', निर्मला भुराड़िया का 'गुलाम मण्डी', चित्रा मुद्गल का 'पोस्ट बॉक्स नं 203 नाला सोपारा', महेन्द्र भीष्म कृत 'किन्नर कथा' और 'मैं पायल...' आदि उल्लेखनीय उपन्यास हैं।

'गुरु गोविन्द तो एक हैं, दूजा यहूँ आकार।'–कबीर के इस दोहे की पंक्ति के अनुसार व्यक्ति के जीवन में गुरु का महत्त्व क्या है, यह दृष्टिगत होता हैं। व्यक्ति के संसार में आने के बाद माता–पिता के बाद उसका जीवन सँवारने की ज़िम्मेदारी जिसे मिली है, वह 'गुरु' है। गुरु के द्वारा ही व्यक्ति को जीवन जीने की सही दिशा प्राप्त होती है। इसीलिए कबीर ने गुरु की महिमा का वर्णन करते हुए उन्हें परमात्मा के समकक्ष बना दिया है। जिस प्रकार व्यक्ति के जीवन में ईश्वर का स्थान होता है उसी प्रकार गुरु का भी होता है। फ़र्क़ केवल इतना है कि ईश्वर निराकार होता है और गुरु प्रत्यक्ष होता है।

वैसे तो समाज के प्रत्येक समुदाय में गुरु किसी–न–किसी रूप में शामिल होते हैं, लेकिन गुरु के अधीन ही जिनका जीवन सार्थक हो, वह समुदाय है–'किन्नर समुदाय'। अमन प्रकाशन, कानपुर द्वारा सन् 2016 में प्रकाशित महेन्द्र भीष्म का उपन्यास 'मैं पायल...' लखनऊ की किन्नर गुरु पायल सिंह के जीवन के उतार–चढ़ावों का कच्चा चिट्ठा है। यह उपन्यास आत्मकथापरक तथा जीवनीपरक है। किसी उपन्यास को आत्मकथापरक तथा जीवनीपरक रूप देकर लिखना महेन्द्र भीष्म के कलात्मक कौशल को उजागर करता है। अपनी इस कठिन तपस्या के बारे में लेखक का कहना है–''मैं पायल... मेरा जीवनीपरक उपन्यास है, जो किन्नर गुरु पायल सिंह के जीवन संघर्षों पर आधारित है। जीवनीपरक उपन्यास लिखने की अपेक्षा जीवनी लिखना या फिर उपन्यास लिखना सरल होता है। जीवनीपरक उपन्यास में औपन्यासिक कथा प्रवाह बनाये रखते हुए किसी लक्ष्य तक पहुँचना आवश्यक होता है।''[1]

हिजड़ों के लिए गुरु का महत्त्व

हिजड़ा समुदाय में गुरु का चयन किस प्रकार होता है, उसका स्पष्ट उल्लेख निर्मला भुराड़िया के उपन्यास 'गुलाम मण्डी' के आठवें भाग में मिलता है। अगर उनके समुदाय के गुरु की मृत्यु हो जाती है, तो उसके शव को दफ़नाने के बाद तुरन्त ही उस समुदाय के सभी हिजड़े अलाव जलाकर, श्मशान में ही धतूरे के बीज खाकर अपनी दुःखभरी कहानी सुनाते हैं। जिस किन्नर के जीवन की कहानी बहुत ही दुःखभरी एवं दर्दनाक होती

है, उसे मरे हुए गुरु के गले से उतारा हुआ बघनखा हार पहनाकर गुरु चुन लिया जाता है क्योंकि हिजड़ों का जीवन गुरु पर ही आश्रित होता है। जब किन्नर सभ्य समाज से दूर कर दिये जाते हैं तब किन्नर गुरु ही उनके परिवार के सदस्य की भूमिका निभाते हैं। माता–पिता, भाई–बहन, दोस्त–सहेली सभी, गुरु के रूप में ही उन्हें मिलते हैं। किन्नर समुदाय में गुरु नहीं हो तो वे सभी दिशाहीन बन जाते हैं।

'मैं पायल' आत्मकथात्मक उपन्यास है। इसका कारण यह है कि उपन्यासकार ने लखनऊ की किन्नर गुरु पायल सिंह के जीवन संघर्ष को उसके मुख से सुनकर उसी सत्य कथा को उपन्यास की कथावस्तु बनाई है।

पायल का जन्म क्षत्रिय परिवार में लखनऊ में केण्ट स्थित आर्मी के कमाण्ड हॉस्पिटल में 26 अप्रैल, 1980 के दिन हुआ। पूरे उपन्यास में पायल प्रमुख नायिका के रूप में चित्रित हैं। श्री शिवदत्तसिंह नायिका के दादाजी, रामबहादुर पिता, बहनें–कमलेश, निक्की, आशा और गीता, भाई–राकेश तथा माँ–शान्ति–ये लोग पायल के परिवार के सदस्य थे।

रामबहादुर अपने पुत्र राकेश को बहुत चाहते थे, क्योंकि चार बहनों के बीच वह इकलौता भाई था। पिताजी का भाई के प्रति जो लगाव था, वह पायल के शब्दों में प्रस्तुत है–"पिताजी भैया को बहुत चाहते थे। उसके खाने–पीने से लेकर रहन–सहन का पूरा ध्यान रखते और अक्सर उसी के लिए कपड़े वग़ैरह लेकर आते। हाईस्कूल में भैया दो बार फेल हो चुके थे, फिर भी पिताजी हम बहनों से ज़्यादा भैया को ही चाहते, उसी का ज़्यादा ध्यान रखते थे।"[2]

पायल के पिता लड़कियों की पढ़ाई पर ज़्यादा ध्यान नहीं देते थे जबकि वे पढ़ने में होशियार थीं। इस प्रसंग में लड़का–लड़की का जो भेदभाव है, वह स्पष्ट रूप से सामने आता है। पायल के एक किन्नर होने की वजह से लड़कियों के रूप में उसकी परवरिश हो, यह पायल के पिता को मंजूर नहीं था। इस बारे में पायल की माँ से वे कहते हैं–"शान्ति ! जुगनी को लड़के की आदतें सिखाओ, उसे लड़का बनाकर रखो... वह हिजड़ा है। लड़की के रूप में बड़ी होने पर समाज के लोग उसकी शादी–रिश्ते की बातें करेंगे और लड़के के रूप में कोई कुछ नहीं कहेगा।"[3]

उपर्युक्त बातें भारतीय समाज में लड़की के प्रति लोगों का जो नज़रिया है कि 'लड़की की शादी की उम्र होते ही उसका ठिकाना कर देना चाहिए' उसको प्रस्तुत करती हैं। लड़का चाहे जितना बड़ा हो जाये, उसके लिए कोई बन्धन नहीं होता। पायल के पिता में एक ट्रक ड्राइवर होने के कारण शराब पीना, पत्नी को पीटना, बच्चों पर हाथ उठाना जैसी सभी बुराइयाँ मौजूद थीं। ऐसे में पायल तो एक किन्नर थी। पायल का लड़की के भेष में रहना उन्हें बिल्कुल पसन्द नहीं था। पायल के प्रति जो उन्हें बेहद नफ़रत थी, वह इन शब्दों में प्रकट होती है–"कान खोलकर सुन ले, कमलेश की अम्मा ! अगली बार जब मैं आऊँ और यह साला हिजड़ा लड़की के कपड़े पहने मिला और घर के बाहर निकला, तो मैं अपने ही हाथों से इस साले का ख़ून कर दूँगा।"[4]

पिताजी के कुछ दिनों के लिए बाहर जाने पर पायल की बहनों ने उसे लड़कियों के कपड़े पहनाकर सजाया। उसी वक़्त उनके पिताजी आ गये, दरवाज़ा पायल ने खोला। नशे में चूर पिताजी ने पायल को सोलह श्रृंगार किया हुआ देखकर अपना गुस्सा इस प्रकार उस पर उतारा, जिसे पढ़कर हममें पायल के प्रति सहानुभूति के भाव जगते हैं। यथा–"मेरी बाल चोटी नोच ली और मुझे बालों से पकड़ बुरी तरह पीटने लगे। वे मुझे मारते जा रहे थे अपने हाथों से, पैरों से और मेरे शरीर से लड़कियों के सारे कपड़े हटाते गये।... फिर वहीं रखी चमड़े की चप्पल को टब में भरे पानी में डुबा–डुबाकर मेरे नग्न शरीर की चमड़ी उधेड़ने में लगे रहे, जब तक कि मैं बेहोश नहीं हो गयी।"[5]

किन्नर बालक के साथ उपर्युक्त अत्याचार के विषय में पढ़ने के बाद हम कह सकते हैं कि परिवार में रखने की बजाय उसे किन्नर समुदाय को सौंप दिया जाता तो उसकी ज़िन्दगी नरक न बनती। किन्नर समाज का अस्तित्व तथा किन्नर गुरु का अस्तित्व एक प्रकार से किन्नर बालकों के लिए कुदरत का वरदान माना जा सकता है, भले ही उनका जीवन अभिशप्त हो।

पायल को जब होश आता है, तब वह अपने आप को फाँसी पर लटका हुआ पाती है। सौभाग्यवश वह बच गयी थी। इतना अत्याचार सहने के बाद वह केवल इतना ही तर्क कर पाती है कि–"क्षत्रियों के

खानदान में हिजड़ा पैदा होने का जैसे सारा श्रेय मेरा ही हो... मैं हिजड़ा हूँ... ठीक है, पर इसमें मेरा क्या कसूर? हिजड़ा होने से मेरी अम्मा बल्कि पिताजी का भी तो कोई दोष नहीं, फिर मेरे साथ ही ऐसा दुर्व्यवहार क्यों? ...हिजड़ा बच्चा होना वे अपनी आन, बान, शान के ख़िलाफ़ समझते हैं।''[6]

पायल की उपर्युक्त सोच सभ्य समाज की जो मानसिकता है, उसको प्रकट करने में सफल सिद्ध हुई है। उत्तर–आधुनिकता का प्रभाव सब जगह है लेकिन आज तक ऐसा नहीं देखा गया है कि किसी परिवार में किन्नर बच्चा पल रहा हो। यह सभ्य समाज की संकीर्ण मानसिकता का ही परिणाम है।

पायल के पिताजी नशे में धुत्त होकर जब सो जाते हैं, तो उसकी माँ एवं बहनें उसके पास आती हैं, उसके घाव भरना शुरू करती हैं। माँ एवं बहनों से प्राप्त स्नेह ही उसके लिए दवा बन जाता है। सुबह पिताजी से फिर पीटे जाने के विचार से उसका मन भर आता है और मन–ही–मन वह एक निश्चय करती है, जिससे प्रत्येक किन्नर की मनोवेदना व्यक्त होती है। यथा–''मैंने तय कर लिया था घर के बाहर के रास्ते अगले मोड़ पर बने कुएँ में छलाँग लगा दूँगी। न रहेगी यह हिजड़ा देह, न रहेंगे वे ताने जो मुझे और मेरे परिवार को मेरे कारण मिल रहे थे। ...शनैः–शनैः यह विचार मेरे अन्तर्मन की आवाज़ बनता चला गया।''[7]

कुएँ में कूदने का जब उसे मौक़ा नहीं मिलता तब वह रेलवे लाइन पर कट जाने के लिए भागती है, लेकिन पैरों में काँटा चुभ जाने की वजह से ट्रेन चल देती है। वह साहस करके उसी ट्रेन में चढ़ जाती है। ट्रेन में एक प्रौढ़ व्यक्ति के द्वारा और उन्नाव स्टेशन पर एक सिपाही के द्वारा उसकी छेड़छाड़ की जाती है, लेकिन ईश्वर की कृपा से वह बच जाती है। वह लड़के का रूप धरने की युक्ति अपनाती है, जो आगे चलकर उसे सहायता देनेवाली थी।

कानपुरवाली ट्रेन में चढ़ने के बाद उसे यह पक्का यक़ीन हो जाता है कि वह अब कभी भी अपने घर वापस नहीं जा पाएगी। घर से भाग निकलने के उसके निर्णय पर रचनाकार लिखते हैं–''इतनी कम उम्र में घर–परिवार से हमेशा के लिए दूर हो जाने का दृढ़ संकल्प बहुत बड़ा और कठोर होता है, बरसात की बहती नदी में कूद जाने जैसा होता है।

फिर नदी की इच्छा, उसकी लहरें जहाँ बहा ले जायें, किनारे पर लगायें या भँवर में डूब जाने दें। सभी कुछ स्थिति–परिस्थिति परमात्मा की इच्छा पर निर्धारित रहता है।''[8]

संसार के सभी मनुष्यों के जीवन में माँ का महत्त्वपूर्ण स्थान होता है। पायल को माँ का प्रेम बार–बार याद आ रहा था। वह कल्पना कर रही थी कि उसके ग़ायब हो जाने से उसकी माँ की क्या दशा होगी। जीवन में माँ की जो अहमियत है, उसके बारे में लेखक का विचार है कि–''जब हम अकेले होते हैं, स्वयं को असुरक्षित महसूस कर रहे होते हैं...एक अनजाने भय से डर रहे होते हैं तब माँ बहुत याद आती है। माँ का आँचल याद आता है, जो छिपा लेता है स्वयं को और दूर कर देता है सारी विपदाएँ... चैन मिल जाता है दिल–मन और प्राण को।''[9]

रेलवे स्टेशन पर पायल दो–तीन दिन बिताती है। उसके बाद वहाँ से उसे भागना पड़ता है। बाहर निकलकर भूख लगने के कारण एक–दो भिखारी बच्चों के साथ वे चाट के दोनों को चाँटने लगती है। रेलवे स्टेशन पर उसे किसी का फेंका हुआ बासी खाना खाना पड़ता है, जिससे उसका पेट ख़राब हो जाता है, उसे कमज़ोरी आ घेरती है। अनवर नामक एक लड़के का साथ पाकर, दातून बेचकर वह अपने दिन–भर के भोजन की व्यवस्था कर लेती थी। रात में भिखारियों के समूह में जाकर सो जाती थी। उन दिनों के अनुभव को बयाँ करते हुए वे कहती हैं–''एक बात यहाँ मैं स्पष्ट कर दूँ कि उन भिखारियों के बीच मैं जितने भी दिन–रात रही, कभी भूखी नहीं सोयी। वे भिखारी ज़रूर थे, पर उनके अन्दर मानवता थी, दूसरे के लिए दुःख–दर्द था, अपने साथियों के प्रति हमदर्दी थी, अपनत्व था।''[10]

अनवर के घर जाना पायल के लिए आम बात हो गयी थी। अनवर की अम्मी उसका बहुत ध्यान रखती थी। अनवर छोटी–मोटी चोरी करते हुए एक बार ब्रीफ़केस लेकर भाग रहा था। ट्रेन के नीचे आ जाने की वजह से वह कट मरा था। पायल पर उस हादसे का असर बहुत दिनों तक रहा। उसके बाद पण्डित जी की चाय की दुकान पर वह काम करने लगती है। उसकी स्थिति में सुधार आ जाता है। पण्डित जी की दुकान पर उसकी मुलाक़ात अप्सरा टॉकीज़ के कैण्टीन के ठेकेदार सन्तोष सिंह से होती है। वे उसे वहाँ ले जाते हैं और उनकी मैदा गूँधने, समोसे तलने

एवं चाय बनाने की कला देखकर उनको वह काम सौंप दिया जाता है और पचास रुपये पगार भी बढ़ा दी जाती है।

इसी बीच उसकी माँ ने उसे ढूँढ़ निकाला था, और वे बार--बार उससे मिलने आया करतीं। माँ का जो पायल के प्रति लगाव था, वह पायल स्वयं उजागर करते हुए कहती है–"माँ, माँ होती है। माँ का हृदय अपनी सन्तानों पर अटका रहता है और वे अपनी उस सन्तान का ज़्यादा ख़याल रखती हैं जिसमें कोई कमी होती है, फिर चाहे वह सन्तान दिव्यांग हो या फिर मेरी तरह किन्नर।"[11]

किन्नर व्यक्ति अपने पिता, भाई–बहनों, बिरादरीवालों या फिर समाज से भले ही तिरस्कृत कर दिया गया हो, लेकिन माँ के हृदय से वह कभी तिरस्कृत नहीं हो पाता है। माँ की महिमा हमें उपर्युक्त वाक्यों से स्पष्ट जान पड़ती है। पायल की अपनी माँ से दुबारा मुलाक़ात ईश्वर का ही वरदान था। अपने शरीर में आ रहे बदलाव के कारण वह नयी जगह काम करने की इच्छा से लखनऊ आ जाती है। लखनऊ वह युवती के रूप में जाती है, लेकिन किन्नरों की नज़र पड़ते ही वह उसे बन्धक बनाकर गुरुमाई के पास ले जाते हैं। गुरुमाई उन्हें अपनी बस्ती में ही रहने का आदेश देती हैं। जब कई दिनों तक पायल उनकी टोली में शामिल नहीं होती, तब एक दिन गुरुमाई रौद्र रूप धारण करके उसे थप्पड़ मारते हुए कहती हैं–"एक हफ़्ते से तू यहाँ पड़ी–पड़ी रोटियाँ तोड़ रही है। तेरे बाप–दादा लाकर रख गये थे क्या? काम नहीं तो खाना नहीं... बन्द कर दो इस हरामज़ादिन को और ख़बरदार, जो किसी ने इसे पानी को भी पूछा।"[12]

भूख–प्यास के आगे घुटने टेककर वह बधाई टोली में शामिल होकर गुरुमाई के कहे अनुसार चलने लगती है। उनकी पहली कमाई के इनामस्वरूप मिला सौ का नोट उसने अभी तक सँभालकर रखा है। किन्नर टोली की तबस्सुम का दोस्त पप्पू एक बार पायल से छेड़खानी करता है। वह उसे एक थप्पड़ मार देती है। पप्पू उसे बुरे तरीके से सड़क पर देर तक पीटता रहता है। वह बेहोश हो जाती है और जब होश आता है तो वह स्वयं को हज़रतगंज के सिविल अस्पताल में पाती है। तमाशा देखनेवालों में से कोई भी व्यक्ति उसे बचाने के लिए आगे नहीं आया था। यहाँ तक कि उसके साथवाली किन्नरें भी उसका साथ छोड़कर जा चुकी थीं।

गुरुमाई उनसे मिलने आती हैं तब सहानुभूति के शब्दों के साथ उनके मन में जो स्वार्थ छिपा था, वह भी बेपर्दा हो जाता है। गुरुमाई के ये वचन पायल को आहत कर देते हैं–"धीरे–धीरे लाइन पर आ रही थी, तुम नासपीटियों ने सब गुड़ गोबर कर दिया था... कित्ता अच्छा नाचती है? रुपये बरसेंगे इस पर... अच्छे से देखभाल करो इसकी, दवा–दारू ढंग से हो, असली बुचरा हिजड़े आजकल कहाँ मिलते हैं...?"[13]

गुरुमाई का यह कथन पायल को एक बहुत बड़ा फ़ैसला करने के लिए तैयार करता है। वह मन में ठान लेती है कि कानपुर जाकर लखनऊ वापस आकर पप्पू को सबक सिखाएगी तथा इस संकल्प के साथ कानपुर में किराये पर रखे हुए मकान में अपनी माँ के पास आ जाती है। दो–तीन माह बाद वह फिर से लखनऊ जाती है और आकाशवाणी, दूरदर्शन, आर्केस्ट्रा के कार्यक्रम एवं नृत्य, अभिनय एवं मिमिक्री सीखने के कार्य में व्यस्त हो जाती है।

लखनऊ में दो वर्ष बीत जाने के बाद एक अजीब घटना घटती है। पायल का प्रशंसक अशोक सोनकर उससे अपने प्रेम का इज़हार करता है। पायल को मालूम चलता है कि गुरुमाई ही गोमती नगर इलाक़े की मोना किन्नर थी। अशोक के साथ टैम्पो में घूमते हुए एक दिन पप्पू नज़रों के सामने आ जाता है। उसके बाद की जो उनकी प्रतिक्रिया थी, उसे उपन्यासकार ने पायल के शब्दों में इस प्रकार बताया है–"मैंने आव देखा न ताव, टैम्पो से उतरकर पप्पू के पीछे से आकर, उसकी गर्दन पकड़कर जो लात की ठोकर उसकी दोनों जाँघों के बीच जमाई... किन्नरों की टोली रिक्शों से उतर आयी थी। मोना गुरु बीच–बचाव करने दौड़ी चली आयी फिर मेरा रौद्र रूप देख सहमकर पीछे हट गयी। लोगों की भीड़ इकट्ठा हो चली थी, पप्पू बेदम पड़ा मार खाता रहा।"[14]

ज़्यादा शराब पीने की वजह से मोना किन्नर की मृत्यु हो जाती है। उसका चापलूस ओझा उसकी गद्दी पर बैठ जाता है, लेकिन किन्नर समुदाय उसे स्वीकार नहीं करता। अशोक सोनकर के शक्की स्वभाव से तंग आकर पायल उससे भी दूर हो जाती है। हद हो जाती है, जब वह पायल के लिए गाली के रूप में 'हिजड़ा' एवं 'छक्का' शब्द का इस्तेमाल करता है। अशोक सभी जगह पायल के किन्नर होने की बातें बताने लगा,

जिससे पायल का मन किन्नर समुदाय की तरफ़ आकर्षित हुआ। वह अपनी अलग बधाई टोली बनाकर कमाने लगी और कुछ समय के लिए गुरु माया की शिष्या भी बन जाती है।

हम हमेशा देखते हैं कि कोई भी किन्नर हंमेशा ख़ुश दिखता है, लेकिन उसका राज़ खोलते हुए पायल कहती है–''चेहरे पर दिखती ख़ुशी अपार गहन दुःख समाये रहती है, हमारे जैसों के अन्तर्मन में। जब कभी आँसू बहाने होते हैं तब हम निपट एकान्त तलाशते हैं या सोने के पहले चादर में मुँह ढाँपे रो लेते हैं।''[15]

किन्नर समाज में फैली हुई बुराइयों का सामना प्रत्येक किन्नर को करना पड़ता है। अपने इस दुःख–दर्द के लिए वे ईश्वर से शिकायत करते हैं। क्या अच्छा न होता कि उन्हें यह जन्म न मिला होता तो वे भी समाज में मान–सम्मानवाली ज़िन्दगी जीते। पायल सिंह की कहानी अन्य किन्नरों से अलग है क्योंकि वह अपने साहस और हिम्मत से कई किन्नरों को मिलाकर अपना ग्रुप बना लेती है और प्रतिष्ठित किन्नर गुरु बनकर लखनऊ में सम्मान के साथ रह रही है।

सन्दर्भ

1. मैं पायल..., महेन्द्र भीष्म, पृ. 13
2. वही, पृ. 34
3. वही, पृ. 32
4. वही, पृ. 36
5. वही, पृ. 38
6. वही, पृ. 39
7. वही, पृ. 41
8. वही, पृ. 55–56
9. वही, पृ. 57–58
10. वही, पृ. 64
11. वही, पृ. 89
12. वही, पृ. 97
13. वही, पृ. 106
14. वही, पृ. 113
15. वही, पृ. 119

किन्नर होने का एहसास और परिवार से विस्थापन की गाथा : 'मैं पायल...'

•

डॉ. कल्पना गवली

आज का वर्तमान दौर वंचितों और पीड़ितों की अस्मिता का दौर है। इस दौर में हम दलितों, आदिवासियों और स्त्री–विमर्शों की ख़ूब चर्चा कर रहे हैं। इसी के साथ एक और विमर्श जिसकी आज समाज में अधिक आवश्यकता है, वह है एक वर्ग–हिजड़ा या किन्नर वर्ग। उतर–आधुनिक अवधारणा में इस वंचित, उपेक्षित और शोषित पीड़ित समुदाय ने अपने को हाशिए का व्यक्ति माना है और वह मुख्यधारा में आने के लिए छटपटा रहे हैं। समाज या तो जान–बूझकर अनजान बन रहा है या इसकी कोई चर्चा नहीं करना चाह रहा है, ये अलग बात है। सर्वोच्च न्यायालय द्वारा थर्ड जेण्डर की अवधारणा स्पष्ट किये जाने के बाद इस दिशा में भी सामाजिक एवं साहित्य सरगर्मी में तीव्रता परिलक्षित होने लगी है। कई लाख मनुष्यों का समुदाय, जिसे हम 'हिजड़ा' या 'किन्नर' कहते हैं।

हिन्दी में किन्नर उपन्यासों में 'यमदीप' 2002 (नीरजा माधव), 'मैं भी औरत हूँ' (डॉ. अनसुया), 'किन्नर कथा' 2002 (महेन्द्र भीष्म), 'तीसरी ताली' 2011 (प्रदीप सौरभ), 'गुलाम मण्डी' 2013 (निर्मला भुराड़िया), 'पोस्ट बॉक्स नं 203 नाला सोपारा' 2016 (चित्रा मुद्‌गल) तथा 'मैं पायल' 2016 (महेन्द्र भीष्म) उपन्यास प्रकाशित हुए हैं।

'हिजड़ा' उर्दू शब्द है, जो अरबी के 'हिज्र' शब्द से लिया गया है, जिसका आशय अपने क़बीले को छोड़ना है अर्थात् घर–परिवार एवं समाज

से अलग होना। उर्दू अथवा हिन्दी में प्रयुक्त 'हिजड़ा' शब्द को अन्य शब्दों, जैसें–हिजिरा, हिजदा, हिजादा, हिज़ारा और हिजराह शब्द से भी सम्बोधित किया जाता है। उर्दू का 'ख़्वाज़ासरा' शब्द हिजड़ा का समानार्थी है। दूसरे अन्य शब्द 'खसुआ' और 'खुसरा' है। अंग्रेज़ी में इसे यनक अथवा हर्मा फ्रोटाईट. से जोड़ा जाता है। बंगाली में इन्हें हिजरा, हिजला, हिजरी से सम्बोधित किया जाता है। तेलुगु में उन्हें नपुंसुकडू, खोजा अथवा मादा, तमिलनाडु में अली, अरावनी आदि कहा जाता है। पंजाबी में खुसरा, जंखा, सिंधी में खदरा, गुजराती में पवैया, मराठी में हिजड़ा आदि नामों से जाना जाता है। 'किन्नर' यानी हिजड़ा ऐसे लोगों को कहा जाता है जिनके जननांग न तो स्पष्ट रूप से स्त्री के होते हैं और न पुरुष के। कुछ व्यक्ति ऐसे भी होते हैं जो जन्म तो पुरुष जननांग के साथ लेते हैं, परन्तु वे उनके बीच सहज नहीं होते हैं। ऐसे लोगों को भी हिजड़ा कहा जाता है।[1] वैसे हिजड़ा का उल्लेख प्राचीन काल से मिलता है।

प्राचीन काल में हिजड़ों की उपस्थिति

पितृसत्ता द्वारा निरन्तर प्रयासों से प्रजनन को स्त्री शरीर से अलग–सा अनुभव करने का कार्य किया। गर्भाशय की तुलना में वीर्य को श्रेष्ठ बताया गया। 'मनुस्मृति' के अध्याय नौ में कहा गया है कि–

क्षेत्र भूता स्मृता नारी बीज भूतः स्मृतः पुमान
क्षेत्र बीज समायोगात्संभवः सर्व देहिनाम
बीज स्व चैव योनयाश्च बीज मुत्क्रुष्ट मुच्यते
सर्व भूत प्रसुतिर्हीं बीज लक्षण लक्षिता (35)

इस प्रकार समाज में पुरुष सत्ता ने स्त्री के प्रजनन के अधिकार को अपने नियन्त्रण में कर लिया। इसी तथ्य से 'मैं पायल ...' उपन्यास की शुरुआत भी देखी जा सकती है। हिजड़ों से सम्बन्धित 'रामचरितमानस' की निम्नलिखित पंक्तियाँ–

"नभ दुदुंभी बाजहिं विपुल गन्धर्व किन्नर गावहिं
नचहिं अपछरा वृन्द परमानन्द सुर मुनि पावहीं

....

...."

अर्थात् गन्धर्व किन्नर गा रहे हैं। अर्थात् जो काम महाभारत काल में, 'रामचरितमानस' के समय में किन्नरों का था, नाचने–गाने का, बधाइयाँ देने का तथा उसके बदले में भेंट स्वरूप पैसे लेने की जो प्रथा प्रचलित थी, वह आज भी है। हिजड़ों का अस्तित्व आदिकाल से है। 'रामायण' 'महाभारत' में भी ज़िक्र मिलता है। सच बात तो यह है कि भारतवर्ष में कुल चार सौ पचास धाम और इतने ही गुरु धाम हैं। सम्पूर्ण देश में हिजड़ों की संख्या लगभग चौदह से पन्द्रह लाख है। वास्तविक हिजड़ों की संख्या बहुत कम है। अधिकांश हिजड़े अधिक पाये जाते हैं, लेकिन जन्मजात हिजड़ों की संख्या चार सौ के आसपास है। लिंगोच्छेदन कर बनाये गये हिजड़ों को 'छिबरा' और नकली हिजड़ा बने मर्दों को 'अबुआ' कहते हैं। हिजड़ों की चार शाखाएँ हैं–बुचरा, नीलिमा, मनसा और हंसा। बुचरा पैदाइशी, नीलिमा स्वयं बने हिजड़े, मनसा मन से बने और हंसा शारीरिक कमी के कारण बने हिजड़े हैं।[2]

'महाभारत' में हिजड़े का उल्लेख शिखण्डी के रूप में मिलता है, वह किन्नर योद्धा था, जिसकी सहायता से अर्जुन ने भीष्म पितामह का वध किया था। अर्जुन ने भी अज्ञातवास में बृहन्नला नाम से किन्नर का रूप लिया था। मध्यकाल में राजा युद्ध पर जाते थे तो रानियों का पहरेदार से ही सम्बन्ध न हो जाये, इसलिए किन्नरों को उनकी रक्षा के लिए छोड़ जाते थे।

गुरु परम्परा

प्राचीन काल से हमारे समाज में गुरु की परम्परा चल रही है। ज्ञान–विज्ञान के कारण समाज में बदलाव आया है, लेकिन हिजड़ों के समाज में अधिकांश हिजड़े अल्पशिक्षित होने के कारण आज भी गुरु–शिष्य परम्परा विद्यमान है।

महेन्द्र भीष्म द्वारा लिखित उपन्यास 'मैं पायल' 'लखनऊ की किन्नर गुरु पायल सिंह के जीवन संघर्ष पर आधारित है। सन् 2016 में आया यह उपन्यास आत्मकथात्मक है। जीवनीपरक उपन्यास है। भारतीय साहित्य में और आधुनिक काल में लगातार किन्नर समुदाय पर उपन्यास लिखने वाले ये पहले लेखक हैं जिन्होंने महत्त्वपूर्ण रचनाएँ साहित्य को दी हैं।

इस लेखन से पहले उन्होंने किन्नर समुदाय को न्याय दिलाने के लिए जद्दोजहद की है, जिसके परिणामस्वरूप ये अद्‌भुत रचनाएँ हमारे समक्ष आ पायी हैं। उपन्यास की शुरुआत में "अम्मा बताती हैं, जब मैं पैदा हुई थी, रामबहादुर के एक और लड़की हुई की अप्रिय–सी आवाज़ उन्हें कानों में सुनाई दी थी। कारण, मुझसे पहले लगातार मेरी तीन बड़ी बहनें थीं, जबकि एक बेटे को जिसे वह अपनी कोख से जन्म दे चुकी थीं, जो उन सबमें बड़ा था। मैं उनकी पाँचवीं सन्तान थी जो एक हिजड़ा बच्चे के रूप में संसार में जन्म लेते ही उन्हें तमाम दुःख, कष्ट और सन्ताप देने के लिए आ चुकी थी। सभी को इस बार उनसे बेटे को जन्म देने की पूरी–पूरी उम्मीद थी। उम्मीद तो पहली दीदी के बाद से ही थी, पर जब दूसरी, तीसरी और चौथी बार लगातार कन्या के जन्म लेने से अम्मा और उनकी कोख को गालियाँ मिलने लगी थीं, जैसे कन्या को जन्म देना उनके ही हाथ में हो, सारा दोष उन्हीं पर मढ़ दिया जाता और कोसा जाता रात और दिन। माँ, माँ होती है, फिर चाहे उसकी सन्तान पुत्र हो या पुत्री। वह उसे भरपूर चाहती है। उसकी चाहत में कोई भेद नहीं होता है।"[3] पायल का जन्म लखनऊ केण्ट स्थित आर्मी के कमाण्ड हॉस्पिटल में 26 अप्रैल, 1980 को हुआ। पायल पाँचवीं सन्तान थी जो हिजड़ा के रूप में जन्मी। श्री शिवदत्त सिंह भारतीय थल सेना से सूबेदार के पद से सेवानिवृत्त होते हैं। हमारे बाबा अविवाहित थे। ऊँची काठी के रुआबदार थे। घर में माँ, बहनें–कमलेश, आशा और गीता और पिता रामबहादुर सिंह, जो पेशे से ट्रक ड्राइवर का काम करते थे। जन्म के बाद उत्तर प्रदेश के उन्नाव ज़िले का गाँव बहुराजमउ में संयुक्त परिवार में रहने लगी। परिवार में आये दिन झगड़े होते रहते थे। फिर भी बच्चों के प्रति प्यार कभी कम नहीं होता था। बड़े बुजुर्ग लोगों को दारू सेवन की आदत हो गयी थी। पिताजी भी दारू सेवन के बाद अम्मा को गालियाँ देते थे और मारते–पीटते और सताते रहते थे। तब मेरा मासूम मन दुखी हो जाता था। बाल सहज मन कुछ समझ नहीं पा रहा था कि रात को झगड़ा करके दिन में माँ पिताजी से कैसे प्यार से बातें कर लेती हैं? "मैं सोचती ये कैसे लोग है? रात में लड़ाई दिन में दोस्ती? बाल सुलभ अटकलें ही लगतीं। कुछ समझ नहीं पाती कि आख़िर माजरा क्या है?"[4] बचपन में

जब पिताजी पन्द्रह–पन्द्रह दिन बाहर रहते तो हमें बड़ा सुकून मिलता। हमारे बाबा हमें डाँटते भी नहीं थे। पायल अपने बाबा, जिन्हें 'दाऊ' कहती थी, वह याद करके कहती है, "मैं ढाई या तीन साल की रही होऊँगी तब बाबा गाँव में एक विधवा ब्राह्मणी, जिसे भौजी के नाम से सब जानते थे, वहाँ बाबा का आना–जाना रहता था। गोद में लेकर मुझे ले जाते, मिठाई पकड़ा देते और मैं खाते–खाते तोते और खरगोश के साथ खेला करती जब बाबा आँगन में नहीं दिखे तो रूआँसी होकर दालान में देखा, वे पलँग पर उलटे लेटे पंडिताइन भौजी के स्तनपान कर रहे थे। मैं सोचने लगी, कि दाऊ बाबा बहुत भूखे–प्यासे हैं, जो ऐसा कर रहे हैं। दूध तो बैठकर, गोदी में या बगल में लेटकर पीना चाहिए जैसे अम्मा मुझे पिलाती हैं। यह इस तरह क्यों दूध पी रहे हैं, मैं सोचने लगी।"[5] बाबा का यूँ जाना और कभी–कभी जुगनी का पूछना कि दाऊ बाबा तुम्हारा पेट भर गया? लेकिन यह बात शायद बाबा भी नहीं समझ पाए। जुगनी चार साल की थी, तब की बात है। यह बात शायद हिजड़ा रूप होने के साथ भी जुड़ी हुई है। एक दिन की बात है। मेरी दो बड़ी बहनें दाऊ बाबा के बन्द कमरे की ताक–झाँक करते दिखीं। मैंने भी कौतूहलवश दरवाज़े की झिर्रियों से देखा, कमरे में अन्दर दाऊ बाबा अपना लँगोट खोले पूरे नंग–धड़ंग अपने शरीर की तेल मालिश कर रहे थे। दो पैरों के बीच से तीसरे पैर को लटकते देख मैं आश्चर्य में पड़ गयी। यह क्या है? इसे तो मैंने कभी नहीं देखा। दाऊ बाबा तीसरे पैर को तेल से चुपड़ मुट्ठी में बन्द कर मालिश कर रहे थे, धीरे–धीरे तो कभी ज़ोर–ज़ोर से। बहनों ने मुँह में हाथ रखते हँसते–मुस्कुराते मेरे बहुत पूछने पर बताया, "वह दाऊ बाबा का घोड़ा है। यह घोड़ा बहुत ख़तरनाक होता है...बहुत चोट करता है ...इसी की चोट से माँ रोती हैं क्योंकि पिताजी के पास भी घोड़ा है।"[6] इस बात से जुगनी ने अनुमान लगाया कि अच्छा हुआ मेरे शरीर में नहीं है। उसके बाद बाबा से भी डरने लगी। उसको लगने लगा मुझे कहीं चोट न पहुँचा दें। जिस परिवार में किसी हिजड़े का जन्म हो जाता है बचपन में, तो जब तक भाइयों और बहनों को दुनियादारी का ज्ञान नहीं होता है तब तक तो उनका व्यवहार हिजड़ा भाई या बहन के साथ सामान्य रहता है। परन्तु जैसे–जैसे दुनियादारी समझ में आती है वैसे ही वे उससे नफ़रत

करने लगते हैं और उसे परिवार से अलग करने के लिए कहते हैं। यही कहानी इस उपन्यास की भी है।

उपन्यास के आरम्भ में पिता को पता चल जाता है कि जुगनू (जुगनी) हिजड़ा है। वह उसे मारने–पीटने का कोई–न–कोई बहाना ढूँढ़ लेते हैं। पितृसत्तात्मक समाज में पिता की भूमिका प्रशासक की मानी जाती है और वह पिता से ज़्यादा हिटलर, सेनानायक या एक अत्याचारी के रूप में अधिक दिखाई देता है। पेशे से ट्रक ड्राइवर रामबहादुर सिंह महीने में अधिकांश बाहर रहता है, शराब पीता है, पत्नी को बेहताशा पीटता है और जुगनी अर्थात् पायल को भी पीटते थे। एक शाम जब पिताजी घर लौटे, तब वह लड़की के कपड़े पहने थी, "पिताजी मुख्य द्वार अन्दर से बन्द करने के लिए मुड़े ही थे कि मैं अपने शरीर की सारी शक्ति समेट अम्मा के पास रसोईघर की ओर भागने के लिए पलटी, पर भाग न सकी। मेरी फ्रॉक का पिछला हिस्सा पिताजी के हाथों में आ चुका था, जिसे उन्होंने एक झटके में टुकड़े–टुकड़े कर दिया। मेरी बाल चोटी नोच ली और मुझे बालों से पकड़कर बुरी तरह पीटने लगे। वे मुझे मारते जा रहे थे अपने हाथों से, पैरों से और मेरे शरीर से लड़कियों के सारे कपड़े हटाते गये। मारते, गरियाते, घसीटते वह निरंकुश हो उठे थे। गुस्से में अपना आपा खो चुके थे। मुझे बचाने कोई नहीं आ रहा था। पिताजी का ऐसा बीभत्स चेहरा मैंने पहले कभी नहीं देखा था।..."[7] आख़िर पायल की क्या ग़लती थी? उसे अपनी हिजड़ा सन्तान से क्यों प्रेम नहीं होता? जैसे पूर्ण बच्चों को पाल–पोस कर शिक्षा देते हैं, उनकी हर चिन्ता में उनका पूरा जीवन ख़त्म हो जाता है तो यौनांग से अपंग बच्चे का जीवन किस प्रकार कटेगा? जुगनी को बस माँ का ही सहारा था। कहती है–"एक माँ ही वह धागा होती है जो परिवार के सदस्यों को जोड़े रखती है और जोड़े रहती है संवेदना को, प्रेम को, लगाव को, चाहत को फिर से एक हो जाने की आस को।"[8] पिता की मार से जुगनी घर का त्याग करती है और वहीं से उसका जीवन संघर्ष शुरू होता है।

परिवार से विस्थापन का दर्द

विस्थापन की नींव मूलतः भौतिक विकास ही रही है, लेकिन हिजड़ों के

जीवन में विस्थापन विघटन का पर्याय माना जा सकता है। विस्थापन किसी भी तरह का हो, पर वो दुःखदायी होता है। हिजड़ों के जीवन का सबसे कटु सत्य है कि उसके चाहे–अनचाहे उसे परिवार से विस्थापित होना ही पड़ता है। 'हिजड़ा' शब्द ही 'हिज्र' से बना हुआ है, जिसका अर्थ है–समाज से बेदख़ल किया गया या समाज से बाहर निकाला हुआ। कई बार आत्महत्या के लिए सोचकर भी सफलता नहीं मिली। ट्रेन गंगा पुल पार कर रही थी, तब भी मन में आता है कि कूद कर जान दे दें। विस्थापन का दर्द बयान करते हुए इस उपन्यास में परिवार से बिछोह होता है, मिट्टी से विस्थापन होता है। यह दारुण दुःख पृथ्वी में मानव मात्र के लिए ही नहीं, सारे जीवधारियों के लिए सबसे बड़ा सन्ताप होता है।

जुगनू को कानपुर जाते–जाते बहुत याद आने लगी घर की, माँ की और सब की, जब हम अकेले होते हैं, स्वयं को असुरक्षित महसूस कर रहे होते हैं...एक अनजाने भय से डर रहे होते हैं, तब अपने ज़्यादा याद आते हैं। माँ का आँचल याद आता है, जो हर ग़म में छिपा लेता है। घर परिवार से दूर होते ही बाहर के समाज में लड़की का रूप लिये रहना असुरक्षित है...देह के नरभक्षी भेड़िए चारों ओर से घूरते हैं।

देह व्यापार

उपन्यास में देह व्यापार के दो पक्षों को चित्रित किया गया है। अनवर की माँ और हिजड़े का, इन दोनों में मूल कारण है–ग़रीबी। यहाँ शरीर की भूख न होकर ग़रीबी में जीने के लिए जद्दोजहद कर रहे लोगों की कहानी को व्यक्त करती है। शुरुआत में अनवर की माँ के बारे में पता नहीं था जब वो झगड़ा कर रही थी। जब कोई उन्हें पैसा नहीं देता तब जुगनू कुछ समझ नहीं पायी। फिर धीरे–धीरे उसी माहौल में जीना सीख गयी। 'अब रात में मैं आँख खुलने पर ध्यान नहीं देती थी कि अनवर की अम्मी किसी से झगड़ रही हैं या किसके साथ प्रकृतिस्थ हैं? दूसरे बच्चों की तरह अब मेरी भी नींद नहीं टूटती थी। अनवर ने एक दिन लापरवाही से स्वतः ही बता दिया, ''अबे जुगनू ! मेरे अब्बा नहीं हैं तो क्या हुआ? ये मामू लोग हैं, जो खाने–पीने की तमाम चीज़ें लाते रहते हैं।'' मैं उसकी यह गूढ़ बात बहुत दिनों बाद समझ पायी थी।''[9]

यौन शोषण

जुगनू ने जब घर छोड़ा, तब एक ओर तो घर से विस्थापित होने का दर्द था मानसिक पीड़ा के साथ ही जब पैर में काँटा चुभ जाने के कारण रेल के डिब्बे में मोटा ठिगना धोती–कुरते वाला व्यक्ति पहले हमदर्दी दिखाता है फिर यौन शोषण करता है। "कहाँ जा रही हो?" ...मैं घबरा गयी और रोने लगी। वह समझा, मेरे बायें पैर के तलवे से रिस रहे ख़ून की वजह से मैं रो रही हूँ। मैंने अपने घाव की ओर देखा। "अरे, यह क्या लग गया है यहाँ पर?" कहते हुए प्रौढ़ ने मेरा तलवा अपने दोनों हाथों में थाम लिया।...मैंने सहमते हुए कहा, "अंकल जी, काँटा।" "...अरे ला मैं देखूँ, अभी निकाल देता हूँ।" वह प्रौढ़ मुझसे सटते हुए बोला। सामने की बर्थ ख़ाली थी, साइड की सीटों पर भी कोई नहीं था। मैं खिड़की की ओर खिसक गयी।... "नाम नहीं बताया तुमने अपना?" उसने मेरे बायें पैर का पंजा अपनी गोद में रख लिया था। पूछा ही कब था? फिर भी मैंने सहमते हुए बताया, "जुगनी"। "...बहुत अच्छा नाम है।" वह मेरे पैर से ऊपर हाथ सरका रहा था।... "अंकल जी काँटा निकल चुका है।" मैंने अपना पैर उसकी गोद से हटाना चाहा। "...तभी तो ख़ून रिस रहा है। काँटा न निकला होता तो ख़ून नहीं रिसता।" प्रौढ़ ने मेरी पिण्डली दबाते हुए कहा।...मैं सहमी हुए कुछ न बोली पर उसकी गन्दी हरकतें समझ रही थी। वह मेरे बाप की उम्र का था।[10] उपन्यास में दूसरा यौन शोषण का प्रसंग है। उसके बाद जुगनी ने तय किया वह लड़कीवाले रूप में सुरक्षित नहीं है। उन्नाव रेलवे स्टेशन पर सिपाही द्वारा शोषण होता है। मुझे लगा, कोई मेरे गालों को सहला रहा है, उभरी छातियों पर हाथ फेर उन्हें टटोलने में लगा है।...मेरी बगल में बैठा गन्दी हरकतें करनेवाला मुच्छड़ सिपाही मुझसे बोला।[11] समाज में रक्षा करने वाले कर्मी ही लड़कियों की इज़्ज़त पर हाथ डाल रहे हैं तो औरों से तो क्या उम्मीद की जा सकती है?[12] चारों ओर देख रहा था कि उसे कोई देख न ले। उसे घसीटकर जहाँ रोशनी कम थी, वहाँ लेकर जाता है। "क्या सोचने लगी?" उसने मेरी बायीं छाती बेरहमी से मसल दी। मैं दर्द से रोने लगी उसने मुझे चिपका लिया। ...वह मुझसे सटकर बैठ गया और इधर–उधर छूते मेरा हाथ अपने घोड़े पर ले गया।...दबा इसे दबा ...ज़ोर

से पकड़। ...मैं डर गयी और उसके घोड़े को दबाने लगी ....उसने मेरी छातियाँ सहलानी शुरू कर दीं। वह मुझे चिपकाये चूमता जा रहा था और चौकन्ना हो चारों तरफ़ देख भी रहा था। मैं परेशान उलझन में थी और उसके वश में थी, बेबस। एकाएक उसने मेरा हाथ हटा दिया और सँभलकर बैठ गया। मैंने देखा, वहाँ से कुछ लोग गुज़र रहे थे। ''सिपाही जी, क्या हो रहा है?'' तब वह बताता कि चोरी करते हैं, उनकी थोड़ी पूछताछ कर रहा हूँ, ''हाँ जी कानून का ही काम कर रहा हूँ।'' उसके तुरन्त बाद एक लड़का स्नान कर रहा था। उसके कपड़े चुराकर ट्रेन में जाकर बदल लिया। लड़का का रूप लेते ही किसी ने उसकी ओर आँख उठाकर देखा नहीं। वहाँ से कानपुर जाने वाली ट्रेन में बैठ गयी। बीच गंगा में कूदकर जान देने का मन हुआ लेकिन सोचा, सारी यातनाओं से मुक्ति पा लूँ। जुगनू के साथ तब घटना घटित होती है जब वह अप्सरा टॉकीज़ में सन्तोष सिंह की कैण्टीन में काम करती है। वहाँ पच्चीस–छब्बीस साल का प्रमोद अप्सरा टॉकीज़ में ही काम करता है लेकिन उसकी नीयत ठीक नहीं थी, आती–जाती लड़कियाँ और महिलाओं को बुरी नज़रों से घूरता है। प्रमोद एक दिन जुगनू को कहता है–''तू साला एकदम लौण्डिया लगता ...उसने मुझे ज़ोर से भींच लिया और मेरे बाएँ गाल पर ज़ोर से काट लिया।''[13]

हर तरह से स्त्री के साथ प्रताड़ना होती रहती है। पुरुष मानसिकता को देखा जा सकता है। स्त्री तो स्त्री, हिजड़ा हवस का शिकार बनती रहती है। पायल की जीवन यात्रा सच में एक संघर्ष की यात्रा है।

विस्थापित हो जाने के बाद हिजड़े का जीवन आसा नहीं है। हिजड़ों की टोली ने उसे नाचते हुए जब देखा और पता लगाया कि यह किन्नर है तो उसे गुरुमाई के पास लेकर आते हैं। वही उसका नाम पायल बताती है। एक दिन तबस्सुम नामक किन्नर का या जिसका नाम पप्पू होता है, वह पायल को मारते–मारते नंगी कर देता है। ऐसे में निर्वस्त्र होने का आभास हुआ। मुझे लगा कि मैं मर चुकी हूँ और मेरी आत्मा मेरे शरीर से बाहर आकर मेरी मृत देह देख रही थी। पायल पप्पू नामक गुण्डे द्वारा किये गये सार्वजनिक अपमान को भूल नहीं पाती है। इतना संघर्षपूर्ण जीवन जीते हुए पायल स्वयं को लखनऊ में स्थापित कर लेती है।

निष्कर्ष

अनगिनत प्रश्नों को जन्म देती है यह कहानी। प्रश्न यह भी है कि किन्नर–विमर्श से हमारे समाज की मानसिक संरचना में कितना बदलाव आ पाया है? जी हाँ ! बदलाव के पीछे किन्नर समाज का अपने अधिकारों के प्रति सजग होना है। महेन्द्र भीष्म जी एक संवेदनशील और समाज के सरोकारों के प्रति जागरूक लेखक हैं। किन्नर समुदाय की त्रासदी और जिसे मनुष्य ही नहीं समझा जाता है, ऐसे समाज का चित्रण और अपनी संवेदना उपन्यास के माध्यम से व्यक्त की है। विडम्बना है कि जहाँ अन्य शारीरिक विकृतियाँ उपहास का कारण नहीं बनतीं, लैंगिक विकृति से ग्रस्त शिशु का अस्तित्व परिवार के लिए अवांछनीय बोझ ही नहीं, उसे त्याग भी जाता है। पायल के माध्यन से लेखक की रचना विचारों के विशाल फलक पर लेकिन विस्तृत क्षितिजों के पार जाकर मानवीय संवेदना की तलाश कराती और सामाजिक सरोकार से जुड़ती है।

सन्दर्भ

1. हम भी इनसान हैं : सम्पादक : डॉ. एम्. फ़िरोज़ ख़ान : कवर पृष्ठ
2. किन्नर कथा : महेन्द्र भीष्म पृ. 60
3. मैं पायल.....: महेन्द्र भीष्म, अमन प्रकाशन, पृ. 15
4. वहीं, 17
5. वहीं, पृ. 19
6. वहीं, पृ. 20
7. हिन्दी उपन्यासों के आईने में थर्ड जेण्डर : डॉ. विजेन्द्र प्रताप सिंह, पृ. 122
8. मैं पायल.....: महेन्द्र भीष्म, अमन प्रकाशन, पृ. 53
9. वही 53
10. वही, पृ. 44–45
11. वही, पृ. 48
12. वही, पृ. 50
13. वही, पृ. 73

'मैं पायल...' उपन्यास में किन्नर जीवन की समस्याएँ

•

डॉ. मनीषा ठक्कर

प्राचीन समय से हमारे समाज में किन्नर पाये जाते हैं, किन्तु साहित्य में ये हाशिए पर ही रहे हैं। इन लोगों पर आधुनिक काल में भी कुछ लिखा नहीं गया। हाँ, उनका कहीं–कहीं उल्लेख ज़रूर होता है। अब उत्तर–आधुनिक काल में भारतीय भाषाओं में किन्नर केन्द्रित साहित्य लिखने की शुरुआत हुई है। अतः अब लगता है कि हाशिए के इन लोगों को समाज घृणा की, तिरस्कार की दृष्टि से नहीं देखेगा। मुख्यधारा में आने के लिए किन्नरों तथा समाज, दोतरफा प्रयास होगा तो ही सम्भव हो सकता है क्योंकि ताली हमेशा एक हाथ से नहीं बजती। समाज के लोग उनसे अर्थात् किन्नरों से डरते हैं। इस डर का कारण भी 'मैं पायल' उपन्यास में दिया है। अगर ये डर ख़त्म हो जाय तो मुझे लगता है कि लोग दिल से इनको आदर सम्मान देंगे। आख़िर ये भी तो एक मनुष्य हैं। वैसे देखा जाये तो किन्नर लोग भी शायद लोगों में डर इसीलिए पैदा करते हैं कि लोग उन पर अत्याचार न करें, उनका शोषण, उनका तिरस्कार न करें। किन्नर जीवन की भी बहुत सारी समस्याएँ हैं जिनकी चर्चा मैं महेन्द्र भीष्म लिखित 'मैं पायल' उपन्यास के द्वारा करना चाहूँगी।

पायल अर्थात् जुगनी का जन्म होते ही जैसे पता चलता है कि यह एक किन्नर है तो वह अपने ही पिता द्वारा घृणित और तिरस्कृत होती है। जब–तब उसे हिजड़ा कहकर अपमानित किया जाता है यथा–''ये जुगनी!

हम क्षत्रिय वंश में कलंक पैदा हुई है, साली हिजड़ा है...''[1] उसे तो यह भी पता नही है कि हिजड़ा का मतलब क्या है? उसे तो लगता है कि यह भी एक गाली ही होगी। जब उसको हिजड़े का मतलब भी पता नहीं है तब भी उसका इतना अपमान? आख़िर उसमें उसका क्या कुसूर? जब जन्म देनेवाले लोग ही उसके साथ ऐसा व्यवहार करेंगे तो फिर दूसरों से क्या अपेक्षा रखी जा सकती है? एकमात्र उसकी माँ है जो उसे पीटने से बचाती है और उसी एवज़ में स्वयं भी पिटती रहती है।

समाज के डर के कारण उसके पिता चाहते हैं कि उसे लड़का बनाकर ही रखा जाये। वे कहते हैं कि–''शान्ति! जुगनी को लड़के की आदत सिखाओ, उसे लड़का बनाकर रखो...वह हिजड़ा है। लड़की के रूप में बड़ी होने पर समाज के लोग उसकी शादी रिश्ते की बातें करेंगे और लड़के के रूप में कोई कुछ नहीं कहेगा।''[2] इस प्रकार पिता का आदेश था कि वह अब लड़का बनकर ही रहेगी। फिर भी पिता की अनुपस्थिति में बहनें कभी–कभी उसे फ्रॉक पहना देती थीं। इस बात से उसका भाई अनभिज्ञ था। एक दिन पिताजी आये और जुगनू को फ्राक में देख लिया और भाई की शिकायत के कारण उसकी बहुत पिटाई करने लगे, पर भैया ने उसे बचा लिया। भैया को पछतावा होने लगा कि अगर उसने बताया न होता तो वह पिटने से बच जाती। उस दिन उसकी बहनों को पीटा गया था, किन्तु बाद में भाई भी पिता के नक्शे क़दम चलने लगा था। उसको भी दारू की लत लग गयी थी। एक बार जब दारू पीने के बाद दोस्तों ने जुगनू की असलियत पूछने पर उसकी दोस्तों सें लड़ाई हो गयी और दोस्तों ने उसे गालियाँ दीं। तब से भैया भी पिताजी की तरह सोचने लगे थे। पिताजी जब काम पर जानेवाले थे तब कहकर गये थे कि–''कान खोलकर सुन ले, कमलेश की अम्मा! अगली बार जब मैं आऊँ और यह साला हिजड़ा लड़की के कपड़े पहने मिला और घर के बाहर निकला तो मैं अपने ही हाथों इस साले का ख़ून कर दूँगा।''[3]

पिताजी के जाने के बाद दो दिन बाद पता नहीं बहनों को क्या सूझी कि उन्होंने जुगनू को राजकुमारी की तरह तैयार किया। इस पर माँ–बहनें सब ख़ुश थीं। माँ ने तो उसकी बलैया भी लेते हुए कहा–''हाँ, हमारी जुगनी बेटी तो सुन्दर और समझदार है। हमारी प्यारी बेटी

है... मेरी तो जान है।''[4] अचानक उसी दिन उनकी वापसी होने पर जुगनी को इस तरह तैयार हुई देख उसका जो हश्र हुआ, वह अकल्पनीय और कम्पनीय था। यथा–''पिताजी ने पास रखी बाल्टी में भरे पानी से मुझे नहला दिया। फिर वहीं रखी चमड़े की चप्पल को टब में भरे पानी में डुबा–डुबा कर मेरे नग्न शरीर की चमड़ी उधेड़ने में लगे रहे, जब तक कि मैं बेहोश नहीं हो गयी। पल भर के लिए होश आता तो देखती कि अम्मा मेरे ऊपर लेटी पिताजी की चप्पलों से पिट रही थी। फिर भी मुझे बचाते हुए स्वयं कितनी देर तक पिटती रही, पता नहीं। मैं तो कब की बेसुध हो चुकी थी।''[5] इतना ही नहीं, पिताजी ने उसे बेहोशी में ही फाँसी देकर मारने का प्रयास भी किया था। पर तक़दीर को कुछ और ही मंजूर था और वह बच गयी थी। उसके बाद अपने को दोषी मानते हुए उसके दिलो–दिमाग़ में यही विचार छाये रहते हैं क़ि–''क्षत्रियों के ख़ानदान में हिजड़ा पैदा होने का जैसे सारा श्रेय मेरा ही हो... मैं हिजड़ा हूँ... ठीक है, पर इसमें मेरा क्या कुसूर? हिजड़ा होने में मेरी अम्मा बल्कि पिताजी का भी तो कोई दोष नहीं, फिर मेरे साथ ही ऐसा दुर्व्यवहार क्यों? लोग अपने विकलांग बच्चों को पाल लेते हैं, पर एक हिजड़ा बच्चे को नहीं, क्योंकि एक हिजड़ा बच्चा होना वे अपनी आन–शान के ख़िलाफ़ समझते हैं। क्षत्रियों में सिंह पैदा होते हैं, हिजड़े नहीं।''[6] इसी कशमकश में वह आत्महत्या करने का विचार कर घर छोड़कर भाग जाती है, पर वह आत्महत्या नहीं कर पाती। उसकी हिम्मत ही नहीं होती। किसी ट्रेन में बैठकर चल पड़ती है। उसे पता भी नहीं था कि ये ट्रेन कहाँ जा रही है? ट्रेन में अकेली बच्ची होने के क़ारण एक ठिगना आदमी उसे घूरता रहता है। वहाँ से फिर उसके शारीरिक शोषण की शुरुआत होती है। ट्रेन में वह उसके साथ अपकृत्य करना चाहता है, पर वह बच जाती है। जब कानपुर स्टेशन पहुँचती है तो वहाँ रात को अकेली पाकर एक सिपाही उसकी पूछताछ करने के बहाने उसका शारीरिक शोषण करना चाहता है, पर वहाँ भी वह बच जाती है।

जब घर–परिवार से बिछोह होता है तो मिट्टी से विस्थापन होता है और ऐसी विस्थापन की अवस्था में लड़की का रूप लेकर रहना असुरक्षित होता है। अतः वह एक लड़के के कपड़े चुराकर लड़के का रूप धारण कर

लेती है और उस रूप में वह लड़का स्वीकार कर ली जाती है। दो–तीन दिन तक कुछ खाने को न मिलने के कारण भूख से उसे भीख माँगनी पड़ती है। भीख माँगना उसे पसन्द नहीं। वह और बच्चों की तरह दातुन आदि बेचकर अपना गुज़ारा करना चाहती है। सारी बातों से अनजान वह सोचती है कि ये सब कहाँ से लाऊँ?, कौन देगा?, कैसे देगा? उसी बीच उसकी दोस्ती उसी के हमउम्र एक अनवर नामक लड़के के साथ हो जाती है। उसके साथ वह दातुन बेचने लगती है और उसे भी वह पता नहीं चलने देती कि वह एक लड़की है। दोस्ती के कारण उसे अनवर के घर पर रात बिताने को जगह मिल जाती है।

चोरी करने की बुरी आदत के कारण अनवर को चोरी करते हुए पकड़े जाने पर उसे पुलिस देख लेती है और उसी मुठभेड़ में वह ट्रेन के नीचे आ जाने पर मर जाता है। अनवर की मृत्यु के बाद उसके निवास की समस्या सताने लगती है। उसे अभी भी लड़का बनकर ही रहना पड़ेगा। वह सोचती है–"घर–परिवार से दूर होते ही बाहर के समाज में लड़की का रूप लिये रहना असुरक्षित है...हे भगवान ! यह मैं ही जानती हूँ और जानती होंगी वे सब स्त्रियाँ, जो मेरी जैसी स्थिति से अक्सर दो–चार होती होंगी या कभी परिवार से अलग–थलग पड़ गयी होंगी। देह के नरभक्षी भेड़ियों की चुभती नज़रों को बड़ी शिद्दत से महसूस किया होगा, जो मादा गन्ध के उठते ही खूँखार हो उठते हैं और मौक़ा मिलते ही दबोच लेने के लिए उतावले बने रहते हैं। सारी ज़ोर–आज़माइश के बाद क्रूरता, नग्नता पर उतर आते हैं और मसल देना चाहते हैं नारी देह को। नोच–खसोट के साथ अपनी बर्बरता की निशानियाँ छोड़ देना चाहते हैं, तब तक जब तक कि वह स्वयं पिघल नहीं जाते और पिघलने के बाद लतियाये कुत्ते की तरह कूँ कूँ करते खो जाते हैं अन्धे समाज के अँधेरे कोनों में।"[7] तब उसे चाय की दुकानवाले एक पण्डित जी मिल जाते हैं। उनकी दया, करुणा, प्रेम, स्नेह आदि के कारण उसे वहाँ नौकरी मिल जाती है। वहाँ पर सन्तोष सिंह नामक व्यक्ति उसके काम से प्रभावित होकर उसे अपनी कैण्टीन में नौकरी देने की बात करता है। उसकी कैण्टीन अप्सरा टॉकीज़ में थी। अतः वह तुरन्त तैयार हो जाती है क्योंकि वहाँ उसके रात के सोने का इन्तज़ाम हो सकता था। इस प्रकार थोड़ा समय अच्छे से बीतता

है, पर फिर से वह भीख मँगवाने वाले दुष्ट, पापियों, राक्षसों के हाथों में फँस जाती है। वहाँ उससे ज़बरदस्ती भीख मँगवाई जाती है। वहाँ बहुत सारे बच्चे थे, पर उसकी तरह कोई हिजड़ा बच्चा नहीं था। वह घर से तो भागी थी मरने के लिए। उसकी हालत इस नरक में आकर बद से बदतर हो जाती है। वहाँ पुलिस की रेड पड़ने पर बच्चों को छुड़ा दिया जाता है। जुगनू की माँ उसे उसकी मौसी के वहाँ रखना चाहती है, पर मौसी के भी मना करने पर वह वापस अप्सरा टॉकीज़ में काम माँगने चली जाती है और उसे काम मिल भी जाता है। वहाँ के सिक्युरिटी प्रमोद को पता चलने पर कि जुगनू लड़का नहीं है तो वह उस पर बलात्कार करने की कोशिश करता है। उससे बचकर वह वहाँ से भाग जाती है और पूनम टॉकीज़ में काम मिलने पर वह फ़िल्म प्रोजेक्टर चलाना सीख जाती है। जब वह लखनऊ जाती है तो वहाँ वह आख़िरकार हिजड़ों के गिरोह में फँस जाती है। वहाँ वह अपना नाम पायल बताती है। वहाँ उसे बधाई पर जाने को कहा जाता है। पर वह जाना नहीं चाहती। तब उसे तीन दिन तक कुछ भी खाने को नहीं देते। आख़िरकार विवश होकर इस काम को स्वींकारना पड़ता है। वहाँ जाकर रिया नामक किन्नर से पता चलता है कि सारे किन्नरों की दशा एक–सी है। वह कहती है–''घर–परिवार में रहने से हमें क्या मिला? अपने ही सगों के ज़ुल्मों के शिकार हुए। जब हमारा ख़ुद का बाप, भाई ही हमारी जान का दुश्मन बन बैठा तो ऐसे घर–परिवार में गुरुमाई का डेरा हमारे लिए स्वर्ग से कम नहीं है।''[8]

जुगनी (पायल) पूनम टॉकीज़ में वापस जाना चाहती थी। उसे वही काम करना था इसलिए उसने तीन–चार बार भागने की भी कोशिश की, पर वह हर बार पकड़ी गयी। आख़िरकार वह एक कमरे में बन्द कर दी गयी। तब उसके मन में अनेक प्रश्न उठते हैं, जो किन्नर जीवन से जुड़ी प्रमुख समस्या है यथा–''एक व्यक्ति इस जीवन में अपने अनुसार स्वतन्त्र जी नहीं सकता? मुझे मालूम है कि मैं किन्नर हूँ. तो क्या किन्नर होना अपराध है, जो उसे उसके स्वभाव से विपरीत कार्य करने के लिए विवश किया जा रहा है है? क्या एक किन्नर को बधाई टोली के अलावा अन्य कार्य दायित्व नहीं सौंपे जा सकते? मैं टॉकीज़ में प्रोजेक्टर चलाती हूँ। उसके पहले अन्य छोटे–मोटे कार्य भी मैंने किये हैं, फिर मुझे क्यों बाध्य

किया जा रहा है कि मैं इनकी तरह ताली पीटूँ, ढोलक बजाऊँ, नाचूँ और बधाई गाऊँ?"[9]

निष्कर्षतः हम कह सकते हैं कि इस उपन्यास में किन्नर जीवन से जुड़ी कई समस्याओं को लेखक ने उठाया है। उपन्यास में प्रयुक्त समस्याओं को हम निम्नलिखित ढंग से विभक्त कर सकते हैं, यथा– 1. मानवीय अधिकारों को प्राप्त करने के संघर्ष की समस्या, 2. स्वतन्त्र जीवन यापन से बाधित करने की समस्या, 3. घर–परिवार तथा आप्तजनों से विस्थापित होने की समस्या, 4. लिंग स्वीकृति के अधिकार की समस्या (अर्थात् यदि कोई व्यक्ति किन्नर है तो उसे यह स्वतन्त्रता होनी चाहिए कि वह किस लिंग में रहना चाहता है, लड़का या लड़की के रूप में या स्त्री या पुरुष के रूप में?), 5. यौन–शोषण की समस्या। इन सभी समस्याओं का आकलन लेखक महेन्द्र भीष्म ने भलीभाँति किया है। उपन्यास 'मैं पायल' जीवनी शैली में लिखा गया है। लेखक स्वयं किन्नर समाज के लिए कार्य करने वाली संस्थाओं से जुड़े हुए हैं। अतः किन्नर समाज की बहुत–सी विशेषताओं को–अच्छाइयों और बुराइयों को–चित्रित करने में सफल रहे हैं। एक नये विमर्श को साहित्य में स्थापित करने हेतु लेखक के प्रयत्न को अनेकशः साधुवाद। अन्त में ये पंक्तियाँ–

"इरादे तो हमारे भी फ़ौलादी हो सकते हैं
गर ये कोई हमें इंसां समझे!"

सन्दर्भ

1. मैं पायल... : महेन्द्र भीष्म, पृ. 26
2. वही, पृ. 32
3. वही, पृ. 36
4. वही, पृ. 37
5. वही, पृ. 38
6. वही, पृ. 39
7. वही, पृ. 59
8. वही, पृ. 94
9. वही, पृ. 98

'किन्नर पायल' एक नयी दिशा प्रदान करती अभिव्यक्ति

•

डॉ. सूर्यदीन यादव

माँ शान्ति देवी एवं पिता रामबहादुर सिंह को समर्पित विशेषांक 'मैं पायल फ़ाउण्डेशन', में महेश (संरक्षक), पायल सिंह (अध्यक्ष), रूपेन्द्र सिंह (सचिव), अनुराग शुक्ला (कोषाध्यक्ष) के सम्पादन सहयोग से तैयार किया गया जुगनी (पायल सिंह) के व्यक्तित्व एवं कृतित्व पर आधारित नाट्य शैली एवं उपन्यास शैली में रचे गये 'अँधेरा नाटक' एवं उपन्यास 'मैं पायल' के कथानक पर तैयार किया एक साहित्यिक यथार्थ युक्त दस्तावेज़ है। ग़ौर करें तो यहाँ भेद रेखा घर से ही शुरू होती है। घर से बाहर पड़ोसी, समाज, नातेदार और शिक्षालयों के गुरुओं तक तो पात्र बाद में पहुँचते हैं और भिन्न–भिन्न तमाम जाने–अनजाने से मिलते हैं। इस बात का जीता–जागता प्रामाणिक दस्तावेज़ है', पायल का संघर्षमय व्यक्तित्व और कृतित्व। आत्मकथानक शैली में लिखा गया यह दस्तावेज़ पायल के जीवन को हू–ब–हू ज्यों का त्यों चित्रित, वर्णित एवं रूपायित कर देता है।

एक जीवन्त गर्भस्थ–पिण्ड (ब्रह्माण्ड) में हमारा, आपका, इनका, उनका, सबका जन्म हुआ है। पिण्ड, पिण्ड होता है। जन्म के बाद उसका संज्ञात्मक एवं लिंगीय नामकरण पहचान के लिए किया जाता है। जातीयता का पता भी सन्तानों को ज्ञात होता है। स्टार्टिंग ऑफ दि पॉइण्ट की बात करना चाहता हूँ, जिसकी जन्म–सूत्रता 'पायल' से है। गर्भस्थ–पिण्ड (जो किसी गीली मिट्टी के समान होता है) को न जाने कितने झोड़े–झटके,

दुख–वेदना, जुल्मो–सितम और अभावों का सामना करना पड़ता है और चुपचाप (माँ को) सहन करना पड़ता है। उसका अन्दाज़ा कोई पिता–माँ पुरुष कैसे क़र सकता है? मैं भी एक पुरुष हूँ। पुत्र, बालक, पति, भाई, जेठ, चाचा, मौसा, नाना, दादा और अन्य मित्र, गुरु, पड़ोसी जैसे कई नाते (सम्बन्ध) संज्ञाओं से पहचाना जाता है। ये सारे नामकरण मनुष्य निज पहचान के लिए करता है। उस पहचान–प्रक्रिया में माता–पिता की भूमिका अहं हो सकती है। गीली मिट्टी से तरह–तरह के खिलौने और घरेलू चीज़ें मटका–मटकी, गगरा–गगरी, घड़ा, हाँडी, कोसा, सुतुही सुराही, तुतुही वग़ैरह बनाते समय कसगढ़ और कुम्भकार कितने ध्यानस्थ होते हैं, उसका अन्दाज़ा हमारी निर्जीव कलम कैसे लगा सकती है? फिर भी कोशिश कर रहा हूँ कि कुम्भकार का रचनाकार की जनशीलता पर कलम चलाऊँ। रचनाशीलता एक खिलवाड़ की तरह होती है। यदि अच्छी बन गयी और लोगों, पाठकों, श्रोताओं, दर्शकों को प्रिय लगी तो वाहवाही मिलती है। यदि रचना में कुछ कमी रह गयी है तो टीका और अवहेलना का सामना रचनाकार को करना पड़ता है। इसलिए कुम्भकार घूमते चाक (चक्र) पर चिपकी गीली मिट्टी को अपने हाथों की अँगुलियों के सहारे गोल–मटोल लोई (पिण्ड) को कोई रचनात्मक, कलात्मक रूप, आकार देकर चाक पर से उठा लेता है और धूप में सूखने के लिए रख देता है। सूख जाने पर भट्ठी में पकाता है। उस रचनाकृति को रंगों से रँग देता है। सिर, आँख को काले रंग से और देह को गेहुँए रंग में रँग देता है। होंठों को गुलाबी रंग से रँग देता है। वह स्वयं ब्रह्माजी या रचनाकार नग्न देह पर कोई कपड़ा (रंगीन या सादा श्वेत) पहनाता नहीं है। सृजन कार्य पूर्ण हो जाने के बाद नवजात शिशु को कोई कपड़ा पहनाकर एक नये नाम से उच्चरित किया जाता है।

पायल को केन्द्र में रखकर मैं आपकी बात रखना चाहता हूँ। अन्य भाई–बहनों की तरह जन्म के बाद पायल (शैशवावस्था) का भी नामकरण किया गया था, पर जब उसके अंगों, विशेष रूप में अविकसित जननांगों के बारे में उसके पिता को ज्ञात हो जाता है, तब पायल को उसके भाई–बहनों से भिन्न माना जाने लगता है और यहीं से एक भेद रेखा शुरू होती है। हालाँकि पायल की माता तो उसे अपनी सन्तान ही मानती

है और हर प्रकार से पूर्ण प्यार–दुलार, वात्सल्य देकर पाल–पोसकर बड़ा करती है। चिन्ता इस बात की है कि पायल के पिता की क्रूरता, अमानवीयता, कामुकता और नशेबाज़ी किन्नर जुगूनी (पायल) को उन सबसे, यहाँ तक कि परिवार और समाज से अलग–थलग कर देती है। आख़िर क्यों? जुगनी निर्दोष है। जन्म से जिस प्रकार कोई बच्चा शराब या बीड़ी पीते हुए पैदा नहीं होता है। जन्म के बाद बच्चों को घर और बाहर के लोग व्यसनी बना देते हैं, उसके निर्दोष विशुद्ध जीवन में ज़हर घोल देते हैं। ठीक उसी प्रकार किन्नर पायल के जीवन–मन में नफ़रत का विष घोल दिया गया था। पायल के सामने जो भेद रेखा खींच दी गयी थी। उस रेखा (मर्यादा) को लाँघकर सीता की तरह पायल घर से बाहर निकलकर समाज, देश और विश्व स्तर तक पहुँच जाती है और अपनी नयी पहचान कायम करती है। किन्तु हम उसकी (किन्नर) नींव बुनियाद और उसके गर्भ पिण्ड तक पहुँचकर (जहाँ गर्भ में उसका सृजन हो रहा था) यूँ समझिए कि उसके (शिशु पायल) माँ द्वारा उसका सृजन एवं संस्कार पूर्ण सांगोपांग का सदैहिक निर्माण किया जा रहा था–माँ के पौष्टिक आहार, विशुद्ध रक्त एवं वात्सल्य पूर्ण मन एवं दिव्य आयोजन में नौ मास तक गर्भ में ख़ूब सँभाल करके रखने का (सुख–दुख भरी स्थितियों की) शिशु को उचित सर्वांग पूर्ण स्वस्थ जन्म एवं सलामत जीव को जन्म देने का अनेक झोड़े–झटके का सामना करते हुए शिशु को सर्वांग पूर्ण रूप से जन्म देना और शिशु के पिता द्वारा गर्भस्थ शिशु को पीड़ा पहुँचाना, योग्य वातावरण न मिलना, खाने–पीने का अभाव, सुचारु पौष्टिक भोजन न मिलना, आराम न मिलना, शक्ति से अधिक कार्य करना, गर्भस्थ शिशु को ठेस पहुँचाना इत्यादि।

किन्नर पायल का व्यक्तित्व पढ़कर ऐसा लगता है जैसे जन्म के बाद पिता या अन्य असामाजिक तत्त्वों द्वारा जो जुल्मो–सितम पायल बनाम जुगनी पर ढाये गये थे, उससे कहीं अधिक दुख–पीड़ा और जुल्मों सितम गर्भस्थ शिशु (पायल) पर ढाये गये थे। तभी सम्भवतया उसके (उसके शिशु) जननांगों का समुचित विकास नहीं हो पाया होगा और वह (पायल) जो स्त्री–पुरुष से भिन्न नपुंसक या अन्य (किन्नर) की श्रेणी में रख दी गयी थी।

पायल लेखिका और सम्पादिका है। अतः वह अपनी बात को, दुःख वेदना को अभिव्यक्त कर पा रही है, पर वह (पायल) अपने गर्भस्थ जीवन के बारे में सम्भवतः इसलिए नहीं लिख पा रही है, क्योंकि वह उस समय अबोध शिशु थी। अज्ञानता और अभाव जीवन की सबसे बड़ी कमज़ोरी है। गर्भस्थ शिशु यदि ज्ञानी, बुद्धिशाली और ज्ञाता होता तो आपकी बात को, जिसे उसने गर्भ में रहकर सुना, अनुकरण या महसूस किया था–उस सच को लिखकर सबको बता देता कि गर्भस्थ जीवन में उसे काफ़ी कुछ चोट, पीड़ा, दर्द पीड़ा, दर्द ठेस पहुँचाई गयी थी। गर्भस्थ शिशु पर लगने वाले ठेस, झोड़े–झटके, दर्द पीड़ा को मात्र गर्भवती माँ (पीड़ित) महसूस करती है और सहन करती है। माँ बनने के पूर्व पायल की माँ उसके पिता की पत्नी थी। अँधेरा के नाटक खण्ड दृश्य में पायल सिंह के जन्मोत्सव पर पायल सिंह अपने संघर्षमय जीवन को दर्शकों के साथ जोड़ती है। "यह सब मेरे लिए सपने जैसा है। बचपन में जब मुझे आप ही लोगों के कारण अपने ही परिवार से विस्थापन का दंश झेलना पड़ा था–और वह भी अपने ही पारिवारिक सदस्यों द्वारा, तब मैंने सोचा भी नहीं था कि मैं आज इस मुकाम तक पहुँचूँगा। आज मैं आप लोगों के साथ ख़ुश हूँ कि मेरे एक माता–पिता के स्थान पर मेरे इतने सारे माता–पिता आज आप लोगों के रूप में मुझे मिल गये हैं! मैं सोचती हूँ कि ईश्वर ने मुझे हिजड़ा बनाया है तो इसमें भी उसकी कोई मंशा ज़रूर रही होगी। हमें अपना समझें। हम भी तो आपकी तरह अपनी–अपनी माँओं की कोख से जन्मे हैं, हमें दुत्कारें नहीं, हमें भी आपकी तरह इनसान समझें।" (मैं पायल..., पृ. 4)

महेन्द्र भीष्म के उपन्यास 'किन्नर कथा' के उद्घाटन पर पायल सिंह बोलती हैं कि–"मैं हृदय से आभारी हूँ श्री महेन्द्र भीष्म जी का जिन्होंने 'किन्नर कथा' जैसी कृति लिखकर हमारे लोगों (किन्नरों) को समाज में सम्मानजनक स्थान दिलाने के लिए बड़ा काम किया है।" (मैं पायल, पृ. 4) उद्घाटन दृश्य के बाद दूसरे दृश्य में मंच पर दस वर्षीय पायल (जुगनी) की चोटी गूँथती हुई उसकी माँ को दिखाया गया है। जुगनी की बहन उसकी बगल में खड़ी है। चोटी गूँथती हुई माँ अपनी दोनों बेटियों से वार्तालाप करती है–

माँ : (शान्ति) बेटी से–'देखो आशा, जुगनी एकदम लड़की लगती है।'

आशा कहती है–हाँ अम्मा...! (जुगनी का चेहरा अपने हाथ से ऊपर करती है।)

जुगनी : अम्मा मैं लड़की ही तो हूँ?

शान्ति : अब तुझे कैसे समझाऊँ, बेटा...? अच्छी–ख़ासी कद–काठी दी भगवान ने, पर पता नहीं क्या सूझी उसे जो अधूरा बनाकर भेजा। न लड़का बनाया न लड़की।

जुगनी : पर अम्मा, मैं लड़की ही तो हूँ...चोटी है (अपनी चोटी हिलाती है) फ्रॉक पहनती हूँ। (फ्रॉक पकड़कर दिखाती है) (मैं पायल, पृ. 5)

आशा : क्या अम्मा? तुम भी जब देखो, एक ही क़िस्सा। जाओ जुगनी खेलो। (दोनों खेलती हैं। खेल के बीच पिता के प्रवेश होते ही बच्चों के खेल में तहलका मच जाता है। जुगनी पिता के हाथों पिटती है।) जुगनी का पिता रामबहादुर कहता है; जुगनी मेरा ख़ून तो है पर हिजड़ा है, तुम्हें क्या? घर में रहती हो, लोगों के ताने, उनकी घूरती निगाहें मुझे जीने नहीं देती हैं... मैं क्या करूँ? (सिर पर दोनों हाथ रख लेता है। पास रखी कुर्सी पर बैठ जाता है। आशा गिलास भर पानी लाकर पिता को देती है) जब पत्नी शान्ति कहती है कि सारी बुराइयों की जड़ यह दारू ही है।...तब पति रामबहादुर गुस्सा हो जाता है। दारू पीता है। शान्ति दारू विरोधी होते हुए भी पति का दारू पीने को देती है। अँधेरा हो जाता है। परदा गिरता है। दृश्य–2 समाप्त होता है।

कुछ पुरुषों को चढ़ बैठने की आदत होती है। स्त्री एक नाजुक कोमल गुलाब के फूल–पंखुड़ी–सी कोमलांगी मुलायमी जननांगों (जननेन्द्रियों) वाली पंखुड़ी है, ज़रा–सा स्पर्श से टूट, झड़ पड़ती है। छुई–मुई–सी संवेदनशील होती है। जरा–सी वेदना से रो पड़ती है। अपार सहन शक्ति होते हुए भी स्त्री लाजवन्ती, डरपोक और विवेकी स्वभाव की होती है। उसकी उसी शर्मीले, डरपोकी एवं विवेकशीलता का फ़ायदा उठाकर पुरुष उस पर हावी

हो जाता है, लेकिन पायल डरपोक नहीं। एक हिम्मतबाज़ खुले दिल की है और ऐसी है वह जो मर्द का कान काट दे। उनके व्यक्तित्व कृतित्व के बारे में महेन्द्र भीष्म द्वारा सम्पादित 'मैं पायल' पढ़ा तो पाया कि पायल का व्यक्तित्व वास्तव में दुहरे वात्सल्य (माँ और पिता) से निर्मित हुआ है। 'अन्दर हाथ सहार दे बाहर बाहे चोट' कहावत की तरह पिता द्वारा मारना–पीटना (जुगनी या पायल को) और माँ द्वारा बेटी जुगनी (पायल) की रक्षा करना, वात्सल्य देना है। पायल बचपन में पिता द्वारा जितना अधिक जूते–चप्पल, थप्पड़, डण्डे की मार खाती थी, वह उतना अधिक मज़बूत बनती जाती थी। समाज के लोगों का सामना करती हुई पायल टूट नहीं जाती है, बल्कि एक नये स्वतन्त्र मार्ग की तलाश करती है।

पिता का व्यक्तित्व भी दुहरी दीवाल से बना होता है। उसके बाह्य व्यक्तित्व को बेटी पायल ने देखा, परखा, सुना, जाना अनुभव किया हुआ था कि वह जल्लाद, कसाई और चिकवा से भी अधिक क्रूर, निर्दयी स्वार्थी पिता है, लेकिन उसके अन्तर्व्यक्तित्व को पायल ने जानने–समझने की कोशिश सम्भवतः नहीं की थी। अन्तर्व्यक्तित्व अर्थात् व्यक्ति के मन में क्या चल रहा होता है, उसका पता हमें नहीं चल पाता है। किसी व्यक्ति के मन (दिल) की बात को साइकॉलोजिकल सिस्टम, मनोवैज्ञानिक प्रक्रिया द्वारा ज्ञात किया जा सकता है। मनोविज्ञान एक काल्पनिक सत्य होता है, उसे मात्र व्यक्ति का मन जानता है कि उस व्यक्ति के मन में क्या–क्या चल रहा है? इसलिए बाह्य व्यक्तित्व के आधार पर किसी व्यक्ति का मूल्यांकन, चरित्रांकन किया ही नहीं जा सकता है। पायल ने अपने पिता के बाह्य व्यक्तित्व के आधार पर अपने प्रति किये गये रवैयों (व्यवहारों) का मूल्यांकन किया है जबकि अन्तर्बाह्य व्यक्तित्वों के ज्ञात होने पर ही व्यक्ति का पूर्ण मूल्यांकन सम्भव है।

गर्भ के अन्दर के पिण्डांश या शिशु अंश या पूर्ण शिशु को क्षति पहुँचाई गयी त्वचा या कोमलांग को और उसको लगी चोट (धक्का) को, गाली–फाटे को, मार–पीट, जुल्मो–सितम, ईर्ष्या, जलन, क्रोध, अपमान और अपनी भूख का एहसास गर्भवती माँ को अवश्य होता है, पर वह पीड़ा को होंठ भींचकर चुपचाप सह लेती है, किसी से कहती नहीं है। पीड़ा व्यक्ति (पति या अन्य लोग) पहुँचाते हैं, पर उसे गर्भवती माँ भगवान की

पीड़ा समझ लेती है। यह अज्ञानता है। मैं या आप या अन्य कोई व्यक्ति गर्भस्थ शिशु तक पहुँच नहीं सकते हैं, मात्र फ़ीलिंग कर सकते हैं। फिर अभिमन्यु ने बिना किसी के गर्भ में पहुँचने के बावजूद चक्रव्यूह भेदने की युद्ध–कला सीख ली थी! तो कैसे? उत्तर साफ़ है। मैं, आप ये, वे और जो भी कोई व्यक्ति गर्भस्थ शिशु तक मन के द्वारा पहुँचकर उसकी वेदना, संवेदना सुन, देख, जान समझ सकते हैं, वह एक मनोवैज्ञानिक प्रक्रिया है। और उस प्रक्रिया द्वारा अन्धकार, अण्डकोष या गर्भ तक पहुँचकर मन के द्वारा शिशु की आत्मा के बारे में काफ़ी कुछ ज्ञात कर सकते हैं। मनोविज्ञान का हमारे जीवन और साहित्य में ज़बर्दस्त महत्त्व है। हम जिस बात को प्रत्यक्ष रूप से देख, सुन अनुभव नहीं कर सकते हैं और कह नहीं पाते हैं, उसे मनअभिव्यक्ति या कल्पना द्वारा कलमकार अभिव्यक्त कर देता है। तो मैं कोशिश कर रहा हूँ मन द्वारा गर्भस्थ शिशु तक पहुँचने और उसकी अन्तर्वेदना, उसकी पीड़ा, उसके दुःख, उसकी कराह, उसका काँखना, उसका सिसकना–सुबकना, उसका छटपटाना (हिलना–डुलना) और उसके (शिशु) हिलने–डुलने संवेद, दुःखी पीड़ित होने से गर्भवती माँ पेट पर (बाह्य त्वचा पर) हाथ रखकर दुःखी होती है, काँखती, कराहती, सिसकती, छटपटाती, ऐंठती, अल्टा–पल्टा खाती है, यानी उलटती–पलटती है, पर होंठ भींचती, कुछ–बोल नहीं पाती है। क्योंकि घर के लोग जाग, जान जायेंगे कि उसके पति ने ही तो उसे तंग किया है। पति–पत्नी के बीच कोई पड़ना नहीं चाहता है, सास और ननद तो घर की बहुत की शत्रु जैसी होती हैं। वे गर्भवती की पीड़ा को समझने की कोशिश सम्भवतयाः नहीं करती हैं। हालाँकि हर घर में ऐसा नहीं होता है। वास्तव में गर्भवती माँ की संवेदना–वेदना, पीड़ा, कष्ट, कराह, चीख़, सिसक और छटपटाहट गर्भस्थ शिशु की ही छटपटाहट होती है। पिता गर्भस्थ शिशु को पीड़ित करता है। पिता द्वारा (कामोत्तेजित) हुमुकना, दुमुकना, धक्के मारना, गर्भवती के पेट पर चढ़ बैठना इत्यादि हरकतें गर्भस्थ शिशु को चोट पहुँचाती हैं। गर्भस्थ माँ तो वे सारे प्रहार होंठ भींचकर, रो–रोकर बर्दाश्त कर लेती है, किन्तु गर्भस्थ शिशु (जो गीली मिट्टी के समान होता है) पिता की उस कामुक–क्रूरता को सहन नहीं कर पाता है। माँ से नस, नली द्वारा शिशु जुड़ा होता है। अतः गर्भस्थ माँ

की आत्मा और शिशु की आत्मा एक होती है। माँ जो कुछ खाती–पीती है, उसका स्वाद, रस, शक्ति, प्रभाव ब्लड रिलेशनशिप के नाते गर्भस्थ शिशु को मिलता रहता है। जिस प्रकार एक हृदय से निकलने वाली रक्त वाहिनियाँ देह के अंगों–उपांगों से जुड़ी हुई रक्त पहुँचाती रहती हैं, उसी प्रकार गर्भस्थ माँ के गर्भ में पल रहे शिशु की नाभि से जुड़ी नली, शिरा रक्तवाहिनी जैसा कार्य करती है और गर्भस्थ माँ के हृदय के रक्त को गर्भाशय में पल रहे शिशु तक पहुँचाती रहती है। इस तरह गर्भस्थ शिशु जीवन्त बना विकसित होता रहता है। गर्भस्थ शिशु नली या नस शिरा से जुड़ा हुआ गर्भ की पानीदार पारदर्शी झिल्ली (आवरण) में लिपटा होता है या बँधा होता है, हिलता–डुलता रहता है। उसे पूर्ण विकसित होने में लगभग नौ–दस मास लग जाते हैं। किसी स्त्री को सतमासा बच्चा भी पैदा हो जाता है जो कमज़ोर होता हैं। अपंग भी हो सकता है।

अब प्रश्न यह रहता है कि सन्तानें अपंग, नपुंसक और रंग–रूप में भिन्न तथा लिंगीय क्षति या कमज़ोरी वाली क्यों हो जाती हैं, ऊपर कह चुका हूँ कि पायल को केन्द्र में रखकर अपनी बात कहना चाहता हूँ। तो नर्म, नाज़ुक, पानी–सी पारदर्शी त्वचा (गर्भस्थ शिशु को) तक मन पहुँचता है। शिशु गीली मिट्टी की तरह गर्भ में विकसित हो रहा हो तब उसे अँगुली से, मन से, हवा से, नज़र से यदि छू लें तब या किसी भी प्रकार का स्पर्श या ठेस गर्भस्थ शिशु को पहुँचता है वह छुई–मुई की तरह मुरझा जात्ता है। गर्भस्थ शिशु को तेज़ आँखों से देखने से उसे टोना–टोटका भी लग सकता है। अधिक घर्षण करने से उसकी नाज़ुक त्वचा का रंग भी छुए गये स्थान पर थोड़ा धब्बेदार काला पड़ जाता है। बच्चे के जन्म के बाद उसे देखती हुई मेरी माँ ने कहा था कि बच्चे के नितम्ब पर काला दाग़ (धब्बा) ग्रहण की पीड़ा का निशान है। बच्चा पूर्ण रूप से गोरे रंग का था, पर उसके नितम्ब पर काला धब्बा था। उसे देख किसी ने टिपासी कस दिया था, ''ऐ, बाहर आना नहीं चाहता था। भगवान ने एक सोंटा (डण्डा) मारा चूतड़ पर तब ये बाहर आया।'' ये सब गँवई बोली–टिपोसी एक विनोद के तौर पर लोगों को हँसने के लिए लोग बोलते थे, पर वास्तव में वह सोंटा (डण्डा) भगवान का नहीं, शिशु के बाप का होता है। वह सोंटा (डण्डा) शिशु को बाहर निकालने के लिए नहीं बल्कि उस सोंटे (डण्डा) की

चोट से शिशु की गोरी चमड़ी थोड़ी काली–सी हो गयी होती है। वह तो अच्छा हुआ था कि सोंटा (डण्डा) शिशु के नितम्ब भाग पर चोट पहुँचाया था, वरना अन्य किसी अंग पर चोट लगी होती तो निश्चित ही उस अंग का विकास रुक गया होता। गर्भस्थ शिशु एक अवस्था में शान्त पड़ा न रहकर हिलता डुलता रहता है। सात मास बाद शिशु के लगभग सभी अंग बन गये होते हैं, लेकिन उससे पहले कुछ कामुक कामान्ध ज़िद्दी शराबी पति तो पत्नी के मना करने पर भी उसे डरवा–धमकाकर, मार–पीटकर गर्भधारण करने के नौ मास तक गर्भवती पत्नी को शारीरिक रूप से भोगते हैं, उससे अनैच्छिक कार्य करवाते हैं। गर्भवती को मानसिक रूप से भी सताते हैं। अन्य भी शोषण स्त्रियों के किये जाते हैं, जैसे खाने–पीने की कोताही (तंगी), अधिक श्रम करना, नींद हराम कर देना, मानसिक जुल्मो–सितम ढाना, भेदभाव रखना, प्रेम का अभाव, ऐसे अनेक प्रकार से यदि गर्भस्थ शिशु को उसकी गर्भस्थ माँ को सताने के बहाने सताया और पीड़ित किया जाता है तो उसका गर्भस्थ शिशु पर बुरा प्रभाव पड़ता है।

बाप के सोंटे (डण्डे) की बात करना चाहता था। नौटंकी नाच का एक जोकर हाथ में डण्डा (सोंटा) लेकर सामने नाच रही लौण्डिया को एक गाना गाकर सुनाता था–

"जिस पर पड़ा राग का सोंटा, उतना फरिया बाटै न!"

एक अनपढ़ गँवई जोकर भी यह जानता है कि गोरे शरीर पर थोड़ा–सा काला दाग़ क्यों पड़ गया होता है? हम अपना ध्यान पायल पर केन्द्रित करना चाहते हैं; पर उसके साथ काफ़ी–कुछ दृष्टिगत होने लगता है। वह होना ज़रूरी भी है, क्योंकि ऐसा मात्र एक पायल के साथ नहीं हुआ है, वैसी अनेक पायल गाँव, समाज, शहर, देश में होंगी, जो बाप के प्रहारात्मक सोंटे (डण्डों) को कोस (धिक्कार) रही होंगी।

मेरा मन गर्भस्थ शिशु के पास पहुँचकर महसूस करता है कि जब गर्भस्थ पत्नी पर नशे में धुत्त कामुक कामान्ध पति टूट पड़ा, अपनी हवस मिटाने के लिए उसे ज़बर्दस्ती खटिया पर गिराकर दबाकर तो पत्नी बहुत ज़ोर लगाकर भी कामुक पति को निज पेट पर से हटा नहीं सकी, जिसके जीवन में मात्र एक ही सन्तान जन्मी थी और वह भी लड़की नपुंसक। उस औरत ने रो–रोकर अपने शराबी की पाशविक प्रवृत्ति और राक्षसी प्रहार

को मेरी पत्नी से बताया था। मेरी पत्नी ने मुझे बताया था कि तब जब मैं ज़िद कर रहा था और पत्नी को मना रहा था और उससे कह रहा था कि आज बहुत मन करता है, पर मेरी पत्नी ने अपने साथ रति–क्रीड़ा करने से सख़्ती से इनकार कर दिया था। मेरी पत्नी उस औरत की बात बताते हुए कहने लगी थी–"देखो, उस बगल वाले गाँव में जन्मी लड़की नपुंसक है। तुम अपनी होने वाली भावी सन्तान को नपुंसक, अपंग, लूला लँगड़ा क्यों बनाना चाहते हो? सब्र करो। मनुष्य हो, प्राणी नहीं हो। अरे, पशु–पक्षी भी (गर्भस्थ मादा) नर को अपने पास आने नहीं देती है। किसी कविता को पढ़कर तुम ही तो सुना रहे थे–

पंख फुला नाचे खोते में, शुकी बैठ अण्डे है सेती,
गाता शुक जब किरण बसन्ती, छूती अंग पर्ण से छनकर,
किन्तु शुकी के गीत उमड़कर रह जाते स्नेह में सनकर
गूँज रहा शुक का स्वर वन में, फूला मग्न शुकी का पर है।
गीत अगीत कौन सुन्दर है?

–रामधारी सिंह 'दिनकर'

शुकी मौन मग्न होकर अण्डे सेती, वात्सल्य देती है, लेकिन शुक शुकी के पास नहीं जाता है; और दूर से ही गाकर अपना वात्सल्य–प्रेम पहुँचाता है। अब रही बात नौ मास तक बाहर से, दूर से अपना स्नेह–भाव, वात्सल्य अन्दर पल रहे शिशु तक पहुँचाने की। हमारे बच्चे को हमारी शक्ति और वात्सल्य व संस्कार मिलना चाहिए। तुम जैसा संस्कारी, विद्वान, कर्तव्यनिष्ठ बालक चाहिए, पर इस तरह ज़ोर–जबर्दस्ती से चढ़ बैठोगे तो हो सकता है, तुम्हें और कुछ हमें सन्तोष हो, किन्तु अन्दर पल रहे शिशु के नाजुक किसी अंग को ठेस (चोट) लग जायेगी तो जैसे पड़ोसी के बच्चों–बच्चियों के किसी के दो अँगुली, किसी के तीन अँगुली हैं, कोई छंगु, कोई पंगु, कोई लूला, कोई ठिगना है। उसी तरह से तुम पछताओगे कि हमारा बच्चा ऐसा कैसे हो गया? हम दोनों पति–पत्नी सर्वांगपूर्ण स्वस्थ हैं तो हमारी सन्तानें भी पूर्ण स्वस्थ एवं सर्वांग पैदा होनी चाहिए। समझे और सुनो...!" वह कुछ रुकी और फिर अहाते में हरे–भरे घग्घान फूलते–फलते (बतियाते) कुम्हड़े (कद्दू) की ओर लखकर हाथ के इशारे करके मुझे दिखाती हुई कहने लगी, "वो देखो...उस कुम्हड़े को। वह

स्वस्थ रूप से आकाश की छत्रछाया में, धूपशीत, वर्षा, प्रकृति की गोद में फूलता–फलता है। सुनी थी उस दिन गाँव में किसी के मुँहार पर अखण्ड रामायण की चौपाई गायी जा रही थी। चौपाई में तुलसी बाबा ने क्रोधित परशुराम और तरुण लक्ष्मण के संवाद द्वारा बताया है। लक्ष्मण परशुराम को खिझाते हुए कहते हैं–

पुनि पुनि मोहि दिखाउ कुठासा। चहत उड़ाहन फूँकि पहासा।।
इहाँ कुम्हड़ बतिया कोउ नाहीं। जे तरजनी देखि भर जाहीं।।

समझो उस चौपाई में कही बात को। गाँव के लोग भले अशिक्षित, पर वे जानते हैं कि तर्जनी अँगुली दिखा देने से कुम्हड़े की नाजुक बतिया (फल) का विकास रुक जाता है, और कभी–कभी नाजुक फल सूख (मर) जाता है। और यह कोई बताने सिखाने की बात नहीं, इसे सारा जग जानता है कि नवजात जन्मे शिशु को कुछ समय (बारह दिन तक सौरी में) अँधेरी कोठरी में रखा जाता है, ताकि बालक की आँखों की रोशनी तेज़ हो, आँखें बड़ी स्वस्थ होवें। जब दूर से मात्र अँगुली (तर्जनी) दिखाने से और सूर्य का तेज़ प्रकाश नवजात शिशु पर पड़ने से उसकी तेजस्विता पर असर पड़ सकता है, तो गर्भस्थ शिशु को स्पर्श करने या जाने–अनजाने उसे धक्का लगने या चोट पहुँचाने से शिशु का कोई कोमल अंग अपूर्ण, अविकसित, अधूरा या अंगहीन शिशु पैदा होना स्वाभाविक है। अज्ञानतावश लोग उस अविकसित अंग वाले शिशु को ईश्वर की देन कह देते हैं। अरे, ईश्वर या प्रकृति इतने क्रूर, निर्दयी नहीं होते हैं कि अपनी रचना को अपंग, नपुंसक या लूला–लँगड़ा बना दें। क्रूरता, निर्दयता, कठोरता, हैवानियत मनुष्य में होती है। हमारी–तुम्हारी हैवानियत का परिणाम सन्तान को भुगतना पड़ता है। पति या पुरुष भी क्रूर निर्दयी हो सकता है। तभी तो अंग परिवर्तन हो जाता है या कोई अंग अविकसित (अपूर्ण) रह जाता है। कभी–कभी माँ भी क्रूर, निर्दयी हो जाती है। अभाववश माँ गर्भस्थ शिशु के लिए हर खाद्य–पदार्थ न खा–पीकर ज़िद्दी चिड़चिड़ी हो जाती है। गुस्से में कुछ भी बोलती है तो उसका प्रभाव गर्भस्थ शिशु पर पड़ता है उसी के परिणामरूवरूप बालक क्रोधी होता है।''

पत्नी की लम्बी–चौड़ी बात सुन मैं पसोपेश में पड़ गया कि यह तो स्कूल में कम पढ़ी है, पर प्रकृति से काफ़ी कुछ सीख लेती है। यह प्रमाणित

करता है कि सन्तानें (बच्चा या बच्ची) स्कूल की अपेक्षा प्रकृति, परिवेश और अन्य लोगों से काफ़ी कुछ ज्ञान पा लेते हैं। इस तरह से उस दिन पत्नी ने ग़लत काम करने से मुझे बचा लिया था। मैंने महसूस किया कि हमारी विद्वत्ता से कहीं बढ़कर पत्नी की प्रकृति प्रदत्त विद्वत्ता है, जो हमें अच्छे नेक कार्य करने की ओर ठेलती है।

ये सारी बातें जो लिख रहा हूँ, उन्हें पायल के माता–पिता नहीं जानते थे। मैं अनावश्यक उन बातों में न पड़ करके पायल के किन्नर होने की जड़–बुनियाद की ओर बढ़ना चाहता हूँ। मैंने कहा कि यह मेरी मानसिक पहुँच है, जो एक कल्पना या दिवास्वप्न–सी लग सकती है और लगना स्वाभाविक इसलिए है क्योंकि गर्भस्थ शिशु अपनी आवाज़ में बोल नहीं सकता है। जो मूक होते हैं और बोल नहीं सकते हैं, वे भी अपने मन की बात किसी देहांग के इशारे से कह देते हैं। बाप के सोंटा–प्रहार से (गर्भवती स्त्री के साथ समागम करने से) गर्भस्थ शिशु के जननांगों की कोई त्वचा दब जाती है। इस तरह दब जाने से उस दबे अंग या जननांग तक पूर्णरूप से रक्त नहीं पहुँच पाता। और जननांग का विकास रुक जाता है अथवा उस अंग का समुचित विकास नहीं हो पाता है। चोट लगने, दब जाने से रक्त वाहिनियाँ शिथिल पड़ जाती हैं और कभी–कभी बन्द पड़ जाती हैं। फलतः उस दबे भाग तक हृदय से आने वाला रक्त अमुक अंग या जननांग तक पहुँच नहीं पाता है और उस अंग का विकास रुक जाता है। पूर्ण विकास न होने से जननांग के लेदर–होल (त्वचा छिद्र) अर्थात् योनि या लिंग द्वार का विकास पूर्ण रूप से नहीं हो पाता है। अपूर्ण या आंशिक जननेन्द्रिय का विकास होने से मादा शिशु का योनि–छिद्र छोटा–सा छिद्र बनकर रह जाता है और नर शिशु का लिंग मात्र एक सेण्टीमीटर या उससे भी कम लम्बाई का ही होता है। अतः ऐसे अविकसित जननांगों वाले बालक या बालिका सम्भोग या समागम रतिक्रीड़ा करने या करवाने में असमर्थ और अपूर्ण होते हैं। अतः समाज के लोग, खास करके माता–पिता उस सन्तान को किन्नर, हिजड़ा, नपुंसक, शिखण्डी कह विशिष्ट वर्ग में रख छोड़ देते हैं, पर उन्हें दिव्यांग, अपंग, लूला–लंगड़ा, गूँगा–बहरा, अन्धा जैसी श्रेणी में नहीं रखा गया है। यह एक शोध का विषय है कि किन्नरों को किस श्रेणी में रखा

जाये? क्योंकि किन्नर भी समाज के ही विशिष्ट अंगधारी व्यक्ति हैं, उनका भी जन्म माँ की कोख से हुआ होता है। उनका भी अपना एक पिता होता है। किन्नर घर के सदस्यों और समाज द्वारा तिरस्कृत एवं अपमानित होकर वैसी नपुंसक संन्तानें अपने माँ–बाप का घर छोड़कर अपनी अलग बिरादरी, किन्नर समाज बनाकर अपने ढंग से स्वतन्त्र जीवन जीते हैं। यह भी सुनने में आता है कि कुछ माता–पिता अपनी किन्नर सन्तान को खुद किन्नरों के हवाले छोड़ आते हैं।

यह तो हुई प्राकृतिक रूप से (जबकि नपुंसकों के होने के उत्तरदायी पिता ही होते हैं) बन गये किन्नरों की बात। माता भी कुछ हद तक उसका उत्तरदायी होती है। जिसे लोग और स्वयं किन्नर भी भगवान की ग़लती मानते हैं और उसे भगवान द्वारा बख़्शी गयी बख़्शीश मानते हैं। मानना स्वाभाविक इसलिए है, क्योंकि गर्भस्थ शिशु को चोट पहुँचाने वाले क्रूर पिता की शैतानियत, हैवानियत, राक्षसीपन चोटदार प्रहारात्मक समागम करने की रीति बाहरी दुनिया के लोगों को ज्ञात नहीं होती है। उस कुरीति को माँ जानती–सहती अवश्य है, पर लोकलाज वश अपनी और अपने परिवार की बदनामी होने के डर से अपनी मानसिक वेदना–संवेदना तथा खुद पर ढाये गये पाशविक हवसखोरी ज़ुल्मोसितम को किसी से न कहकर मन में दबाये रखती है। जानता तो पिता भी है अपनी क्रूरता को, हैवानियत को। इस तरह माँ–बाप उस बात को (पीड़ा को) चाहें तो अभिव्यक्त कर सकते हैं, पर वे लेखक या वक्ता नहीं होते हैं। जो लेखक हैं वे भी अपनी अन्तःसंवेदना मन में दबाये रखते हैं, लेकिन किन्नर पायल सिंह अपनी रचनाभिव्यक्ति में नाट्य लेखक एवं उपन्यासकार महेन्द्र भीष्म ने 'मैं पायल' नामक विशेषांक में या विशिष्ट कृति में समग्र लेखन–सम्पादन में पायल सिंह का असली नाम जुगनी ही लिखा है। जुगनी के माता–पिता शान्ति देवी और रामबहादुर सिंह ही लिखा है। जुगनी के भाई को कमलेश और बहन को आशा ही लिखा है। चारों बहनों के साथ जुगनी को खेलते हुए बताया गया है। कानपुर स्टेशन और लखनऊ में जुगनी के साथ जिन लोगों ने बदसलूकी की है, उनके नाम सच हैं। नाटक के प्रथम पाँच दृश्यों में जुगनी (पायल) के पारिवारिक सदस्यों के साथ जुगनी के खेलते, मार खाते, अपमानित होते, जुल्म सहते बताया गया है। जुगनी की माँ शान्ति

देवी का वात्सल्य, प्यार और पिता की क्रूरता बताया गया है। लेकिन जब जुगनी तंग आकर घर से भाग जाती है तब यथार्थ चित्रण दृश्य छह में नाट्य शैली में ग़ज़ब का हुआ है। वह चित्रांकन स्वयं हो गया है–ऐसा लगता है। रेलवे स्टेशन पर जुगनी को सिपाही का निहारना, बगल में बैठना, बातें करना, टाली वाले द्वारा पैसे दिखाना, रेलवे प्लेटफॉर्म का दृश्य, भिखारी द्वारा जुगनी को पहचानना, जुगनी पर रहम खाना, फ़िल्म दर्शाना, जुगनी द्वारा दादा को आवाज़ देना, प्रमोद चौकीदार और जुगनी का कथोपकथन; प्रमोद द्वारा नहाती जुगनी को देखना, हिजड़े को पहचानना और प्रमोद प्रेमी का जुगनी के गुप्तांग पर लात मारकर भाग जाना दर्शकों को भावविभोर कर देता है। दृश्य दस में जुगनी पायल सिंह बन आयी तब सलवार सूट पहने घूमती है और हिजड़े उसे पहचान लेते हैं। जुगनी को उठा ले जाना, हिजड़ों के गिरोह में शामिल करना, पायल को फुसलाना, ज़ोर–ज़बर्दस्ती करना और किसी भी कीमत पर पायल का हिजड़ों के गिरोह में शामिल न होना, पर लाचारीवश पायल हिजड़ों के साथ नाचती है। कुछ गुण्डे लार टपकाते हैं। गुण्डों द्वारा पायल को छेड़ना, पायल द्वारा गुण्डों की पिटाई करना, गुण्डों द्वारा पायल के कपड़े फाड़ देना। बेनट पेपर लपेट कर पायल का आबरू बचाना और अन्त में हजरतगंज लखनऊ में पायल का गुरुमाई बन रहना। अँधेरा होता है। परदा गिरता है।

इस अंक में पृ. 15 से शुरू होता है, 'मैं पायल' उपन्यास का अंश। यह विशेषांक 'मैं पायल' जुगनी पायल सिंह के व्यक्तित्व एवं कृतित्व की एक संघर्षमय नयी चेतनावादी दिशा प्रदान करता है, जो समाज के विशेष रूप से किन्नर समाज को एक नयी दिशा दिखाता है।

जिस घर, गाँव, परिवार, समाज से पायल आती है वहाँ उस घर परिवार, समाज में पत्नी (स्त्री) को गुलाम समझा जाता था। वहाँ पति (पुरुषों) के हुक्म का पालन सारा परिवार करता था। पति का कहना न मानने पर पत्नी को मारा–पीटा, डराया–धमकाया जाता था। कामुक पुरुष (पति) गर्भवती की पीड़ा क्या जानें? माँ के पेट में पल रहा बच्चा लूला–लँगड़ा या नपुंसक हो, उससे पति को कोई मतलब नहीं होता था। पायल क्रूर शराबी पिता की हवस का शिकार हुई थी। कैसे? क्यों? उसका उत्तरदायी कौन? उत्तर के लिए अर्जुन पुत्र अभिमन्यु का सहारा

लेना चाहेंगे। अर्जुन की पत्नी सुभद्रा गर्भवती थी। तब अर्जुन उसे चक्रव्यूह युद्ध विद्या की कहानी सुनाते थे। वह युद्ध विद्या सुभद्रा के गर्भ में पल रहा शिशु (अभिमन्यु) सुनता था। अतः वह चक्रव्यूह युद्ध करना सीख गया था। सीखने की प्रक्रिया गर्भ से ही शुरू हो जाती है, लेकिन पायल शिशु गर्भ में थी तब अपने पिता द्वारा गर्भवती माँ पर ढाये जुल्मों को सुनती, सहन करती थी। चोट प्रहार से पायल शिशु के जननांगों का समुचित विकास नहीं हो पाया था। विकास क्यों नहीं हो पाया था यह प्रश्न मैं गर्भस्थ शिशु के सामने रखना चाहता हूँ। कल्पना करता हूँ कि गर्भस्थ शिशु सब–कुछ सुन–देख रहा है और अनेक पीड़ाओं, झोड़े–झटकों, को सहन कर रहा है। शिशु के छटपटाने, हिलने–डुलने और पीड़ित होने से माँ काफ़ी दुःखी और परेशान होती है। माँ के दुःखों, वेदना का प्रभाव गर्भ के शिशु पर पड़ता है और वह शिशु समुचित विकसित न हो पाने से किन्नर के रूप में जन्म लेता है।

किन्नर समाज की आजीविका की समस्याएँ

•

डॉ. पार्वती गोसाई

"सुन्दर से अति सुन्दर
सुन्दरतर से सुन्दरतम...
सुन्दर सुन्दर जग जीवन
सुन्दर जीवन का क्रम रे
सुन्दर विहग, सुमन सुन्दर
सुन्दर गगन, धरा सुन्दर
सुन्दर वन, उपवन सुन्दर
सुन्दरता के इस जग में
हे मानव! तुम सबसे सुन्दर,
सबसे महान... ।"

–सुमित्रानन्दन पन्त

बेशक! मनुष्य इस धरती पर कुदरत का सुन्दर सृजन है, पर तब वह सम्पूर्ण हो, उसमें कोई कमी न हो। अगर कुदरत ही मनुष्य के सृजन में कोई ग़लती कर दे, कमी रख दे, अधूरापन रख दे तो फिर मनुष्य का जीवन सुन्दर नहीं, बदतर बन जाता है। बदतर ज़िन्दगी से बड़ा दुःख और क्या होगा? अगर आँखों से अन्धे हो, लूले–लँगड़े अपाहिज हो, तुतले हो, काने–कुबड़े हो तो समाज व परिवार दया व करुणा से उसे सहज स्वीकार कर लेता है। ईश्वर की कमी को समाज की मानवता करुणा व सहकार से दूर किया जा सकता है, पर ऐसे लोग जिन्हें कुदरत ने तो

मारा ही, समाज ने भी ठुकराया, वे कहाँ जाकर जियेंगे? जी हाँ, मैं एक ऐसे ही वर्ग–किन्नर समाज की दयनीयता व दर्दनाक दास्ताँ का दस्तावेज़ आपके सामने प्रस्तुत कर रही हूँ।

कुदरत का शिकार किन्नर वर्ग आज इस ग्लोबल दुनिया का चर्चित विषय बन गया है। यह हमारी दुनिया से अलग तीसरी दुनिया का समाज है जिसे हमारे समाज ने पैदा तो ज़रूर किया, मगर अपनाया नहीं। कश्मीर से कन्याकुमारी और अटक से कटक तक इनका अस्तित्व है। ये उभयलिंगी सामाजिक दुनिया के बीच अपनी विकृत प्रकृति के साथ दुनिया व समाज में हाशिए पर ज़िन्दगी बसर कर रहे हैं। इनके जन्म से न किसी को उल्लास आता है, न इनके मरने पर किसी को भी शोक होता है। जन्मना–मरना दोनों उनके लिए आसान है, बस कठिन है तो इसके बीच के जीवन को जीना। अभिशप्त होकर, लांछन, घृणा, तिरस्कार की भावना के साथ जीना ही इसकी विपत्ति बन गया। इनका अस्तित्व सभ्य समाज मानता है, लेकिन जानता नहीं। या यूँ कहें कि जानना ही नहीं चाहता। जिसने भी इसे जाना, उसने माना कि इस समाज को हमारा समाज जिस निर्मम क्रूरता से 'डील' करता है, वही क्रूरता इनमें हर स्तर पर 'इनवर्ट' होती रहती है। इनकी ज़िन्दगी नर्क का पर्याय है। आत्मवंचना, आत्मभर्त्सना, आत्मदण्ड, आत्मक्रूरता व आत्महीनता इनकी ज़िन्दगी के साथ जीवनपर्यन्त जुड़े रहते हैं। इतना होने के बावजूद किन्नर समाज हमारे लिए ख़ुशियों के आशीर्वाद लेकर आता है, हमारे लिए शुभ का संकेत देता है। हमें स्वस्थ व सफल होने की प्रेरणा देकर चला जाता है। एक ऐसा समाज, जिसका 'नाच' सबको मनोरंजन देता है, पर पैसे देते वक़्त जेब सिकुड़ जाती है। हर प्रसंग पर इनकी उपस्थिति सभ्य समाज को धार्मिक बना देती है, पर फिर दूसरे ही पल इनसे अलगाव भी अनिवार्य हो जाता है। माँ–बाप के ठुकराये माँ–बाप नहीं बन सकते इसलिए हमारे सभ्य समाज को अपना परिवार मानकर जीनेवाले इस समुदाय के प्रति हमारी कोई पारिवारिक संवेदना क्यों नहीं रहती? ऐसे कई तरह के प्रश्न ऐसे हैं जिनके उत्तर ढूँढ़ना अभी बाक़ी है। इनकी ज़िन्दगी ख़तरे में पलती है, ख़तरे में बीतती है और ख़तरे में ही मर भी जाती है। अपने जीवन के साथ अनेक समस्याएँ झेलते हुए भी यह वर्ग समाज में सम्मान से जीने की ललक से

भरपूर प्रयास करता रहता है। अपने अस्तित्व व व्यक्तित्व की पहचान के लिए उनके पास कुछ भी नहीं होता, फिर भी यह वर्ग अपना जीवनयापन कैसे कर लेता होगा यह भी विचारणीय विषय है। कई विचारकों, समाज सेवकों, कथाकारों, साहित्यकारों, पत्रकारों ने इनके जीवन तथा उससे जुड़ी समस्याओं पर अपने विचार प्रस्तुत किये हैं। सिर्फ़ इतिहास व पुराणों के सहारे जीवन जीया नहीं जा सकता। ज़िन्दगी बहुत कुछ माँगती है, जब उसकी पूर्ति नहीं होती तो बदियाँ जन्मती हैं। किन्नर समाज की ज़िन्दगी इन सबसे जूझते हुए बसर होती है। किन्नर समाज को कानूनी व धार्मिक मान्यता दिलाने वाली लक्ष्मी कहती है, "मेरी जान! मुझे लगता है जीवन की सच्चाई तो हाथ लगती नहीं, बस, नाटक किये जाओ जीने का।"[1]

भारत की सन् 2011 की जनगणना के अनुसार पूरे भारत में लगभग 4.9 लाख किन्नर हैं, जिनमें से एक लाख 35 हज़ार उत्तर प्रदेश में हैं। इस जनगणना के मुताबिक़, सामान्य जनसंख्या में शिक्षित लोगों की संख्या 79 फ़ीसदी है जबकि यही संख्या किन्नरों में महज 46 फ़ीसदी ही है। इनमें आधे से अधिक नकली स्वाँग करने वाले हिजड़े हैं। आश्चर्य की बात यह है कि शेष दो लाख असली हिजड़ों में भी सिर्फ़ 400 जन्मजात हिजड़े हैं। शेष हिजड़े स्त्रैण स्वभाव के कारण हिजड़ों में परिगणित किये गये हैं। आश्चर्य की बात यह है कि इन दो लाख हिजड़ों में से लगभग सत्तर हज़ार हिजड़े ऐसे हैं, जिन्हें एक छोटे–से ऑपरेशन के बाद लिंग परिवर्तन करने के पश्चात् पुरुष या स्त्री बनाया जा सकता है, लेकिन दुःख की बात यह है कि इस ओर किसी का ध्यान नहीं जाता और परिवार में ऐसे बच्चे जन्मते ही इनको अँधेरी गलियों में, कचरों के डिब्बों में, ढेर में फेंक दिया जाता है। सामाजिक लाँछन व प्रताड़ना का डर सभ्य समाज को वैज्ञानिक सुविधा की ओर सोचने नहीं देता, और बिना कुसूर के ऐसे बच्चे लावारिस छोड़ दिये जाते हैं। पुराणों के अनुसार, उन्हें थोड़ी दयनीय ज़िन्दगी प्राप्त थी, मगर समय के साथ मनुष्य की वृत्तियों संकुचित होती हैं और इन्हें दरकिनार होना पड़ा। सन् 1871 में तत्कालीन अंग्रेज़ सरकार क्रिमिनल एक्ट या जरायमपेशा अपराध अधिनियम लेकर आयी, जिसमें इन पर कई प्रतिबन्ध लगाये गये और सन् 1897 में इसमें संशोधन करते हुए इन्हें अपराधियों की कोटि में रखते हुए इनकी गतिविधियों पर नज़र

रखने हेतु एक अलग रजिस्टर तैयार करने को कहा गया। धारा 377 के अन्तर्गत इनके कृत्यों को ग़ैर–जमानती अपराध घोषित किया गया। आज़ादी मिलने पर इन्हें जरायमपेशा जातियों की सूची से तो हटा दिया गया, परन्तु धारा 377 की तलवार नहीं हटी। नवम्बर 2009 में भारत सरकार ने इनकी पुरुषों व महिलाओं से अलग पहचान को स्वीकृति प्रदान की तथा निर्वाचन सूची एवं मतदाता पहचान–पत्रों पर इनका 'अन्य' के रूप में उल्लेख किया गया। 15 अप्रैल, सन् 2014 को उच्चतम न्यायालय ने तीसरे लिंग का उल्लेख अनिवार्य कर दिया। कोर्ट ने एक बहुत ही बड़ा और परिवर्तनकारी फ़ैसला यह लिया कि यह वर्ग बच्चा भी गोद ले सकता है और सर्जरी से वे अपना लिंग बदलवा भी सकते हैं।

सवाल यह है कि कानून ने थोड़ी हमदर्दी बरती पर समाज का क्या? समाज ने उसके साथ हमेशा फ़ासला बनाये रखना ही मुनासिब समझा। उनको सामान्य लोगों की तरह विकसित होकर जीने की सहूलियत नहीं दे पाया हमारा समाज। इस समाज की उन्नति के लिए बहुत कम लोगों ने उत्साह जताया। इनकी अनेक समस्याएँ हैं जो आज भी वैसी की वैसी ही हैं। सबसे बड़ी समस्या आजीविका की है। अगर जीव कमायेगा नहीं तो खायेगा क्या? भूख बहुत दर्दनाक होती है। दो वक़्त की रोटी पाने के लिए इन किन्नरों को दोहरा अभिशाप भुगतना पड़ता है। गोस्वामी तुलसीदास 'रामचरितमानस' लिखने से पहले किन्नरों का भी आशीर्वाद माँगते हैं। मोरारीबापू ठाणे में 'किन्नर कथा' आयोजित करते हैं मगर फिर भी जब तक इनके लिए उचित व्यवसाय का, आजीविका का प्रबन्ध न किया जाये तब तक इन्हें मुख्यधारा में लाया जाना मुश्किल है। हिन्दी साहित्य में किन्नरों को लेकर पिछले पाँच सालों में थोड़ा–बहुत लिखा गया है। महेन्द्र भीष्म, नीरजा माधव, प्रदीप सौरभ, चित्रा मुद्गल आदि ने इस विषय पर लिखकर उनकी समस्याओं से आमजन को रू–ब–रू कराया है। परिवार न होने से दर–दर भटकने पर मजबूर इस वर्ग को शिक्षा से वंचित रहना पड़ा। नाच–गान व भीख माँगने के अलावा इनके पास कोई रास्ता ही नहीं बचता। अगर ये पढ़ना भी चाहें तो इनको स्कूल में दाख़िला लेने में बड़ी मशक्कत करनी पड़ती है। पढ़ भी लिए तो दूसरे बच्चों व जनों से शिकार होकर आत्मग्लानि से मानसिक रूप से टूट जाते

हैं। 'तीसरी ताली' उपन्यास में प्रदीप सौरभ जी ने डिम्पल नामक किन्नर के द्वारा इस पर प्रकाश डाला है। वह कभी–कभी सोचती थी कि जो जन नहीं सकते वे बच्चों के ऊपर पड़ने वाले काले साये को दूर रखने का आशीर्वाद देते हैं। बच्ची को गोद लेते वक़्त उसका मातृत्व हिलोरें मार रहा था, उसने सोचा कि वह मंजू को पढ़ाएगी–लिखाएगी। लेकिन धीरे–धीरे लगने लगा कि हिजड़ों के बच्चों को कौन दाख़िला देगा स्कूल में? वह क्या जवाब देगी कि उसे यह लड़की कहाँ से मिली? उसका बाप कौन है?[2] 'वसुधैव कुटुम्बकम्' को मानने वाला समाज बुनियादी रूप से खोखला है। समतामूलक समाज की स्थापना का सपना देखने वालों का संघर्ष जारी है। दलितों, स्त्रियों, विस्थापितों के साथ किन्नर भी इसमें शामिल हैं। 'एक आइडिया जो बदल दे ज़िन्दगी', 'कर लो दुनिया मुट्ठी में' तथा 'जो दिखता है वही बिकता है' की इस उन्नीसवीं सदी के मशीनी युग में सब कुछ बहुत तेज़ी से बदल रहा है। अगर नहीं बदल रहा है तो सिर्फ़ मन–मस्तिष्क, जो दक़ियानूसी है। शुभ प्रसंगों पर पैसे देने से किन्नरों की ज़िन्दगी में स्थायित्व नहीं आता। अपनी आवश्यकताओं की पूर्ति के लिए व अनजाने में जान–बूझकर वेश्यावृत्ति, चोरी–चकारी में फँस जाते हैं। जिस्मफ़रोशी के दलदल में फँस जाने से 'एड्स' जैसी भयंकर बीमारी से जूझते हैं। हिन्दी साहित्य किन्नरों को सामाजिक, समानता के अधिकार देने में महत्त्वपूर्ण भूमिका निभा रहा है। प्रदीप सौरभ जी लिखते हैं–"असल में हिजड़ों को अगर ख़ुशी मिलती है तो किसी से रिश्ता बनाने में। अतीत के उनके सभी रिश्ते टूट जाते हैं। ज्योति एक दलित लड़का था, पूरा मर्द। नाच–गाना उसे पसन्द था, इसलिए उसके अन्दर स्त्री–भाव जाग्रत हो गये थे। ग़रीबी उसे बाबू साहब के पास ले गयी थी। नाच–गाने और दूसरों को खुश करने के अलावा कोई काम नहीं कर सकता था। उसे दूर–दूर तक अँधेरे के सिवाय और कुछ नहीं दिख रहा था।"[3] किन्नर अगर नाच–गान छोड़कर दूसरा व्यवसाय शुरू भी करना चाहे तो समाज उसको स्वीकार तक नहीं करता। उसे मजबूरन शरीर बेचना पड़ता है। 'तीसरी ताली' उपन्यास का ज्योति किन्नर इसी तरह मजबूरन इस व्यवसाय को अपना लेता है–"अन्दर–अन्दर वह खीजता। अपने को गरियाता। शरीर बेचने का धन्धा छोड़ने की सोचता, लेकिन बूढ़े

माँ–बाप की शक्ल देखकर वह फिर ख़ामोश हो जाता।"[4] आज जब सभ्य समाज के लोग भी इसी व्यवसाय से लाखों रुपये कमाते हैं तो किन्नर इसमें कोई अपवाद नहीं हैं। दिल्ली, मुम्बई, अहमदाबाद जैसे शहरों में सस्ते में निपटनेवाले किन्नर ही होते हैं। प्रदीप जी लिखते हैं–"दिल्ली में इन दिनों नाचने–गाने वाले हिजड़ों का अकाल था। अधिकतर हिजड़े सेक्स बिज़नेस में लगे थे। कमाई भी मोटी हो जाती है सेक्स के धन्धे में। फिर किसी गुरु की धौंसपट्टी और समाज से निकाले जाने का डर भी नहीं होता। बिना किसी परवाह के अपने मन के मालिक। सेक्स के धन्धे में लगे हिजड़े नाचने–गाने को घटिया काम समझते थे।"[5] किन्नरों की एक पूरी गैंग इसी व्यवसाय में लगी हुई है। विदेशों तक किन्नरों को बड़ी–बड़ी पार्टियों, उद्योगपतियों, सैलानियों आदि की शरीर भूख मिटाने के लिए भेजा जा सकता है। जब महँगाई बढ़ गयी तो कॉलगर्ल महँगी पड़ने लगी। सस्ते में हिजड़े ही काम आते हैं। भारत में ही नहीं, इस तरह के सेक्स रैकेट पूरे विश्व में चल रहे हैं। समलैंगिक, गे वग़ैरह भी इस रैकेट में जुड़ गये हैं। कुछेक किन्नर अपना स्वाभिमान बचाकर रखते हैं। कुछेक किन्नर थोड़ा–बहुत पढ़ लेते हैं तो कमा लेते हैं।

ब्यूटी पॉर्लर, ड्राइविंग, ट्रैफ़िक पुलिस आदि में किन्नर अब धीरे–धीरे आगे आ रहे हैं, मगर यह संख्या बहुत सीमित है। अगर सरकार व समाज, दोनों साथ दें तो इनको भी कुछ नया सम्मानजनक रोज़गार उपलब्ध करवाया जा सकता है। कुछ स्पेशल रोज़गार खड़े भी किये जा सकते हैं। नृत्य, संगीत, ब्यूटी पॉर्लर, सिलाई का काम, ड्राइविंग, पुलिस वग़ैरह में उनको विशेष जगह दी जा सकती है। अगर कोई सम्मान का काम मिलेगा तो कोई क्यों अनैतिक धन्धे करना चाहेगा? लखनऊ की किन्नर गुरु पायलोसन्द या मुम्बई की लक्ष्मीनारायण त्रिपाठी या फिर आशाताई या शबनम मौसी जैसी किन्नर व्यक्तित्व सिर्फ़ किन्नर समाज के लिए ही नहीं, हमारे सभ्य समाज के लिए भी प्रेरणा की मिसाल हैं, जिन्होंने अनगिनत प्रतिकूलताओं, यातनाओं को झेलते हुए भी अपनी एक विशिष्ट पहचान बनायी। न केवल अपने लिए बल्कि पूरी मानव जाति के लिए आशा की एक किरण दिखाई कि यदि हौसला बुलन्द हो तो हर मुश्किल छोटी लगती है। कुदरत की कमी को भी अगर ख़ूबी मानकर चलें तो

फिर समाज का डर निकल जाता है। समाज में आज उनकी आजीविका से जुड़ी अनेक समस्याएँ हैं। सबका साथ, सबका विकास करना हो तो दिल में यह भाव जगना चाहिए कि किन्नर भी एक मानव है। वह भी शान से गौरव के लिए जीने का अधिकारी है। यह पृथ्वी सिर्फ़ हमारी निजी बपौती नहीं है। सब पर सबका समान अधिकार है। अतः जो भी यहाँ है, वह सब उस नियन्ता का वरदान है, यह समझना होगा, तभी समाज की मुख्यधारा से वंचित एक किन्नर वर्ग जी सकेगा। उनकी योग्यता व क्षमता को समझकर उनकी इस देश, राष्ट्र के प्रति प्रतिबद्धता व योगदान को काम में लाना होगा। जब ऐसा होगा। तो इन किन्नरों को भी राष्ट्रभाव व आत्मगौरव का अनुभव होगा, उनके जीवन की कठिनाइयाँ कुछ कम हो जायेंगी। जयशंकर प्रसाद रचित 'कामायनी' की यह पंक्तियाँ इसी समझ की ओर इशारा करती हैं–

"हम अन्य न और कुटुम्बी
हम केवल एक एमी हैं
तुम सब मेरे अवयव हो
जिसमें कुछ नहीं कमी है
शापित न यहाँ है कोई
तापित पापी न यहाँ है
जीवन–वसुधा समतल है
समरस है जो कि यहाँ है।"

–प्रसाद 'कामायनी' से उद्धृत

सन्दर्भ

1. वाणी प्रकाशन समाचार–अंक–103, दिसम्बर, 2015 के मुखपृष्ठ से उद्धत।
2. तीसरी ताली–प्रदीप सौरभ, वाणी प्रकाशन, नयी दिल्ली, प्रथम संस्करण 2011, पृ. 31
3. वही, पृ. 53–57
4. वही, पृ. 55
5. वही, पृ. 61

हिन्दी की चुनिन्दा किन्नर केन्द्रित कहानियों में संवेदना के विविध आयाम

•

डॉ. अनिला मिश्रा

हमारे समाज का एक सबसे पिछड़ा वर्ग, जो शायद दलितों से भी कहीं पिछड़ा है, वह है–किन्नर समाज। किन्नर, जो पैदा भी हमारे समाज में ही होता है और जीता भी हमारे समाज में ही है, लेकिन फिर भी उसके अस्तित्व का होना या न होना एक जैसा ही है। आज ऐसे लोगों के विषय में चर्चाएँ हो रही हैं क्योंकि अब संविधान की वह बात सच हो रही है जहाँ यह कहा गया है कि देश का हर एक नागरिक समान है। इसी को ध्यान में रखकर इतने वर्षों के बाद वर्ष 2014 में इन्हें भी एक स्थान व पहचान मिली। 'किन्नर', जिसके लिए एक प्रचलित शब्द है 'हिजड़ा', आज उनके उत्थान की बातें हो रही हैं, उन्हें मुख्यधारा में लाने की बात हो रही है। इस समाज में शिक्षा का सबसे बड़ा अभाव है इसीलिए वे रोटी, कपड़ा और मकान जैसी मूलभूत सुविधाओं के लिए भी तरस जाते हैं। नाच–गा कर अपना जीवन बिताते हैं। हमारा देश विकासशील है। हम बड़ी शीघ्रता से आगे बढ़ रहे हैं लेकिन जब हम इस दम्भी समाज के मुखौटे के भीतर झाँकते हैं तो देखते हैं कि वहाँ तो कुछ भी बदला ही नहीं है। स्त्रियों को आरक्षण मिला है, कई पदों पर भी वे कार्यरत हैं लेकिन क्या वास्तव में वे ही निर्णय लेती हैं? नहीं, क्योंकि यदि स्त्री गाँव में प्रधान या सरपंच है तो भी चलती तो उसके पति या पुत्र की ही है। वह तो एक रबर स्टैम्प मात्र है। उसी प्रकार किन्नरों के उत्थान की बातें तो हो रही हैं लेकिन

वह कहाँ तक फलीभूत होंगी, यह भी एक सवाल है। लेकिन जब बादल घिरे हैं तो बरसात होगी ही, ऐसा मान लेते हैं।

ईश्वर ने सृष्टि का निर्माण किया। उसमें उसने सबसे ख़ूबसूरत यदि कुछ बनाया, तो वह है–मनुष्य। मनुष्यों में भी उसने स्त्री, पुरुष के साथ उभयलिंगी भी बनाये। क्योंकि जो भी कुछ इस जगत् में हमें दिखाई देता है, चाहे वह पेड़–पौधे, जीव–जन्तु या पशु–पक्षी हों, सभी इसी प्रकार के तीन भागों में बँटे हुए हैं–नर, मादा या उभयलिंगी, जिसमें से उभयलिंगी की विशेष चर्चा नहीं होती, लेकिन उनका अस्तित्व तो है। इसी कारण उनकी चर्चा भी आवश्यक है। 'हिजड़ा' या 'किन्नर' शब्द जैसे ही हम सुनते हैं तब सबसे पहले हमारे सामने हम लोगों से भिन्न भाव–भंगिमा, आचार–व्यवहार, रहन–सहन, चाल–ढाल वाले व्यक्तियों का एक चित्र उपस्थित हो जाता है जिन्हें हमारे समाज से बहिष्कृत कर दिया गया है और लोग उन्हें तिरस्कार, भय या घृणा की दृष्टि से देखते हैं। एक ओर तो हम इनके साथ अपेक्षितों जैसा व्यवहार करते हैं और दूसरी ओर इन्हें इनका जीवन व्यतीत करने के लिए कोई प्राथमिक सुविधा भी नहीं देते हैं। इन्हें तो केवल दूसरों के ख़ुशी के मौक़ों में शामिल होकर, नाच–गा कर जो मिले, उसी में जीना है जबकि यह तो सभी जानते हैं कि उनका अस्तित्व इस पृथ्वी पर तब से है जब से स्त्री–पुरुष का अस्तित्व है। आज विज्ञान ने इतनी तरक्की कर ली है कि व्यक्ति ब्रह्माण्ड के भीतर भी झाँकने लगा है, चाँद से आगे मंगल पर भी पहुँच चुका है लेकिन वह अब तक इस बात का पता नहीं लगा पाया है कि 'हिजड़ा' जीन कैसे बनता है? हमें यह तो पता है कि जो गुणसूत्र होते हैं, उन्हीं से लड़का या लड़की पैदा होते हैं, लेकिन वे कौन से और कैसे गुणसूत्र होते हैं जो हिजड़े को जन्म देते हैं? हम देखते हैं कि जिनके जननांग पूरी तरह से विकसित नहीं होते अथवा पुरुष होकर भी स्त्रैण स्वभाव के लोग जो पुरुषों की अपेक्षा स्त्रियों के बीच रहना ज़्यादा पसन्द करते हैं, वे इस कोटि में आते हैं। हिजड़ों को चार वर्गों में विभक्त किया जा सकता है–बुचरा, नीलिमा, मनसा और हंसा। वास्तव में जो हिजड़े होते हैं वे बुचरा ही होते हैं। बाकी तो किसी–न–किसी प्रकार बन बैठे होते हैं क्योंकि बुचरा जन्मजात न पुरुष न स्त्री होते हैं। नीलिमा किसी–न–किसी कारणवश स्वयं को

हिजड़ा बनने के लिए समर्पित कर देते हैं। मनसा कोटि के तन के स्थान पर मानसिक तौर पर स्वयं को विपरीत लिंग अथवा अक्सर स्त्रीलिंग के अधिक निकट महसूस करते हैं और हंसा शारीरिक कमी या नपुंसकता आदि यौन सम्बन्धी कमियों के कारण हिजड़े बन जाते हैं। नकली हिजड़ों को 'अबुआ' कहा जाता है। वे सही में तो पुरुष होते हैं, किन्तु धन के लोभ में हिजड़े का स्वाँग रच लेते हैं। ज़बरदस्ती जिन लोगों को हिजड़ा बनाया जाता है उन्हें छिबरा कहते हैं।

हिजड़ा, जिसे हम अस्तिवत्हीन समझते हैं आख़िर वह भी मानव समाज का एक अंग है। शुभ कार्यों में ये आते हैं और लोग इनकी दुआ भी लेते हैं लेकिन फिर भी समाज इनके साथ अछूतों जैसा ही व्यवहार करता हैं। लोग इन्हें अपने आसपास भी रखना पसन्द नहीं करते। इतना ही नहीं, शिक्षा संस्थानों में भी इनके लिए कोई स्थान नहीं है। इसी कारण ये पढ़ भी नहीं पाते हैं। और यदि इन सब में से कोई अपनी पहचान छुपाकर पढ़ भी लेता है तो उसे नौकरी नहीं मिलती और इन सब कारणों से ही वे अपने उसी पुराने, परम्परागत नाचने–गाने के व्यवसाय से बाहर नहीं आ पाते हैं। लेकिन परिवर्तन की लहर अब सभी स्थानों पर दिखाई दे रही है और इससे यह हिस्सा भी अछूता नहीं रहा है। लोग अब इस विषय पर भी बात करने लगे हैं। सामाजिक और साहित्यिक दृष्टि से इन पर विचार हो रहा है। न केवल भारत बल्कि विश्व के कई देशों में इन पर शोध भी हो रहा है। इन सबके पीछे का एकमात्र कारण यह है कि अब इस प्रकार के अधूरे जननांग वाले को भी लोग मनुष्य समझने लगे हैं। और अब सभी को यह पता चल रहा है कि जो इस प्रकार की स्थिति का शिकार है, उसमें उसका कोई दोष नहीं है।

आज साहित्य जगत् में कई ऐसे उपन्यास हैं जिनमें इनकी स्थिति, इनकी वेदना, समाज से इनकी अपेक्षाएँ, सरकार से अपेक्षाएँ और इन सबसे अधिक अपने अस्तित्व के विषय में इनकी जो सोच है, वह व्यक्त हुई है। अभी तक हम इन्हें केवल घृणा का पात्र समझते थे लेकिन अब जबकि हम थोड़ा–बहुत इनके विषय में जानने लगे हैं, तो हमें भी इनके प्रति सहानुभूति है। हमारे जैसे लोगों की, समाज की यह सबसे बड़ी विडम्बना है कि यदि हमारे यहाँ कोई अपंग बच्चा पैदा होता है, जिसके

आँख न हो, हाथ–पाँव न हों तब तो उसके माता–पिता उसे तज नहीं देते बल्कि अच्छे से अच्छे डॉक्टर से उसका इलाज करवाते हैं। और ऐसे माता–पिता को कोई ताने भी नहीं देता है। इतना ही नहीं, यदि बच्चा मानसिक रुप से विकलांग है, अधूरा है तब भी कोई उस पर अँगुली नहीं उठाता है लेकिन यदि जननांग की कमी है तो लोग उसे अपने बीच रखने से भी कतराने लगते हैं। माता–पिता का जीना दूभर हो जाता है। कई उपन्यासों, कहानियों में इस प्रकार का ज़िक्र हुआ है। रचनाकार इनके बीच रहकर, इनकी वेदना समझकर इनके लिए लड़ता दिखाई दे रहा है। 'तीसरी ताली', 'किन्नर कथा', 'मैं लक्ष्मी मैं हिजड़ा', 'यमदीप' जैसे कई उपन्यासों में इनका जीवन, इनके जीवन की कटुता अभिव्यक्त हुई है। कहानियों के माध्यम से भी इसे उजागर करने के प्रयत्न हो रहे हैं। 'थर्ड जेण्डर', 'संझा', 'हिजड़ा', 'किन्नर' ऐसी न जाने कितनी ही कहानियाँ हैं जो इनके अन्तस की वेदना और इच्छा को प्रस्तुत कर रही हैं। इनके भीतर भी प्रेम, करुणा और ममता जैसी प्रवृत्तियाँ स्वाभाविक रूप से होती हैं लेकिन ये इसे अभिव्यक्त नहीं कर पाते। इन्हें भी यह खेवना होती है कि इनका भी घर–बार हो, माता–पिता, भाई–बहन हों, परिवार हो, किसी का सहारा हो लेकिन ऐसा हो नहीं पाता है। 'संझा' कहानी की नायिका संझा का जीवन बंजर है क्योंकि पैदायशी उसमें जननांग नहीं हैं। उसके माता–पिता को उसके जन्म को लेकर जो आनन्द–उत्साह था, वह तब एकदम ख़त्म हो जाता है, जब संझा का जन्म होता है। बहुत वर्षों से एक सन्तान की लालसा थी और जब सन्तान हुई तो भी किसी काम की नहीं। लेकिन संझा के माता–पिता उसे हिजड़ों के हाथों न सौंपकर स्वयं ही देखभाल करते हैं। वे संझा को लोगों की नज़र से बचाकर रखते हैं, लेकिन जैसे–जैसे संझा बड़ी होने लगती है। उसके भीतर भी बाहर निकलने की इच्छा होने लगती है। इसी बीच संझा की माँ की मृत्यु हो जाती है, उसके पिता, जो वैद्य थे, वे अपना सारा ध्यान उसी के पालन–पोषण में लगाते हैं। नहलाने–धुलाने से लेकर खिलाने–पिलाने तक सभी कुछ वे ही करते थे। कहानी में एक अत्यन्त मार्मिक वाक्य ईश्वर पर भी प्रश्नचिह्न लगाता है–इस कहानी में चौगाँव की बात है–"वह चौगाँव के सबसे इज़्ज़तदार आदमी हैं। इसलिए इज़्ज़त उतारने के लिए

उन्हीं को चुना गया है। इन्हीं वैद्य महाराज के घर आठ वर्ष बाद सन्तान जन्म ले रही है। ये मूडी बाहर निकली...चेहरा...पेट...नाभि...वैद्य जी ने साँस रोक ली...लड़का है कि लड़की।'' (संझा थर्ड जेण्डर : हिन्दी कहानियाँ, पृ. 60)

संझा के बढ़ते क़दम उसके पिता के लिए किसी आफ़त से कम न थे। इतना ही नहीं, संझा भी जब अपनी हमउम्र लड़कियों को देखती तो वह भी मन मसोसकर रह जाती। जब वह 14 साल की हुई और अन्य लड़कियों की तरह उसके शरीर में कोमलता आने के स्थान पर भारीपन आने लगा तो उसे भी ऐसा लगा कि वह सामान्य नहीं है। वह अपने शरीर में एक ऐसा छेद करना चाहती थी जो उसके बाक़ी ख़ालीपन को भर दे। ''संझा उन्माद में थी। उसने ढिबरी की लौ धीमी कर दी। आँगन में लगी नीम–तुलसी की पत्ती पीस कर रख ली। बन्द कोठरी में ज़मीन पर लेट गयी और दोनों पाँव दीवार पर फैलाकर टिका लिए। शरीर को धनुष की तरह तान लिया। अम्मा की धोती फाड़ कर मुँह में ठूँस लिया। भगवान के नाम पर बाउदी की तस्वीर उभरी और चाकू वहाँ रख लिया। लम्बी साँस ली। साँस रोकी और चाकू की फाल धँसा लिया। वह लम्बान में चीर देने के लिए ताक़त लगाना चाहती थी, लेकिन चाकू घूँसने के साथ ही बदन निचुड़े कपड़े की तरह ऐंठने लगा....।'' ('संझा', पृ. 64) इससे यह स्पष्ट होता है कि कोई भी यह नहीं चाहता कि उसमें कोई खोट हो। चौदह साल की बच्ची यदि इस कृत्य तक जा सकती है तो इसका ज़िम्मेदार कौन है?

इस कहानी में लेखक ने एक ऐसी लड़की का वर्णन किया है, जो अपने आपको समझना चाहती है, जब वह अपने पिता से कहती है–''क्या कोई रास्ता नहीं, बाउदी?'' तब उसके पिता कहते हैं–''किस्मत ने एक ज़रूरी अंग हटा कर तुमको पैदा किया है, बेटी''... तब संझा कहती हैं ...''जीवन के लिए सबसे ज़रूरी तो आँख है। जोगी चाचा अन्धे पैदा हुए हैं। ज़रूरी तो हाथ हैं। बिन्दा बुआ का दाहिना हाथ कोहनी से कटा है। रामधा भइया तो शुरू से खटिया पर पड़े हैं, रीढ़ की हड्डी बेकार है। बिसम्भर तो पागल है, जन्म से बिना दिमाग़ का। क्या...वो...वो...आँख, कान, हाथ, पाँव, दिमाग़ से भी बढ़कर होता है?'' ('संझा', पृ. 65) 'संझा'

कहानी एक ऐसे पिता की व्यथा है, जो दुनिया की नज़रों से बचाकर अपनी बेटी को रखना चाहता है। उसके लिए ये शारीरिक कमी शायद कोई मायने नहीं रखती, लेकिन समाज से वह भी डरता है।

हमारे समाज की यह सबसे घिनौनी तस्वीर है कि घर का कोई सदस्य, जिसे हम अपना मानते हैं वही इज़्ज़त पर हाथ डालता है और फिर भी शान से सिर उठा कर चलता है और इसका इल्जाम किसी और पर लगाया जाता है। संझा का पति नपुंसक है। उसे संझा की वास्तविकता का भी पता नहीं है। इसीलिए विवाह के पश्चात् वह संझा से कहता है–"तुम दिन में मेरे साथ दिखावे के लिए बनी रहना। रात में अपने जिस प्रेमी के पास कहोगी, मैं ख़ुद पहुँचा कर आऊँगा। मैंने तुम्हें धोखा दिया है।" ('संझा', पृ. 70) संझा भी अपनी असलियत कनाई को नहीं बताती है क्योंकि वह जानती है कि जिस दिन लोगों को या कनाई को यह सच्चाई पता चलेगी, वे उसे इस घर में नहीं रहने देंगे। न चाहते हुए भी कनाई यह सच्चाई सब के सामने तब बताता है जब उस पर बसुकि को गर्भवती बनाने का आरोप लगता है। वास्तविकता जानकर गाँव वाले उसे गाँव से बाहर निकालने के लिए तैयार होते हैं। तब संझा गाँव वालों की असलियत बताते हुए कहती है–"मैं गर्भपात की औषधि लेकर रोज़ रात को न बैठूँ तो तुम मर्दों के मारे चौबासे की लड़कियों को नदी में कूदने के सिवाय क्या रास्ता है?" ('संझा', पृ. 72) इस कहानी में संझा के पिता वैद्य हैं वह भी उनसे यह हुनर सीखती है। गाँव वालों का इलाज भी करती है। जब तक किसी को यह पता नहीं था कि वह हिजड़ा है तब तक सभी उसकी प्रशंसा करते थे लेकिन जैसे ही लोगों को यह पता चलता है कि वह हिजड़ा है, गाँव वाले उससे घृणा करने लगते हैं, उसे गाँव से निकल जाने क़ो कहते हैं। तब वह कहती है–"न मैं तुम्हारे जैसी मर्द हूँ न मैं तुम्हारी जैसी औरत हूँ। मैं वो हूँ जिसमें पुरुष का पौरुष है और औरत का औरतपन। तुम मुझे मारना तो दूर, अब मुझे छू भी नहीं सकते, क्योंकि मैं एक ज़रूरत बन चुकी हूँ। सारे चौगाँव ही नहीं, आसपास के क़स्बे–शहर तक, एक मैं ही हूँ जो तुम्हारी ज़िन्दगी बचा सकती हूँ। अपनी औषधियों में अमृत का सिफ़त मैंने तप करके हासिल किया है। मैं जहाँ जाऊँगी, मेरी इज़्ज़त होगी। तुम लोग अपनी

सोचो...।'' ('संझा', पृ. 79) इससे यह स्पष्ट होता है कि यदि ये लोग कुछ सीखकर, मेहनत, ईमानदारी से कुछ कार्य कर स्वाभिमान की ज़िन्दगी जीना चाहें तब भी हमारा समाज इन्हें जीने नहीं देता। इस कहानी का कथा विस्तार अधिक़ है क्योंकि एक बच्चे के जन्म लेने से लेकर उसके बड़े होने के साथ उसकी इच्छा–आकांक्षा, लोगों का उसके प्रति व्यवहार, उसकी शादी तथा लोगों द्वारा दी जाने वाली पीड़ा का मार्मिक वर्णन है। इस प्रकार का बच्चा जो पैदा होता है, उसे तो समाज द्वारा, लोगों द्वारा अपमानित होना ही पड़ता है, लेकिन उसके माता–पिता भी घृणा की दृष्टि से देखे जाते हैं।

डॉ. पद्मा शर्मा की कहानी 'इज़्ज़त के रहबर' में इन्होंने स्पष्ट किया है कि हिजड़े, जिसे हम सब बहुत ही हीन दृष्टि से देखते हैं, उनमें भी मानवता है। जब श्रीलाल की बेटी का स्थानीय गुण्डे द्वारा बलात्कार किया जाता है और इस बात का पता सोफ़िया जो कि हिजड़ा है, को चलता है तब वह शीघ्र श्रीलाल के पास जाती है और इस पर कार्यवाही करने के लिए कहती है क्योंकि वह श्रीलाल को अपने भाई की तरह समझती थी, लेकिन श्रीलाल इनकार कर देते हैं। उनका मानना था कि जिस बात का पता अब तक केवल गाँव वालों को है, यदि पुलिस में गये तो शहर भर में बात फैल जाएगी। इससे वे चुप रहते हैं, लेकिन सोफ़िया के भीतर गुस्से की आग है। जिस जननांग के न होने से लोग इनकी इज़्ज़त नहीं करते और कुछ लोग इसी जननांग के कारण दूसरों की इज़्ज़त से खेलते हैं और इसीलिए सोफ़िया ही उस गुण्डे को नपुंसक बना देती है। सोफ़िया कहती भी है–''नहीं, लालजी। हमारी संख्या तो ईश्वर बढ़ाता है। ख़ुदा न करे, वह और अधिक संख्या बढ़ाये। हमें कितना कष्ट है इस योनि में होने का, ये तो हम ही जानती हैं। हाँ, हमें उस चीज़ पर बड़ा गुस्सा ज़रूर है जिसके होने पर ये नासपीटे दम भरते हैं और हमारी बहू–बेटियों की इज़्ज़त से खेलते हैं। (इज़्ज़त के रहबर, डॉ. पद्मा शर्मा, पृ. 95)

इसी प्रकार महेन्द्र भीष्म की कहानी 'त्रासदी' में भी सुन्दरी नामक हिजड़ा अपनी जान पर खेलकर रति की इज़्ज़त बचाता है। लेखक ने लिखा है, ''पुरुष प्रधान समाज में छिपे सफ़ेदपोश भेड़ियों से उसकी रक्षा करने में एक़ सुन्दरी जैसा हिजड़ा काफ़ी था।'' (त्रासदी, पृ. 109) लेकिन

कहानी के अन्त में जब रति का बेटा दीपक सुन्दरी को प्लेटफ़ॉर्म के नीचे फेंक देता है और ट्रेन से कटकर उसकी मृत्यु हो जाती है, तब रति को ऐसा लगता है कि अब उसके जीवन का कोई आधार नहीं बचा। दीपक ऐसा इसलिए करता है क्योंकि उसकी माँ सुन्दरी से हँस–बोल रही थी, लेकिन वह यह नहीं समझ पाता है कि रति तो उसी के काम–धन्धे के लिए सुन्दरी से बातें कर रही थी। सुन्दरी भी रति को बच्चों जैसा स्नेह करती थी, लेकिन उसकी अन्तर्दशा तो कोई नहीं समझ सका और वह सिर्फ़ इसलिए कि वह हिजड़ा थी, लेकिन अब थोड़ा–बहुत परिवर्तन दिखाई दे रहा है। जहाँ पहले लोग इन्हें देखकर डर जाते थे, अब ऐसा नहीं है क्योंकि उस समय ऐसी मान्यता थी कि ये शापित हैं, किसी को उठा ले जायेंगे। दरिन्दे हैं, ऐसी सोच के कारण हर कोई इनसे डरता था जबकि आज ये लोग हमारे सामने या पास होते हैं तब हमें उतना डर नहीं लगता जितना पहले लगता था। इसका एक कारण यह भी है कि अब ये लोग भी पहले की तरह उद्दण्डता नहीं करते, न ही किसी को डराते–धमकाते हैं बल्कि लोगों से माँगते हैं और यदि कोई इन्हें कुछ नहीं भी देता तो भी ये अब उसे बद्दुआ नहीं देते। 'रतियावन की चेली' कहानी में इसी बात को उजागर किया गया है–कहानी की नायिका पार्वती, जो हिजड़ा है, उसने अपने जीवन की करुणता का वर्णन करने के साथ बदलते समाज में लोगों का उसके प्रति जो दृष्टिकोण था, वह भी व्यक्त किया है। अपनी स्थिति का वर्णन करते हुए पार्वती कहती है–"मैंने अपनी ज़िन्दगी बहुत तकलीफ़ों में काटी है। कभी खाना मिलता था, कभी नहीं। कई–कई दिन भूखे पेट ही सोना पड़ता था। मेरे माँ–बाप मुझे लेने के लिए आते तो सभी हिजड़े मिलकर मुझे छुपा देते और उन्हें कह देते कि मैं नहीं हूँ वहाँ। वे रोते–कलपते घर चले जाते।" (थर्ड जेण्डर : हिन्दी कहानियाँ, रतियावन की चेली, पृ. 112) यह कहानी आत्मकथात्मक शैली में लिखी गयी है। लेखक को यह ज्ञात है कि जैसा हमारा व्यवहार होगा वैसा ही सामने वाले का व्यवहार होगा क्योंकि उन्होंने पार्वती को देखा था। उसके प्रति लोगों का व्यवहार अच्छा था। लोग उसके हिस्से का नेक–बधाई पहले से ही निकालकर रखते थे क्योंकि वह भी स्वभाव की बहुत अच्छी थी। परिस्थितियाँ विपरीत थीं, लेकिन उसमें से भी उसने

सहजता का एक मार्ग निकाल लिया था। अब तक के थर्ड जेण्डर की रचनाओं में हमें इनकी वेदना, समाज द्वारा इनके प्रति उपेक्षापूर्ण व्यवहार, तिरस्कार, घृणा यही सब दिखाई दिया लेकिन इस कहानी में यह स्पष्ट होता है कि शरीर का कोई एक अंग न होने से वह मृत नहीं हो जाता। उसमें भी मानवीय भावनाएँ हैं, वह भी दूसरों जैसा ही है। पार्वती जब यह कहती है–''हिजड़ा होने पर समाज का तिरस्कार झेलना पड़ता है तो वही समाज सम्मान भी करता है। मेरे तो भाई–बहन, बेटे–बेटी सब जजमान ही हैं। मुझे बहुत चाहते हैं। कोई भी उत्सव होता है, मुझे याद करते हैं। अन्य हिजड़ों की हरक़तें देखकर उन्हें कोई घर में घुसने नहीं देता, पर मेरे स्वभाव एवं बर्ताव से लोग मेरे आने की प्रतीक्षा करते हैं।'' (थर्ड जेण्डर कहानियाँ, रतियावन की चेली, पृ. 112)

डॉ. लवलेश दत्त की कहानी 'नेग' तो हमारे वर्तमान समाज की एक ऐसी तस्वीर पेश करती है जहाँ सरकार द्वारा यह कहा जाना–'बेटी बचाओ, बेटी पढ़ाओ' की धज्जियाँ उड़ाई जा रही हैं। हर एक समाज का अस्तित्व होता है क्योंकि कोई भी समाज पूर्ण नहीं होता। उसे दूसरे समाज के लोगों की आवश्यकता होती है। पुरुष प्रधान समाज की यह सोच है कि लड़का तो होना ही चाहिए क्योंकि वही उनके जीवन का उद्धारक है। लड़की का जन्म लेना भी अच्छा नहीं लगता। इस कहानी में सुधीर व सुमन पति–पत्नी हैं। उनके यहाँ दो बेटियों के बाद पुनः तीसरी बेटी पैदा होती है। लड़की पैदा होने के कारण पति तथा सास सुमन का जीना दूभर कर देते हैं। यहाँ तक कि वे आसपास वाले को भी यह बताने में शर्म महसूस करते हैं कि उनके यहाँ तीसरी बेटी पैदा हुई है। जब हिजड़े बच्चे के पैदा होने पर अपना नेग लेने आते हैं तो सुधीर की माँ देने से इनकार करती है। हिजड़ों के बहुत माँगने पर सुमन बाहर आती है और अपनी बेटी को हिजड़ों के पैरों में डाल कर कहती है–''लो। ले जाओ इसे। इसके पैदा होने की कोई ख़ुशी इस... घर में नहीं है... मातम मना रहे हैं घरवाले... अगर इसके जन्म का नेग नहीं दे सकते तो इसी को ले जाओ... इसने यह अपराध किया है कि यह लड़की बनकर पैदा हुई है।'' (थर्ड जेण्डर कहानियाँ, नेग, पृ. 117)

सुमन की यह दशा देखकर हिजड़े का मन पसीज जाता है और

बह सुमन की सास को नेग देती है। शायद इसलिए के वह जानती है कि उसके जैसों को तो लोग घर में ही नहीं रखते हैं लेकिन बेटी को तो घर में रखकर भी नर्क जैसी यातना देते हैं। जितना अभिशाप हिजड़ा होना है, लड़की होना उससे कम अभिशाप नहीं। जबकि यह भी उतना ही सत्य है कि इसका ज़िम्मेदार पिता अर्थात् पुरुष ही होता है, लेकिन उसे कोई दोष नहीं देता। इसी कारण ब्लाउज़ में से पाँच सौ का नोट निकाला और बच्ची की न्योछावर की।... पर्स में से पाँच–पाँच सौ के चार नोट और निकाले तथा न्योछावर वाले पाँच सौ मिलाकर कुल ढाई हज़ार रुपये सिगरेट की तरह गोल कर बच्ची की मुट्ठी में फँसाकर बोली, "लो चाची... हमारी तरफ़ से नेग... तुम्हारे घर में लक्ष्मी आयी है... सरकार की तरह ही हम हिजड़ों ने भी फ़ैसला किया है कि जिन घरो में लड़की होगी उन घरों में अपने पास से नेग देंगे... अरे चाची, ऐसे मातमी चेहरा मत बनाओ... तुम्हारे घर को जोड़ने वाली बेटी आयी है, जिसके लिए तुम्हें सब कुछ जोड़ना है। अगर बेटा आता तो बाँटना पड़ता। अरे चाची, लड़का तो लड़कर अपना हक़ माँगता है, लेकिन लड़की अपना हक़ छोड़कर चली जाती है...।" (थर्ड जेण्डर कहानियाँ, नेग, पृ. 117)

हिजड़े की इस बात से यह स्पष्ट होता है कि उसमें भी स्थिति को देखने–परखने की न केवल दृष्टि है बल्कि संवेदना से ममता से भरा हृदय भी है।

इस कहानी संग्रह की अधिकांश कहानियाँ जहाँ एक ओर किन्नर जीवन की विडम्बना, वेदना प्रस्तुत करती हैं; वहीं दूसरी ओर उनके भीतर जो मानवीयता है, दया, करुणा है, उसे भी व्यक्त करती हैं। आज के सन्दर्भ में वह केवल यहाँ–वहाँ ताली बजाकर केवल अपने लिए पैसे इकट्ठा नहीं कर रही, परन्तु कई ऐसे व्यवसाय हैं जहाँ वह पहुँच रही है। समाज के लिए ये भी कुछ करना चाहते हैं। इसीलिए सरकार के 'बेटी बचाओ अभियान' में ये भी सहायक हो रहे हैं। इतना ही नहीं, यदि किसी लड़की के साथ बलात्कार या अन्याय हो रहा है तो ये उसके विरुद्ध आवाज़ भी उठा रहे हैं और शायद इसीलिए 'किन्नर' कहानी में मानसी को 'हिजड़ा' देवदूत से कम नहीं लगता है। भले ही इनकी यह अच्छाई बहुत कम लोगों ने देखी हो, लेकिन एक प्रबल आशा है कि ये अपने

बदलते व्यवहार से लोगों को यह सोचने–समझने के लिए मजबूर कर देंगे कि ये भी इनसान हैं। इसी समाज का एक हिस्सा हैं।

सन्दर्भ

1. भारतीय साहित्य एवं समाज में तृतीय लिंगी विमर्श–सं. डॉ. विजेन्द्र प्रताप सिंह, रविकुमार गोंड
2. थर्ड जेण्डर : हिन्दी कहानियाँ–सं. डॉ. एम. फ़िरोज़ ख़ान, पृ. 60, 64, 65, 70, 78, 79 (संझा कहानी से उद्धृत)
3. 'इज़्ज़त के रहबर' कहानी से, पृ. 95
4. 'त्रासदी' कहानी, पृ. 109
5. 'रतियावन की चेली' कहानी, पृ. 112
6. 'नेग' कहानी, पृ. 117

आत्मविश्वास, दृढ़ता की प्रतिमूर्ति लक्ष्मीनारायण त्रिपाठी उर्फ़ लक्ष्मी

•

डॉ. रवीन्द्र अमीन

सर्वविदित है कि जन्म से बच्चा या तो लड़की होता है या लड़का। स्त्री–पुरुष के अलावा अन्य कोई 'जेण्डर' जन्म से प्राप्त नहीं, पर अमूमन 12–15 साल की उम्र से 'थर्ड जेण्डर' अपने आपको सामान्य नहीं महसूस कर पाता। यह उम्र पढ़ाई–लिखाई की होती है। इसी उम्र में 'थर्ड जेण्डर' बच्चा अपने भीतर उठ रहे भावों को लेकर मनोसंघर्ष से जूझता है। परिणामतः पढ़ाई में ध्यान दे नहीं पाता। ऊपर से साथी मित्रों और समाज के अन्य सदस्यों से उपेक्षा, हँसी–मज़ाक़, ताने, छेड़खानी का भोग बनता पड़ता है, वो अलग! इन सबमें उलझा बच्चा मारे शर्मिन्दगी के भीतर ही भीतर घुटता जाता है, सिमटता जाता है। बड़े होने पर समाज में अपनी स्थिति को लेकर चिन्तित, त्रस्त, उपेक्षित व्यक्ति मुख्य समाज छोड़ किसी 'विशिष्ट समाज' में जुड़ जाना चाहने लगता है, जहाँ उसको स्वीकार किया जा सके, उसकी भावनाओं का आदर हो। पहचान के लिए इस विशिष्ट समाज को 'किन्नर' की संज्ञा दी जा सकती है। बचपन के कटु अनुभवों के कारण किन्नर समाज से कटते गये और एक तरह से मुख्यधारा के प्रति उनके मन में घृणा भी भर आयी, जो उनके शब्दों में, व्यवहार में यदाकदा झलक आती है।

भारतीय समाज में किन्नरों की स्थिति में समय–समय पर परिवर्तन आता गया है। लगभग सत्रहवीं शताब्दी तक किन्नर राज–दरबार में

विभिन्न प्रकार की सेवाएँ प्रदान **कर** आर्थिक रूप से सम्मानित ज़िन्दगी जी पाते थे। उन्हें राज्याश्रय प्राप्त था। समाज में उनकी स्थिति उपहासास्पद नहीं थी, लेकिन बाद में धीरे–धीरे राज्याश्रय न रहने से किन्नर समाज की जीविका का प्रश्न खड़ा हुआ। अन्ततः हिंजड़ों को बधाई माँगना, नाचना, भिक्षा माँगना या सेक्सवर्कर का मार्ग अपनाने पर विवश होना पड़ा। हिजड़ों के प्रति समाज कटु है। उन्हें नौकरी देने के लिए भी कोई तैयार नहीं। धीरे–धीरे समाज और किन्नर पारस्परिक एक–दूसरे से दूर होते गये और परिणामतः समाज में स्वस्थ स्थान, मानवीय अधिकार तक प्राप्त करने के लिए सदियों तक उन्हें तरसना पड़ा। वर्तमान समय में हिजड़े अनेक प्रकार की समस्याओं से ग्रस्त हैं, लेकिन सरकार की किसी योजना में उनके प्रति लक्ष्य नहीं दिया जा रहा। कुछ किन्नर और अन्य सेवाभावी स्वैच्छिक संगठनों को छोड़कर किसी ने उनकी दमघोंटू ज़िन्दगी के बारे में सोचा नहीं, शासन–प्रशासन तो किन्नर के प्रति कभी मानवीय हुआ नहीं। ऐसे उपेक्षित माहौल में साँस लेनेवाला कोई हिजड़ा 'थर्ड जेण्डर' की समस्याओं को लेकर अन्तर्राष्ट्रीय धरातल पर भारत का प्रतिनिधित्व करता दिखाई दे, तो वह घटना किसी भी अर्थ में सामान्य नहीं कही जा सकती। भारतीय किन्नरों को विश्व समक्ष प्रस्तुत करने वाली लक्ष्मी श्रद्ध ा, त्याग, सेवा, समर्पण, उत्साह, आत्मविश्वास, दृढ़ता की प्रतिमूर्ति कही जा सकती है।

मूल उत्तर प्रदेश के वेदपाठी ब्राह्मण परिवार में जन्मे चन्द्रदेव चण्डीनाथ त्रिपाठी, जो बम्बई में रच–बस गये, के घर बड़े बेटे के रूप में राजू उर्फ़ लक्ष्मीनारायण त्रिपाठी का जन्म (1979 ई.) हुआ। सात बच्चों में से ज़िन्दा बचे बड़ी बहन रुक्मिणी उर्फ़ मिन्टू और छोटे भाई शशिनारायण के साथ बड़े होते लक्ष्मीनारायण ने महज़ सात वर्ष की अबोध उम्र में गाँव में एक शादी के दौरान शारीरिक यौन शोषण की यन्त्रणा झेली। गाँव के बच्चे रिश्तेदार के घर शादी में आये, लक्ष्मी का प्रतिदिन धमकाकर जातीय शोषण करते रहे। फिर तो लक्ष्मी जब–जब गाँव जाता, उस घटना का पुनरावर्तन होता रहा। जब बोध हुआ कि प्रतिकार किये बिना शोषण–चक्र से मुक्ति सम्भव नहीं, तब शान्त लड़के की इमेज से बाहर आकर उसने दृढ़ प्रतिकार किया और उन लड़कों से पीछा छुड़ाया।

8–9 वर्ष की उम्र से लक्ष्मी काफ़ी समझने लगा था। जन्मगत जेण्डर से विपरीत फूट रहे भावों का तीव्र एहसास उसे होने लगा था। वह चौथी कक्षा की परीक्षा देकर अशोक रावकवी, जो बम्बई में Gay लोगों के लिए काम कर रहे थे, के पास जाता है। वहाँ समलैंगिक लोगों को देखकर, मिलकर उसे तसल्ली हुई कि समाज में वह अकेला नहीं है, उसके जैसे अन्य भी हैं। यह आत्मविश्वास उसे समाज के समक्ष खड़ा रहने में काम आया। 12–14 वर्ष की उम्र में रोहन, नासिर, रवि जैसे युवाओं के साथ स्वेच्छया सम्बन्ध स्थापित करता रहा, डांस क्लास चालू किये, अपनी एक 'बोल्ड' पहचान बनाने में सफल रहा। अब वह 'राजू' से 'ड्रेगक्वीन' में रूपान्तरित होता है और कभी–कभी पार्टियों में डांस के वक़्त डार्क लिपस्टिक, बढ़े हुए नाख़ूनों में छोटी–छोटी रिंग्स, कभी–कभार साड़ी भी पहनने लगा था। 'कान्वेण्ट' में पढ़ते लक्ष्मी का अंग्रेज़ी लहजा उसे ख़ास बना रहा था, 'मॉडल कॉ–ऑर्डिनेशन' का काम मिलने लगा था। मिठीबाई कॉलेज में एडमिशन लेकर वह नृत्य में, पार्टियों में डूब गया। बम्बई के ग्लैमर–वर्ल्ड से जुड़कर उसका आत्मविश्वास बढ़ने लगा तो दूसरी ओर निजी सम्बन्धों में मिली टीस, समाज की भर्त्सना से आहत होकर वह शराब में डूबने लगा। पुरुषों की अमानवीयता, पाशविकता के समय मदद करने वाला भी कोई पुरुष है, मन में उभरी यह समझ पुरुषों के प्रति उसे विषाक्त होने से बचा गयी। 4 वर्ष 11 महीने बम्बई के बार में डांस किया, नाम–शोहरत–पैसे कमाये। मन के किसी कोने में तवायफ़ बनने की इच्छा थी, जो 'बार–हाउस' में पूरी हुई, पर उसने कभी किसी को अपने शरीर पर हाथ नहीं लगाने दिया। पैसे और डांस के लिए ही वह बार में जाता था।

मॉडलिंग के दौरान उसकी पहचान किन्नर शबीना से हुई, जो धीरे–धीरे घनिष्ठ मित्रता में परिणत होती गयी। शबीना के साथ रहने, चिन्तन–मनन के उपरान्त उसने किन्नर बनने का दृढ़ निर्णय ले लिया। लेकिन यह निर्णय लेना कितना कष्टसाध्य रहा होगा, इसका अनुमान किया जा सकता है। किसी 'पुरुष' का यूँ किन्नर में परिवर्तित होकर घर–परिवार, समाज के समक्ष आना कतई आसान नहीं होता। सन् 1998 में लता गुरु की शिष्या बन उसने किन्नरों की दुनिया में प्रवेश

किया। सामान्यतया जिन्हें पारिवारिक, सामाजिक प्रेम, सौहार्द, अपनत्व नहीं मिलता, आर्थिक तौर पर जो विकट स्थितियों से जूझ रहे होते हैं, अधिकांशतः वे हिजड़ें बनना स्वीकार करते हैं, किन्तु लक्ष्मी के साथ तो ऐसी कोई समस्या नहीं थी। आर्थिक रूप से बहुत अच्छी स्वतन्त्र स्थिति थी, पारिवारिक जीवन में बड़े बेटे के रूप में घर में पूर्ण सम्मान था, आदर–प्यार मिल रहा था। ग्लैमर–वर्ल्ड में अपना सुनहरा कैरियर बनाने का अवसर भी उसके पास था। फिर भी, वह अपने मन की आन्तरिक इच्छा को स्वीकार कर किन्नर बनी। किन्नर बनने के दो साल तक घर से बाहर साड़ी पहनती रही, लेकिन घर में पैण्ट–शर्ट में ही रही। सन् 2000 में टी.वी. पर बतौर किन्नर समाज के समक्ष आयी, तब घर में सबको पता चला। जैसा कि सहज था, घर में तूफ़ान आ जाता है, पर आख़िर घर वाले भी स्वतन्त्र जीने में आड़े नहीं आते और उसकी इच्छा को पूर्ण स्वीकार कर हर स्थिति में उसके साथ खड़े रहते हैं। घर से मिले इस स्वीकार, साथ की बदौलत लक्ष्मी किन्नर समुदाय की अनुचित परम्पराओं का विरोध करने में भी सफल रही। गुरु के लाख दबाव डालने पर भी उसने घरवालों के साथ रहना नहीं छोड़ा। न केवल इतना ही बल्कि अपने पिता की मृत्यु के समय वह सारे क्रिया–कर्म करने परिवार के साथ गाँव भी गयी। जब लक्ष्मी ने होश सँभाला, तब से दृढ़ता से निर्णय ले लिया था कि उसे दूध में घुल जानेवाली मिश्री की तरह नहीं, बल्कि दूध को रंग प्रदान करने वाले केसर की तरह जीना है। स्वतन्त्र जीने के अपने पक्के इरादों से किन्नर परम्परा भी उसे नहीं डिगा पायी।

किन्नर बनकर औरों की तरह नाचते–गाते, भीख माँगते हुए जीना उसका लक्ष्य नहीं था। उसे तो उसमें जाकर दलदल में फँसी अपनी पूरी बिरादरी के कल्याण के लिए कुछ करना था। किन्नरों को मानवीय अधिकार दिलाना, उन्हें मानवीय गौरव दिलाना, उनकी समस्याओं की ओर समाज का ध्यान आकृष्ट करना उसके जीवन का लक्ष्य बन गया। अनेक बार किन्नरों के प्रश्नों को लेकर, उनके शोषण की वारदातों पर वह पुलिस, प्रशासन से भिड़ गयी। पुलिस स्टेशन में सीधी उँगली से घी न निकलता देख परम्परागत किन्नर की तरह चीख़ने–चिल्लाने, गाली–गलौज़ पर उतर आने में भी कभी नहीं हिचकिचायी। शबीना–प्रियंका द्वारा संचालित

किन्नरों के लिए काम करती संस्था 'दाई वेल्फेयर सोसायटी' में उसने सक्रिय भूमिका निभाई। वक़्त आने पर उस संस्था की अध्यक्षा बनकर किन्नरों की समस्याओं को समाज के सम्मुख ले आयी। बार–डांस पर प्रतिबन्ध लगने पर बार–गर्ल्स के लिए भी लड़ने आगे आयी। उसे भलीभाँति मालूम था कि अगर बार–गर्ल्स अपनी कला के प्रदर्शन द्वारा कमाई करने में सफल न रहीं तो उनके पास जिस्म बेचने के अलावा अन्य कोई साधन नहीं रहेगा। इसके अलावा सेक्स वर्कर्स के लिए भी हरदम लड़ती रही, उनके स्वास्थ्य के लिए प्रयत्नशील रही। यूनाइटेड नेशन्स के तत्कालीन जनरल सेक्रेटरी कोफी अन्नान की अध्यक्षता में एच.आई.वी. –एड्स की स्थिति पर चर्चा करने बम्बई में एक राउण्ड टेबल कॉन्फ्रेंस आयोजित हुई थी। वैश्विक स्तर की इस संगोष्ठी में भारत के नौ प्रतिनिधि शामिल थे, जिनमें से एक दाई वेल्फेयर की अध्यक्षा के रूप में लक्ष्मी थी। इस संगोष्ठी में उसने सबको आकृष्ट, प्रभावित करने में सफलता पायी। किन्नर समाज की एकमात्र प्रतिनिधि के रूप में वैश्विक धरातल पर किन्नरों के प्रश्नों को रखकर लक्ष्मी का आत्मविश्वास दृढ़ हुआ।

लेकिन दाई वेल्फेयर में उसका इस तरह वैश्विक धरातल पर सक्रिय होना, किन्नरेतर वर्ग की समस्याओं को व्यक्त करना आदि के कारण किन्नर भी, विशेष रूप से लता गुरु लक्ष्मी के ख़िलाफ़ थे। द्विधा, मनोसंघर्ष में उलझी लक्ष्मी ने दमण के समन्दर में कूदकर आत्महत्या करने का प्रयत्न किया। सही समय पर उसे बचा पाने में सफल रहे और वहाँ सिल्वेस्टर मर्चेण्ट (लक्ष्य चेरिटेबल ट्रस्ट, गुजरात) से मुलाक़ात हुई, जिन्होंने टूट चुकी लक्ष्मी में पुनः आत्मविश्वास जगाया। अनेक प्रकार के संकट में से बाहर निकल कर लक्ष्मी 2006 ई. में टोरेण्टो में आयोजित सोलहवीं अन्तर्राष्ट्रीय एड्स कॉन्फ्रेंस में शिरकत करने जाने में सफल हुई। संयुक्त राष्ट्र डेलिगेशन के सदस्य के रूप में इस संगोष्ठी में लक्ष्मी ने दृढ़ता के साथ भारत के किन्नर व सेक्स वर्कर्स की स्थिति का चित्र बयां किया। लक्ष्मी विश्व के कई देशों की यात्रा कर उपेक्षित समूहों की स्थिति में परिवर्तन लाने सलाह–मशविरा करती रही। दाई में उठे विवादों के बाद उसने दाई के सभ्यपद से इस्तीफ़ा दे दिया और मित्र, अथर्व तथा किरण के साथ मिलकर 'अस्तित्व' नामक संस्था की स्थापना की।

'एशिया पेसिफ़िक नेटवर्क फॉर सेक्स वर्कर्स' संगठन की सदस्या के तौर पर 'सिविल सोसायटी टास्क फ़ोर्सेज़' के अधिवेशनों में सम्मिलित होने अनेक बार अमरीका की यात्रा की और वहाँ अपने विचार प्रस्तुत करती रही। केवल इतना ही नहीं, 'वह एशिया पेसिफ़िक ट्रांसजेण्डर्स नेटवर्क' के संस्थापक सदस्यों में से एक रही है। विभिन्न संस्थाओं से जुड़ने के पीछे उसका मकसद एक ही रहा है, समाज की गुमनामी में जी रहे, अनेकशः विकट समस्याओं से लड़ रहे किन्नर, सेक्स वर्कर्स, एड्स–संक्रमित व्यवसायियों को सुरक्षा, स्वास्थ्य, सम्मान, अधिकार दिलाना!

किन्नरों को समाज के क़रीब लाने, उनके बारे में प्रचलित भ्रम तोड़ने में लक्ष्मी ने समग्र भारत के किन्नरों को आमन्त्रित कर 'इण्डियन सुपर क्वीन' के नाम से सन् 2010 में सौन्दर्य प्रतियोगिता का सफल आयोजन किया। बचपन से जो नृत्य का शौक़ लगा था, उसमें अपना कैरियर बनाने में भी सफल रही। भारतीय नृत्य गुरु के रूप में वह भारत के बाहर भी नृत्य सिखाने दौरे करती रही। हिजड़ों को नृत्य के लिए नीदरलैण्ड ले जाकर उसने इतिहास रचा। 'दस का दम', 'सच का सामना', 'बिग बॉस' आदि रियालिटी शो में हिस्सा लेकर उसने समाज में किन्नर की पहचान स्थापित की। भारतीय व विदेशी दिग्दर्शकों से जुड़कर छोटी–बड़ी फ़िल्मों में भी काम करती रही। उसका दृढ़ रूप से मानना है कि समाज की सोच परिवर्तित करनी हो तो समाज के बीच जाना ही होगा, समाज से व्यक्तिगत सम्पर्क, संवाद स्थापित करना होगा। अपने आप में, अपनी मान्यताओं में बदलाव लाये बग़ैर सामने वाला अपने को परिवर्तित नहीं करेगा।

इजिप्ट की इतिहास प्रसिद्ध रानी क्लिओपेट्रा से प्रभावित लक्ष्मी का संघर्ष केवल बाह्य समाज से नहीं, अपितु उसके किन्नर समाज से भी है। परम्परा और अपनी मर्यादित दुनिया में क़ैद हिजड़े के रूप में वह गुमनामी में जीना नहीं स्वीकार कर पाती। 'बड़ा बेटा' होने के नाते वह घर–परिवार से नाता नहीं तोड़ सकती। वह चाहती है कि किन्नर अपनी मर्यादित दुनिया में से बाहर निकलें, समाज के समक्ष अपने आपको व्यक्त करने लगें, ताकि बने हुए पारस्परिक भ्रम टूटें। प्रसिद्धि के इस पड़ाव पर पहुँच कर अतीत को सबके साथ साझा करना कितना दुःसाध्य होता

है, यह कोई भुक्तभोगी ही समझ सकता है। लक्ष्मी ने अपनी बनाई हुई पहचान की, स्वनिर्मित गरिमा की परवाह पर विजय पाते हुए बचपन के यौन–शोषण और समझदारी में स्वेच्छया स्थापित किये यौन–सम्बन्धों को बेहिचक स्वीकार किया है। जिसे बरसों तक अपने भीतर दबाये रखा, उस दर्द को यूँ सरेआम उघाड़ देना आसान नहीं रहा होगा। अतीत की स्मृति किस मनोयन्त्रणा की ओर ले गयी होगी, उसकी कल्पना भी रोंगटे खड़े कर रही है। फिर भी लक्ष्मी ने दृढ़ता से, पूर्ण आत्मविश्वास के साथ अपनी बात 'मैं हिजड़ा...मैं लक्ष्मी...' शीर्षक से समाज के समक्ष खोल दी, इसी मक़सद से कि समाज हिजड़ों को भी सम्मान दे, उन्हें उनके मानवीय रूप में पहचाने।

रचनाकारों के पत्ते

1. **महेन्द्र भीष्म** : 1/251–ए, विराट खण्ड, गोमती नगर, लखनऊ, उत्तर प्रदेश–226010
2. **प्रा. पुरोबी ए. भण्डारी** : गणेश कृपा, लाला लाजपतराय मार्ग, कुंजीबेट्टु–उड्प्पी, कर्नाटक
3. **डॉ. मुक्ति शर्मा** : मकान नं.–1, वार्ड नं.–5, भोनगाम, मटन तहसील, अनन्तनाग, कश्मीर–192125
4. **डॉ. हिरल शादीजा** : हिन्दी विभाग, श्री एम.डी. शाह महिला कॉलेज, मलाड, मुम्बई, महाराष्ट्र–400064
5. **डॉ. विजेन्द्र प्रताप सिंह** : हिन्दी विभाग, सहायक आचार्य, राजकीय स्नातकोत्तर हिन्दी महाविद्यालय, जलेसर, एटा, उत्तर प्रदेश
6. **डॉ. अनु मेहता** : प्रभारी आचार्या एवं हिन्दी विभागाध्यक्षा, आनन्द इंस्टिट्यूट ऑफ़ पी.जी. स्टडीज़ इन आर्ट्स, आणन्द, गुजरात
7. **डॉ. शिवप्रसाद शुक्ल** : आचार्य, हिन्दी विभाग, केन्द्रीय विश्वविद्यालय, इलाहाबाद, उत्तर प्रदेश
8. **डॉ. प्रमिला त्रिपाठी** : अध्यक्ष, हिन्दी विभाग, महिला आर्ट्स कॉलेज, बड़ौदा, गुजरात
9. **शालिनी चौहान** : हिन्दी विभाग, एन. एस. पटेल आर्ट्स कॉलेज, आणन्द, गुजरात
10. **भावना चोटिया** : हिन्दी विभाग, मो. सु.वि.वि., उदयपुर, राजस्थान
11. **नीता डी. गोहिल** : हिन्दी विभाग, नलिनी अरविन्द आर्ट्स कॉलेज, वल्लभ विद्यानगर ज़िला आणन्द, गुजरात
12. **डॉ. नीता त्रिवेदी** : सहायक आचार्य, हिन्दी विभाग, मोहनलाल सुखाड़िया विश्वविद्यालय, उदयपुर, राजस्थान

13. **डॉ. अनु पाण्डेय** : 29, आस्था रेसिडेन्सी, पालिका नगर के पास, आणन्द, गुजरात–388001
14. **तरुण पालीवाल** : हिन्दी विभाग, मोहनलाल सुखाड़िया विश्वविद्यालय, उदयपुर, राजस्थान
15. **डॉ. दिलीप मेहरा** : आचार्य, स्नातकोत्तर हिन्दी विभाग, सरदार पटेल विश्वविद्यालय वल्लभ विद्यानगर, ज़िला आणन्द, गुजरात
16. **प्रताप दीक्षित** : एम.डी.एच. 2/3, सेक्टर एच, जानकीपुरम, लखनऊ–226021
17. **डॉ. संगीता चौहान** : सहायक आचार्या, पी.जी. विभाग, आणन्द, गुजरात
18. **डॉ. कल्पना गवली** : प्रोफ़ेसर, हिन्दी विभाग म.स. युनि. बड़ौदा, गुजरात
19. **डॉ. मनीषा ठक्कर** : सहायक अध्यापक, हिन्दी विभाग, म.स. युनि. बड़ौदा, गुजरात
20. **डॉ. सूर्यदीन यादव** : 3, पुनीत कॉलोनी, पवन चक्की रोड, नडियाद, ज़िला खेड़ा, गुजरात
21. **डॉ. पार्वती गोसाई** : सहायक आचार्या, हिन्दी विभाग, सरदार पटेल विश्वविद्यालय वल्लभ विद्यानगर, ज़िला आणन्द, गुजरात
22. **डॉ. अनिला मिश्रा** : सहायक आचार्या, हिन्दी विभाग, सरदार पटेल विश्वविद्यालय वल्लभ विद्यानगर, जिला आणन्द, गुजरात
23. **डॉ. रवीन्द्र अमीन** : एसोसिएट प्रोफ़ेसर, आर्ट्स एण्ड कॉमर्स कॉलेज, देहगाम, गुजरात

❑❑